师范教育精品课程系列教材

教育心理学

主　编　宋铁莉
副主编　陆雪莲　张　爽　王　湃　张　蕊

北京理工大学出版社
BEIJING INSTITUTE OF TECHNOLOGY PRESS

内 容 简 介

本书内容全面，主要包括教育心理学概述、青少年身心发展与教育、学习理论、学习动机、学习迁移、学习策略、知识的学习、技能的学习、品德的形成与发展等九章内容，涵盖了教育心理学基本理论，与教学大纲内容要求基本一致。每一章内容在介绍相关理论之后，还列举了2015—2024年国家教师资格考试的大量真题和复习题，是学生巩固知识、复习备考的必备工具。本书在编写过程中，遵循将专业知识与应试技能相结合的原则，将理论思维与实战模拟相融合，关注教育教学能力的培养与问题解决能力的形成，使本书既适用于课堂教学，又适用于参加国家教师资格考试的学生备考。

本书脉络清晰、结构科学、栏目多样、习题丰富，突显问题导向式教学特色，可作为高等教育师范专业学生的通用教材，也可作为有志于参加教师资格考试的非师范专业大学生的复习参考资料。

版权专有　侵权必究

图书在版编目（CIP）数据

教育心理学／宋铁莉主编. --北京：北京理工大学出版社，2025.1.
ISBN 978-7-5763-4837-8
Ⅰ．G44
中国国家版本馆 CIP 数据核字第 2025LK9107 号

责任编辑：徐艳君　　　**文案编辑**：徐艳君
责任校对：刘亚男　　　**责任印制**：李志强

出版发行	/	北京理工大学出版社有限责任公司
社　　址	/	北京市丰台区四合庄路 6 号
邮　　编	/	100070
电　　话	/	（010）68914026（教材售后服务热线）
		（010）63726648（课件资源服务热线）
网　　址	/	http://www.bitpress.com.cn
版印次	/	2025 年 1 月第 1 版第 1 次印刷
印　　刷	/	涿州市新华印刷有限公司
开　　本	/	787 mm×1092 mm　1/16
印　　张	/	14.75
字　　数	/	344 千字
定　　价	/	48.00 元

图书出现印装质量问题，请拨打售后服务热线，负责调换

前　言

2000年9月23日教育部颁布的《〈教师资格条例〉实施办法》《教师资格条例》，规定"国务院教育行政部门负责全国教师资格制度的组织实施和协调监督工作""县级以上地方人民政府教育行政部门，为教师资格认定机构。"从2011年开始，我国开始在浙江和湖北试行教师资格国家统一考试制度，并于2013年8月15日发布《中小学教师资格考试暂行办法》《中小学教师资格定期注册暂行办法》，明确规定"教师资格考试实行全国统一考试""试点工作启动后入学的师范类专业学生，申请中小学教师资格应参加教师资格考试。"由此，无论师范生还是非师范生，顺利通过国家教师资格考试成为加入教师队伍的必需条件。

教育心理学作为一门教师资格考试的必修学科，其本身的发展已经历了百年。近年来，由于教学改革的推动，教材建设取得了丰硕的成果，我国的许多学者编著了一批批优秀的教材，从不同角度介绍了教育心理学的基本内容，结构安排各有特色，在一定程度上满足了广大师生的需求。

教育心理学作为以应用为主的学科，其教材应当具有三大功能，即研究教育教学实践中的具体规律，研究教师如何有效利用教育教学规律指导学生学习过程，研究教师如何科学地总结教育教学经验为学校教育教学服务的方法论。除此以外，对于应对教师资格考试的考生来说，还应当兼具考点解析和复习工具书的功能。正是基于这样的认识，我们编写了这本书。

在党的二十大精神指引下，本书的编写注重引导学生树立"心有大我、至诚报国的理想信念"，培养其"言为士则、行为世范的道德情操"；注重理论知识与实际操作之间的联系，每章都列举出2015—2024年国家教师资格考试的内容，章节内容在介绍相关理论之后，还列举了考点真题和练习题，力争做到既强调教育原理运用于解释现实问题的方法论引导，又注重教师资格考试的针对性训练。本书选取的教师资格考试真题均为中学教育知识与能力真题，为表达简便，将考试年份加考试上下半年作为真题简称，如2024年上半年国家教师资格考试真题中学教育知识与能力，简称为"2024上"。

在编写体例上，本书每章内容由知识框架、学习目标、案例导学、正文、本章提要、关键术语、习题自测七个模块构成，读者可依据自己的学习习惯进行选取，有针对性地学习、复习。本书共分九章，内容包括教育心理学概述、青少年身心发展与教育、学习理

论、学习动机、学习迁移、学习策略、知识的学习、技能的学习、品德的形成与发展。

  本书由宋铁莉担任主编，陆雪莲、张爽、王湃、张蕊担任副主编，各章任务分工如下：宋铁莉负责第一章、第二章、第五章的撰写；陆雪莲负责第三章的撰写；张爽负责第四章的撰写；王湃负责第六章、第七章的撰写；张蕊负责第八章、第九章的撰写；宋铁莉负责整本教材统筹；学前教育专业金文玲同学协助进行了排版和校对工作。

  本书在编写过程中参考了大量的文献资料，在此对这些作品的著作人致以深深的谢意。由于编者水平有限，书中难免存在不当之处，敬请读者批评指正。

编 者
2024 年 7 月

目 录

第一章　教育心理学概述 (1)
- 第一节　教育心理学研究的对象与内容 (2)
- 第二节　教育心理学的性质与意义 (5)
- 第三节　教育心理学的起源与发展 (8)
- 第四节　教育心理学研究的原则与方法 (12)

第二章　青少年身心发展与教育 (19)
- 第一节　青少年身心发展的特点 (20)
- 第二节　认知发展理论与教育 (29)
- 第三节　人格发展阶段理论与教育 (35)

第三章　学习理论 (50)
- 第一节　学习概述 (51)
- 第二节　行为主义学习理论 (53)
- 第三节　认知主义学习理论 (66)
- 第四节　人本主义学习理论 (79)
- 第五节　建构主义学习理论 (81)

第四章　学习动机 (99)
- 第一节　学习动机概述 (100)
- 第二节　学习动机的理论 (105)
- 第三节　学习动机的培养与激发 (114)

第五章　学习迁移 (126)
- 第一节　学习迁移及其分类 (127)
- 第二节　学习迁移的理论 (131)
- 第三节　学习迁移的影响因素与教学措施 (136)

第六章　学习策略 (145)
- 第一节　学习策略概述 (146)
- 第二节　认知策略 (148)
- 第三节　元认知策略与资源管理策略 (155)

　　第四节　学习策略的促进……………………………………………………（160）
第七章　知识的学习……………………………………………………………（167）
　　第一节　知识概述…………………………………………………………（168）
　　第二节　知识的获得………………………………………………………（172）
　　第三节　知识的理解………………………………………………………（181）
第八章　技能的学习……………………………………………………………（188）
　　第一节　技能概述…………………………………………………………（189）
　　第二节　动作技能与心智技能……………………………………………（190）
　　第三节　动作技能的形成与培养…………………………………………（192）
　　第四节　心智技能的形成与培养…………………………………………（197）
第九章　品德的形成与发展……………………………………………………（202）
　　第一节　品德概述…………………………………………………………（203）
　　第二节　品德发展理论……………………………………………………（206）
　　第三节　品德的形成与培养………………………………………………（216）
参考文献…………………………………………………………………………（227）

第一章 教育心理学概述

知识框架

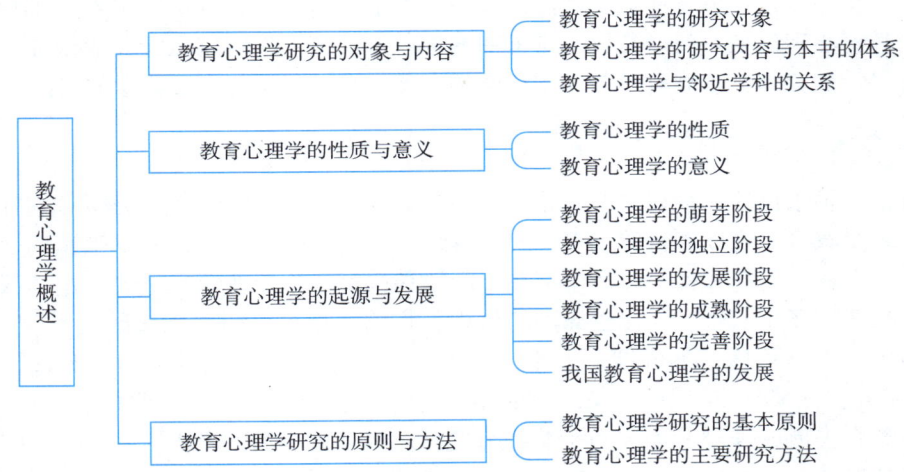

学习目标

1. 说出教育心理学的研究对象。
2. 熟悉教育心理学的研究内容。
3. 举例说明教育心理学与邻近学科的关系。
4. 理解教育心理学的起源与发展,并记住科学教育心理学的创建标志。
5. 理解教育心理学的性质与意义。
6. 明确教育心理学研究的基本原则与方法。

案例导学

全国优秀教师代表座谈会9月9日在京召开。中共中央总书记、国家主席、中央军委主席习近平致信与会教师代表,在第三十九个教师节到来之际,代表党中央,向他们和全国广大教师及教育工作者致以节日的问候和诚挚的祝福。

习近平在信中说，长期以来，以你们为代表的全国广大教师认真贯彻党的教育方针，教书育人、培根铸魂，培养了一代又一代德智体美劳全面发展的社会主义建设者和接班人，造就了大批可堪大用、能担重任的栋梁之材，为国家发展、民族振兴作出了重要贡献。教师群体中涌现出一批教育家和优秀教师，他们具有心有大我、至诚报国的理想信念，言为士则、行为世范的道德情操，启智润心、因材施教的育人智慧，勤学笃行、求是创新的躬耕态度，乐教爱生、甘于奉献的仁爱之心，胸怀天下、以文化人的弘道追求，展现了中国特有的教育家精神。

（资料来源：https://www.gov.cn/yaowen/liebiao/202309/content_6903083.htm.）

第一节　教育心理学研究的对象与内容

教育心理学诞生于20世纪初，作为一门独立的学科，教育心理学与其他心理学分支学科一样，在一百余年里飞速地发展着，并在世界范围内的教育改革之中发挥了独特的基础作用。教育心理学是一门交叉性特点鲜明的学科，其交叉性的特点主要表现在：心理科学与教育科学的交叉，基础科学与应用科学的交叉，自然科学与人文科学的交叉。

一、教育心理学的研究对象

教育是一种永恒的社会现象，它是根据一定社会的要求和受教育者身心发展的规律，由教育者对受教育者施以有目的、有计划、有组织的影响，使受教育者发生预期变化的活动。任何人在社会生产和社会生活中都在不断地受教育。关于教育的重要作用，我国古代教育家早在两千多年前就有了比较深刻的认识，集儒家教育思想之大成的《礼记·学记》开篇就指出："玉不琢，不成器；人不学，不知道。是故古之王者，建国君民，教学为先。"捷克大教育家夸美纽斯（J. A. Comenius）也一针见血地指出："假如要形成一个人，就必须由教育去形成。""只有受过恰当教育之后，人才能成为一个人。"

按照马克思主义的观点，教育起源于社会生产劳动，是人类社会所特有的现象。人一方面作为劳动者是生产力的重要因素，另一方面在某种意义上又是社会关系的总和。从出生开始，人便进入反映一定的生产力和生产关系发展水平的社会之中，接受社会的影响。任何社会都要求其成员必须具有与生产力和生产关系相适应的体能，必须具有与同时代生产力发展水平相适应的知识和能力，必须具有与同时代生产关系相适应的思想观点与道德品质。新生一代只有具备这些条件才能适应社会生活，才能在此基础上进一步推动社会历史前进，而他们的体能的发展、知识与能力的获得、思想观点和道德品质的形成，主要是通过教育来实现的。人要想成为真正意义上的人，成为具有社会价值的人，就必须从小接受教育。

学校教育是在学校中实施的一种有目的、有计划、有组织的培养人的教育活动。学校是专门培养人的机构，它可以有效地帮助年轻一代在一定的时间内迅速成长。

在学校里，教育者要根据社会的要求，采取一定的措施影响受教育者。受教育者作为一个有思想、有情感、有意识的人，也要通过自己的积极活动，主动获得知识与技能，学习社会所要求的个性品质与道德行为，成为全面发展的人。在这个过程中，教育和教学工作只有符合受教育者的生理、心理发展规律，才有可能取得良好的效果。教育心理学正是在这种客观需要的推动下孕育并发展起来的。

任何一门学科都有其特定的研究对象，并以此作为一门独立学科的重要标志之一。那么，教育心理学的研究对象是什么呢？

当今世界上教育心理学教科书林林总总，近年来我国出版的教育心理学教科书就达十多种。由于各国的社会和文化背景不同，作者对教育所持的观点各异，因此，对教育心理学的研究对象的看法也不尽相同。

我们首先来看国外教科书对教育心理学的研究对象的界定。如美国1971年出版的《教育百科全书》认为，"教育心理学是对教育过程中的行为的科学研究，实际上教育心理学通常被定义为主要涉及学校情境的学生的学与教的科学。" 1973年美国安德森（R. C. Anderson）和福斯特（G. W. Faust）所著的《教育心理学》一书的副标题是"教与学的科学"。美国林格伦（H. C. Lindgren）著的《教育心理学》认为，教育心理学是研究教学和教育的心理学规律的科学。美国索里（J. M. Sawrey）和特尔福惠（C. W. Telford）合著的《教育心理学》认为，教育心理学是心理学在教育领域中的应用，是一门应用学科，是一个知识体系，而不是一门具有独特内容的学科。苏联彼得罗夫斯1972年主编的《年龄与教育心理学》认为，教育心理学的研究对象是教学和教育的心理学规律。

我国心理学工作者对教育心理学的研究对象也提出了自己的看法，如1980年潘菽主编的《教育心理学》认为，"教育心理学的对象就是教育过程中的种种心理现象及其变化。"1999年出版的普及本《中国大百科全书·心理学》认为，"教育心理学研究教育和教学过程中的种种心理现象及其变化，揭示在教育、教学影响下，受教育者学习和掌握知识、技能、发展智力和个性的心理规律；研究形成道德品质的心理特点，以及教育和心理发展的相互关系等。"

综上所述，教育心理学是一门研究学校情境中学与教的基本心理规律的科学。教育心理学的研究对象是教育过程中的心理现象和规律，旨在理解学生学习心理，以及根据这些理解创设有效的教学情境，从而促进学生的学习。这是一门介于教育科学和心理科学之间的交叉学科。

我们可以从以下几个方面来理解教育心理学的研究对象。

首先，教育是一种培养人的社会活动，它包括广义的教育和狭义的教育。广义的教育包括学校教育、家庭教育和社会教育等内容。狭义的教育指的就是学校教育，因此，狭义的教育心理学主要研究的是学校教育过程中的心理现象及其规律。学校教育过程中的心理现象主要是指学生如何学习和教师如何教学的基本心理学规律，所以，狭义教育心理学的研究对象是学校教育情境中学生学习和教师教学的基本心理学规律。

其次，从学习过程与教学过程的相互关系来看，学与教事实上是对同一过程不同角度的理解。学习过程侧重于学生内部的心理变化发展过程，而教学过程侧重于教师的教，表现为一种物质活动的外部过程。外部过程既要以内部过程为基础，又要促进内部过程的不断发展；要研究教师该怎么教，首先就要理解学生如何学。因此，学习心理是教育心理学的核心，教育心理学的研究对象首先必须是受教育者在教育条件下，思想品德、知识技能、智力与个性的习得与发展规律，在此基础上才能更好地组织教学内容或科学信息的传输，使教育手段的实施达到预先的目的，提高教育效率。

再次，教育过程包括师生双方的活动，学生既是教育的客体，又是教育的主体，教师的主导作用在于充分发挥客体的主观能动性。而在整个教育过程中，学生主观能动性的发挥又自始至终受到各种认知或非认知因素的影响。因此，教育心理学也要研究各种影响学

生学习的因素，探讨它们形成、变化和发展的规律，以更好地帮助学生进行有效的学习，提高其学习积极性。

最后，学校教育中学生的学习不同于人类的一般学习，它是人类学习的一种特殊形式。学校情境中的教育过程是教育者和受教育者互动的过程，既有学生的学，又有教师的教，师生双方为了实现教育目标而彼此接触，相互影响，相互制约，产生交互作用，引起双方心理活动和行为的改变。这种师生间的互动关系，也是教育心理学研究的一个方面。

二、教育心理学的研究内容与本书的体系

基于上述对教育心理学研究对象的理解，结合教育心理学学科研究的最新成果与发展趋势，联系当前我国教育实践的特点和深化教学改革的客观需要，教育心理学的研究内容应主要包括以下四个方面：

第一方面：学习的本质。主要探讨学习的实质、学习过程与一般的学习规律。

第二方面：学习的过程。主要探讨各类学习的过程与规律，包括学生知识技能的学习、学生学习策略的学习、学生智力与创造力的学习、学生品德规范的学习等问题。

第三方面：影响学习的因素。主要探讨影响学生学习的各种因素，包括动机因素、认知因素与人格因素等。

第四方面：教学与管理。主要探讨如何根据学生的心理特点与发展规律进行教学设计、课堂管理等，同时研究作为组织者和管理者的教师的心理特点及其对学生的影响。

按照上面对教育心理学内容的分析，我们把本书的基本体系确定为九章：第一章，教育心理学概述，主要介绍教育心理学的研究对象、性质与意义、起源与发展、研究原则与方法；第二章，青少年身心发展与教育，主要介绍青少年身心的特点、认知发展理论与教育、人格发展阶段理论与教育；第三章，学习理论，主要介绍什么是学习，以及行为主义、认知理论、人本主义、建构主义的主要理论；第四章，学习动机，主要介绍学习动机概述、分类、主要特点和学习动机的激发；第五章，学习迁移，主要介绍学习迁移的种类、学习迁移理论、学习迁移影响因素及如何正确促进学习迁移；第六章，学习策略，主要介绍什么是学习策略，认知策略、元认知策略和资源管理策略的主要观点，以及如何促进学习策略；第七章，知识的学习，主要介绍什么是知识、知识的获得以及知识的理解；第八章，技能的学习，主要介绍什么是技能、动作技能与心智技能的特点和规律，以及如何进行培养；第九章，品德的形成与发展，主要介绍品德形成的特点与规律、品德发展理论、影响品德的因素以及不良品德的矫正。

由于本书为系列丛书中的一部分，因此，教育心理学的教学与管理部分内容，在其他丛书中予以详细介绍，本书不做赘述。

三、教育心理学与邻近学科的关系

教育心理学与许多学科有关，其中关系比较密切的有普通心理学、儿童发展心理学及教育学等。

普通心理学与教育心理学是一般与特殊的关系。普通心理学阐述各个领域中人的心理活动的一般的、共同的规律；教育心理学以普通心理学为基础，但只研究教育这一特殊领域中人的心理现象及其规律。

教育心理学和儿童发展心理学都把儿童作为研究对象，在研究过程中是相互交错、互

为补充的，但研究角度各有侧重：儿童发展心理学按年龄阶段，研究儿童心理发展的一般规律及年龄特征；教育心理学则侧重把儿童作为受教育的对象——学生进行研究。

教育心理学与教育学都是以教育领域中的心理现象为研究内容，但二者具体的研究对象又有不同的侧重：教育学研究教育的本质、目的、方针、制度、过程、内容、方法、组织形式等教育现象及其规律，而教育心理学只研究教育过程中教与学的基本心理规律。

此外，教育心理学还与学科心理学、社会心理学、实验心理学等心理学分支学科有一定的联系，并从这些学科中吸取有关的研究成果来丰富和发展自己。

第二节 教育心理学的性质与意义

一、教育心理学的性质

对于教育心理学的性质，从其创建起初就一直存在争议。有些研究者认为教育心理学仅仅只是把心理学中获得的知识简单地运用到教学活动中；有些研究者则认为教育心理学是用心理学研究的方法来研究教育活动。实际上，任何一门学科的性质都是与其研究对象密不可分的，研究对象规定学科的体系并决定这门学科的性质。如前所述，教育心理学的研究对象是教育过程中学生的各种心理现象及其变化规律，并根据这些规律研究如何有效地学与教。从这个定义出发，教育心理学是一门基础研究和应用研究并重的学科。教育心理学作为心理学的分支学科具有较强的理论性，作为指导教育实践活动的学科又具有极为鲜明的实践性与应用性。

早在教育心理学创建之初，许多研究者将教育心理学定义为是心理学在教育领域中的应用，这种观点的影响一直持续到现在，目前仍有许多研究者把教育心理学当作一门应用学科，强调教育心理学的应用性研究。教育心理学这门学科具有应用性，这一点是确切无疑的。然而，由于历来都偏于注重应用研究而忽略对学科理论体系的探索，教育心理学缺乏个性，或者附属于心理学，或者附属于教育学，致使学科的发展陷入困境，只能等待一般心理学理论的建立或借用其他学科研究的成果。可以说目前教育心理学体系凌乱、内容庞杂的缺陷和不足，正是长期以来对理论研究与探讨忽视的结果。

随着教育心理学的发展，越来越多的研究者认识到教育心理学是一门独立的学科，有自己独特的研究对象、理论体系、研究方法和研究范式。研究者开始从实际教学情境中搜集现实资料，设计教学情境中的实验研究，以此探讨学生如何有效学习和教师如何实施有效教学等教育心理学的重要课题。这种实验研究与普通心理学原理原则在教学实际中应用的结合，使教育心理学的理论体系正在日益形成。

事实上，目前涉及教育领域的许多研究已经很难确切区分是基础研究还是应用研究，许多研究既有助于实际应用，又有助于发展基础理论。例如，有关人的知识习得和智力技能形成的研究，不但有助于从理解和改进教学实践的尝试中进行理论总结，促进学习理论的发展，而且又是面向教育实际问题的研究。可见，在教育心理学中，基础研究与应用研究是密不可分的，基础理论研究对应用研究有很大的促进作用，而在进行各种应用性研究过程中又要注意对其研究结果进行总结，概括出一些基本原理并上升为教育心理学的基本理论。只有基础理论研究与应用性研究并重，并通过教学等多种媒介和桥梁使理论和应用之间不断接触，教育心理学才能建立起较为稳定的体系，促使自身不断发展。

二、教育心理学的意义

从教育心理学的定义来看，教学心理学的所有研究基本围绕两个问题：一是研究学生学的基本规律，二是研究教师如何有效地教的基本规律。这两个问题，一个侧重于理论探索，另一个侧重于实践的应用。教育心理学研究的意义，从这两个方面都可以得到体现。

（一）教育心理学的研究有助于促进整个心理科学的发展

教育心理学揭示的心理学规律，充实了普通心理学的一般理论。直至今日，心理学还没有形成一个成熟的完整体系，研究中存在着大量的未知领域。教育心理学可以从教育过程这个角度，对许多一般的心理规律和心理现象进行探索，从中提出一些关于心理学一般理论的问题，或者试图从教育心理学的角度去回答这些问题，从而为心理学理论的发展作出贡献。教育心理学研究的成果，解释了在教育或教学情境下，学习者的学习、记忆、保持、迁移、问题解决以及学习者在这些过程中所表现出来的行为特征，这些成果实际上为心理科学的发展和完善提供了丰富的材料和确凿的证据，是对心理科学理论的极大丰富。在研究解决教育实践中的心理学问题的过程中，也不断促进教育学的发展。因此，教育心理学的研究对于心理科学的发展起到重要的促进作用。

（二）教育心理学对教育实践有重要的指导意义

1. 有助于帮助教育者更新教育观念，提高自我教育的能力

我国将"五育"（即德、智、体、美、劳）列为学校教育的目的，旨在使学生全面发展，但从教育工作的实际状况来看，现行的中小学教育普遍面临三大难题：第一，由于统一的教学模式及教育的普及造成班级人数的增加，教师难以实施因材施教，致使学习困难的学生增加；第二，受社会各种不良风气的污染、冲击，学校难以保持教育环境的纯洁性；第三，片面追求升学率，导致学生在心理发展上兴趣与性格的狭窄化。为了解决这些难题，深化素质教育，我国大力推进课程改革。在这种形势下，学校教育向教师提出了更高的要求。

在教师教育观念的更新上，教育心理学的研究成果可以为更新教育观念提供有力的支持。随着教育改革的不断深化，教师自身的能力也需要不断提高，一个称职的教师至少应具备三个条件：有任教某门学科的专业知识，有了解学生个体发展的心理需求及学习原理等心理学专长，有将学科知识与学生心理特征两者灵活运用于教学之中的修养。教育心理学能帮助教师提高这几方面的能力，并为教师提供些新的观点去分析或解决教育教学中的问题，使教育改革收到真正的实效。同时，教育者根据教育心理学的理论和研究成果，可以正确地评价自己，加强自我教育、自我修养，使自己成为一名优秀的人民教师。

2. 有助于提高教育教学工作的质量与效率

教学是教师的首要任务，不断提高教学质量始终是教师努力的方向，也是学校教育的根本目标。而教育心理学研究并揭示了教育实践过程中学生的学及其教师的教的各种心理现象及其规律性，比如学生道德品质与良好性格形成的心理规律，学生年龄特征和个别差异的教育问题，学生学习掌握知识、技能与发展智力的心理规律等问题，阐明了学生心理

特点和各种教育措施对学生心理发展的不同影响和作用，从而揭示出学生心理发展与教育的独特关系，使整个学校教育工作建立在心理学科学理论的基础上，使教育和教学工作的开展有据可依，能够提高教学工作的前瞻性和预测性，有助于提高工作质量。

学生的学习以掌握间接经验为主，随着现代科学技术的发展与知识的更新，学生在有限的时间内需要学习的间接经验越来越多，如何引导学生学会进行有效的学习和知识迁移成为现代教育的热点问题。教育心理学中有关学习规律的研究以探讨学生学习过程中的信息加工活动为核心，揭示了学生学习的实质和过程，为合理组织教学提供了心理学依据。因此，掌握了教育心理学的基本原理和方法，有助于广大教师正确组织教学工作，合理安排教学的各个环节，选择有效的教学方法，采用现代化的教学手段与途径，从而有效地提高教学质量与效率。

知识拓展 1-1

1. 优秀的教师往往能够意识到存在于教室里的多样性

个人与环境都能展现出大量的多样性特征。为了了解个人与群体差异，研究者时常要求被试报告他们的种族特点或人种、性或者性别、社会经济地位和障碍。通过这些特性来分组，研究者能够将人口学变量分为不同的子集以供分析。例如，在2000年的人口普查中，调查对象被要求报告他们的人种，诸如美国印第安人，或者阿拉斯加土著人、亚洲人（包括东南亚和印度次大陆），非洲人或者非裔美国人，西班牙裔或者拉丁美洲人，夏威夷土著人或者其他太平洋岛民，或者白人，或者是两种及两种以上种族的结合。

2. 优秀的教师试图去了解群体间差异形成的原因

了解了差异的来源，教师就知道不同背景学生的个人化需求。一般而言，环境的差异，而非生物或者基因的差异，是群体差异的根源。以SES为例，在来自高SES家庭的学生往往在成绩测验里取得的分数更高，获得的等级更高。同时，比起那些来自低SES家庭的学生，他们往往受教育程度更高（Gutman, Sameroff, Cole, 2003; McLoyd, 1998）。而这种差异是由不同的环境导致的（Evans, 2004; National Center for Education Statistics, 2000）。

3. 优秀的教师欣然面对并接受多样性

他们的教学并不是凭借对于不同群体的主观臆断。偏见是对于一类人固执且不合理的泛论。偏见在很早时就会出现，超过一半的六周岁和85%的五周岁白人小孩，会表现出亲白人、反对黑人的倾向（Doyle, Aboud, 1995; Katz, 2003）。几乎每个人都会对一类或者多类群体产生某种偏见，但也许他未必会意识到这种感觉。教师自己可能认为低成就水平的学生需要着重加强基础技能的培养；来自较低的社会经济背景的学生是低成就型的；而女孩在数学方面没有男孩能力强；亚裔学生生来就比其他种族更加聪明，天才学生的社会性发展不成熟。由于确认偏差与信念坚持，偏见会随时间的推移而加强。

（摘自：Lisa Bohlin, Cheryl Cisero Durwin, Maria Reese–Weber. 教育心理学[M]. 连榕，缪佩君，陈坚，等译. 北京：机械工业出版社，2012）

第三节　教育心理学的起源与发展

教育心理学的历史就是心理学与教育相结合并逐步形成一个独立的心理学分支的历史。

一、教育心理学的萌芽阶段

在萌芽阶段（19世纪中叶以前），教育心理学没有成为独立的学科，但是积累了丰富的教育心理学思想。早在两千多年前，我国教育家和思想家在论述教育问题时，就论证过教育心理学问题。

《礼记·学记》中提出的许多教学原理，如"道而弗牵、强而弗抑、开而弗达""教学相长"等都具有一定的教育心理学思想。

春秋末期的思想家、教育家、儒家学说的创始人孔子（前551—前479）在长期的教育、教学实践中，形成了对教育、教学过程中的认识、情感、意志和个性等方面丰富的教育心理学思想。例如，在认知方面，他重视探讨思维的启发，他指出"不愤不启、不悱不发，举一隅不以三隅反，则不复也"，还提出"叩其两端而竭焉"的启发方法，认为要从正反两个方面提问，激发思考；在情感方面，孔子提倡好学、乐学的情境，他强调"知之者不如好之者，好之者不如乐之者"；他还强调立志，教导学生"三军可夺帅也，匹夫不可夺志"；他对学生的性格、才能、志趣都有深刻的了解，针对不同学生的性格特点，采用不同的教育方法，如他在《论语·先进》中所说的："求也退，故进之；由也兼人，故退之。"这些思想在今天仍有较大的启发意义。

在西方，古希腊的哲学家柏拉图（Plato，前427—前347）主张的教学方法十分重视个别差异及教育目标，即谋求身心的均衡发展。古希腊哲学家亚里士多德（Aristotle，前384—前322）所主张的顺应本性、培养习惯、启发心智等教育原则，都是现代教育心理学的重要观念。

近代资产阶级教育家都非常重视在教育中运用心理学，并把心理学作为教育理论的基础。捷克教育家夸美纽斯（J. A. Comenius，1592—1670）指出"只有通过教育才能成为人"，他第一次明确提出教育必须遵循自然的思想。

瑞士教育家裴斯泰洛齐（J. H. Pestalozzi，1746—1827）从教育实践中探讨和研究儿童心理特点和规律，并和教育工作的具体改革结合起来，提倡因能力施教。

德国的赫尔巴特（J. F. Herbart，1771—1841）是近代第一个提出把教学理论的研究建立在心理学基础上的教育家。他把教学过程分为明了、联想、系统、方法四阶段，这便是以后五段教学法的基础。实际上，这时候赫尔巴特已经把教育学和教育心理学结合成一个不可分割的统一体了。

二、教育心理学的独立阶段

教育心理学的独立阶段是指从19世纪中叶至20世纪20年代。

1868年，俄国教育家乌申斯基（Константин Дмитриевич Ушинский，1824—1871）出版了《人是教育的对象》一书，对当时的心理学发展成果进行了总结，乌申斯基因此被称为"俄罗斯教育心理学的奠基人"。1877年,俄国教育家和心理学家卡列杰夫出版了俄国第一本《教育心理学》,这是第一部正式以教育心理学来命名的教育心理学著作。但是,直到20世纪30年代,俄国教育心理学大都是用普通心理学研究中获得的资料去解释学校生活中的实际问题,并不是自成体系的教育心理学。

在美国,威廉·詹姆斯(W. James,1842—1910)则致力于将心理学引进教育领域,他在其名著《与教师的谈话》中指出,通过观察、提问以及与学生交换意见可获得有关学生诸如观念、兴趣、情感和价值观等方面的知识,并以此可以改进学校的教学质量。这种观点为促进心理学原理转化为教学原理发挥了相当重要的作用。杜威(John Dewey,1859—1952)是美国著名的教育家、哲学家,他极力将心理学的研究应用于教育问题,几乎花了毕生精力构思和宣传他对教育的看法,倡导了儿童中心运动,使教育工作者认识到心理学对教育的意义。真正使教育心理学成为一门独立学科的人是桑代克(Edward Lee Thorndike,1874—1949),他是美国教育心理学的奠基人。1903年,美国心理学家桑代克出版了《教育心理学》一书,1913年至1914年,此书又改编成三大卷《教育心理大纲》,这是世界上公认的最早的、比较科学而又系统的教育心理学专著。桑代克从"人是一个生物的存在"这个角度建立自己的教育心理学体系,他的教育心理学分为三部分:第一部分讲人类的本性,第二部分讲学习心理,第三部分讲个别差异及其原因。这一著作奠定了教育心理学发展的基础,西方教育心理学的名称和体系由此确立。在此后的30年里,美国的同类著作大都师承了这一体系。20世纪20年代,美国兴起的教育科学运动,理论基础就是桑代克的教育心理学思想。桑代克的教育心理学理论虽有机械化和简单化的倾向,但比单纯地利用内省和思辨的方法研究教育心理学问题有了很大的进步。

三、教育心理学的发展阶段

教育心理学的发展阶段是指从20世纪20年代至50年代末。

20世纪20年代至30年代,西方教育心理学吸取了儿童心理学和心理测验方面的成果,并把学科心理作为自己的组成部分,大大地扩充了自身的内容。之后,教育心理学转入各种不同学派学习理论之间的论证。20世纪20年代以后,行为主义占优势,强调心理学的客观性,重视实验研究,在动物与人的学习研究上,取得了重要的成果,并形成了许多派别。这些理论和派别之争也反映在教育心理学之中。行为主义重视客观实验,形成了良好的传统,但是,用动物与儿童的比较简单的心理过程推测人类高级的学习过程,使得对实际课堂教学情境中的学习研究较少,因而对教育实践作用不大。20世纪40年代,奥地利心理学家和精神病学家弗洛伊德(Sigmund Freud,1856—1939)的理论广为流传,有关儿童的个性和社会适应以及生理卫生问题也进入了教育心理学领域。20世纪50年代,程序教学和教学机器兴起,同时信息论的思想为许多心理学家所接受,这些成果也影响和改变了教育心理学的内容。

20世纪30年代,苏联教育心理学的发展,主要是在理论观点的探讨方面做了许多工作。维果斯基(Lev Vygotsky,1896—1934)在《教育心理学》一书中,主张必须把教育心理学作为一门独立学科的分支来研究,反对把普通心理学的成果移入教育心理学,他强调教育与教学在儿童发展中的主导作用,并提出了"文化发展论"和"内化说"。布隆斯基和鲁宾斯坦等人也都提出了各自的观点,这些思想为苏联教育心理学的发展奠定了基础。从20世纪40年代到50年代末,苏联教育心理学重视结合教学与教育实际进行综合性的研究，学科心理学获得了大量的成果。这时期，苏联教育心理学家以马列主义哲学作为指导教育心理学的理论基础，反对机械地把动物学习的研究用到人类情境中，取得了一定的成就；然而，他们生搬硬套某些教条，对西方教育心理学和学习心理学进行了全面否定，包括对心理测验作全盘否定，这是失之偏颇的。

20世纪初，我国第一本教育心理学著作是1908年由日本小原又一著、房东岳译的《教育实用心理学》。1924年廖世承编写了我国第一本《教育心理学》教科书。此后，又出现了几本翻译介绍和我国学者编写的教育心理学书。某些学者结合我国的实际对学科心理、教育与心理测验进行了一些研究，但研究的方法和观点大都模仿西方，没有自己的理论体系。因此，中华人民共和国成立前我国教育心理学的基础是比较薄弱的。这个时期，教育心理学的发展具有以下特点：

第一，内容缺乏统一性，理论体系不独立。20世纪二三十年代以来，各类有关教育心理学的书籍十分庞杂，例如，这时期美国出版的教育心理学教科书及教育心理文选等书籍多达上百种。但由于没有统一的理论指导，版本种类繁多，体系五花八门。1956年，有人统计了6本流行的教科书，发现它们的内容相关性很低，只有"学习"这课题是各书共有的。另外，有人对各个不同时期的许多教育心理学专著进行分析，发现仅在"教育心理学"的定义上就有很大分歧。多数专著并未针对教育心理学的特征标示出它的角色功能，也未强调教育心理学与学校目的之间的关系。有许多教育心理学专著将这个学科视为"心理学原理在教育上的应用"，这几乎成了当时人们的共识。正是这种共识导致了对教育心理学自身理论建构的忽略，使教育心理学的发展失去了独立性。可以说，这时的教育心理学尚未形成独立的理论体系。

同时，流行的教育心理学教科书的内容大多取自普通心理学、儿童心理学等学科的知识。教育心理学广泛采用其他学科的知识，虽然充实了本学科的内容，但也会与其他学科重复。由于教育心理学本身没有严格的理论体系，当扩充其他学科的知识时，内容就显得非常庞杂。

第二，忽视对人类高级心理活动的研究，在教育实践中难以发挥作用。20世纪30年代至50年代末的一段时间，正是行为主义心理学盛行的时期。以斯金纳为代表的行为主义心理学派强调心理学的客观研究，他们根据动物实验获得的学习理论，将人类一切复杂行为简化为S-R关系的联结来解释，并在教学上强调外在环境控制及机械式的后效强化原则。尽管行为主义的研究在揭示动物心理、人的低级心理以及发展研究技术方面作出了贡献，但它回避了研究人的高级认识过程，也忽视了教育过程中的情感因素，结果对教学实践的作用并不大。另外，尽管这个时期的教育心理学已广泛运用心理测量和统计来揭示学生的个别差异和学习结果，但由于忽视了对个别差异和学习结果成因的探究，对教学实践仍然难以起到实际作用。

四、教育心理学的成熟阶段

教育心理学的成熟阶段是指从20世纪60年代至70年代末。在这个阶段，西方教育心理学的内容和体系出现了某些变化，主要有以下特点：

首先，教育心理学的理论体系逐渐独立，大约从20世纪60年代开始，教育心理学的内容日趋集中，有几个方面的研究似乎为大多数人所公认，如教育与心理发展的关系、学习心理、教学心理、评定与测量、个别差异、课堂管理和教师心理等。纵观20世纪60年代以来数十种教育心理学教科书的体系，以上内容几乎无一或缺。

其次，西方教育心理学比较注重结合教育实际，注重为学校教育服务。20世纪50年代初，由美国教育心理学家布鲁纳（J. S. Bruner）发起课程改革运动。自此，美国教育心理学逐渐重视探讨教育过程和学生心理，重视教材、教法和教学手段的改进。有的教育心理学家甚至希望把教育心理学发展成为一门像工程或医学一样的应用心理学。同时，美国教育心理学比较重视研究教学中的社会心理因素。20世纪60年代掀起了一股人本主义思潮，罗杰斯（C. Rogers）提出了"以学生为中心"的主张，认为教师只是一个"方便学习的人"。不少教育心理学家开始把学校和课堂看作社会情景，注意研究其中影响教学的社会心理因素。如有人用社会心理学理论研究学习动机；还有人重视教学组织形式中的社会心理问题，如班级的大小、学生的角色等。

从20世纪60年代以来，苏联教育心理学的发展，表现出了以下几方面的动向和特点。第一，日趋与发展心理学相结合，开展了许多针对儿童心理发展的实验研究。最著名的是赞科夫的"教学与发展"的实验研究，这一研究持续了15年之久，其成果直接推动了本国的学制和课程改革，并且还编写了几本《年龄与教育心理学》书籍。第二，发展了不同于西方的学习理论，如巴甫洛夫的联想—反射理论和列昂节夫与加里培林的学习活动理论。第三，重视人际关系在儿童心理发展中的作用。第四，重视教学心理中方法论和具体研究方法的探讨。总之，苏联学者强调教育心理学应理论联系实际，提倡自然实验法，但是，他们常常把教育与教学作为儿童年龄发展的一个因素，把教育心理学与儿童心理学混在一起，仍然没有独立的、范围广泛的教育心理学理论体系。

五、教育心理学的完善阶段

教育心理学的完善阶段是指20世纪80年代以后。在此阶段，教育心理学的发展具有以下特点：

首先，教育心理学越来越注重与教学实践相结合。教育心理学家越来越多地研究环境、文化背景、师生关系、集体等因素对人学习的影响，并力图把研究同教育、教学的实际问题联系起来。例如，布鲁纳的"发现教学法"、赞科夫的"教学论三原则"，乃至各种现代化教学技术运用中心理学问题的研究都在教育实践中产生了很大的影响。

近年来，教育心理学大量研究课题从传统的纯理论研究向综合性的应用项目发展，研究重点日益转移到教学实际中的各种问题，特别是为教学方案设计和计算机辅助教学的程序设计提供心理学原则和依据。此外，有关认知策略、元认知和知识最优化等基础研究课题，也与学生阅读理解、学科心理、技能培养、教学设计、教育评价等应用性研究课题结合起来。

其次，教育心理学理论派别的分歧越来越小。教育心理学的理论和派别，基本上可以分为行为派、认知派和人本主义学派。随着研究的逐步加深，越来越多的研究者认识到，多种理论和假说的并存是一门学科发展的必然。例如，教育心理学中的认知派与行为派两种学习理论从表面看分歧很大，然而如果以学习的简繁等级的观点来衡量，两派的理论并非对立的，而是阶梯的两端，行为派的联结主义是学习阶梯的低级一端，而认知发展说则是学习阶梯的高级端，目前，双方都在互相吸取对方合理的东西，绝对的行为派或绝对的认知派已经很少见了。同时，自20世纪80年代以来，美国教育心理学注意到苏联教育心理学代表人物维果斯基的思想，并在教育研究中，以此作为基础，做了大量的工作，取得

了一定的成绩。由此,过去在东西方教育心理学之间的鸿沟实际上被填平了。

六、我国教育心理学的发展

1908年,由日本小原又一著、房东岳译的《教育实用心理学》是我国出现的第一本有关教育心理学的著作。

1924年,廖世承编写了我国第一本《教育心理学》教科书。直到1949年以前,多数是译述西方的,少有创见。

20世纪50年代我国的教育心理学受苏联心理学影响较大,努力学习苏联教育心理学方面的经验,批判桑代克的理论及心理测验技术。

20世纪60年代初,结合教育实际进行研究,研究范围包括学习心理、德育心理、智育心理、学科心理、学生的个别差异等方面,并于1963年出版了潘菽主编的《教育心理学》讨论稿。

"文化大革命"期间,我国的教育心理学研究一度中断。"文化大革命"后,教育心理学的研究机构、研究人员和研究领域不断扩展。1980年出版的潘菽主编的《教育心理学》反映了现代教育心理学的某些新成就,也反映了我国教育心理学界的一般观点和研究成果。以后相继出版了许多有关教育心理学方面的教材和著作。同时,许多专家、学者结合我国教育实际开展了大量的实验研究,教育心理学空前繁荣。

目前,我国的教育心理学发展较快,新的研究成果不断涌现,并逐渐形成自己的特色。

第四节 教育心理学研究的原则与方法

一、教育心理学研究的基本原则

任何研究方法都要受到哲学方法论的指导。科学心理学的方法论是唯物辩证法。为了贯彻唯物辩证法,在教育心理学研究中要坚持客观性原则、系统性原则、理论联系实际的原则和发展性原则。

(一)客观性原则

所谓客观性原则,就是根据教育心理现象的本来面貌研究其基本性、规律、机制和事实。这是教育心理学研究的根本指导原则。坚持这一原则,就是坚持实事求是的态度,从人的外部活动的客观事实出发,如实地反映心理现象的本来面目,并以实践作为检验的标准。

为了更好地贯彻客观性原则,在研究中要做到以下几点:第一,研究设计要从客观实际出发,坚持实事求是的态度;第二,收集资料要如实地记录被试的外部刺激、机体反应、行为表现及口头报告,不能用推断、臆测代替客观事实;第三,要对所获得的全部资料,包括相互矛盾的事实,进行全面的分析,在此基础上,才能得出最后结论。

(二)系统性原则

所谓系统性原则,就是用系统论来考察心理现象,把人的心理作为一个整体的、动态的系统加以考察。系统性原则主要体现在整体性、层次结构性、动态性、环境适应性和组织性上。

贯彻系统性原则，在研究中要做到：第一，研究设计要考虑心理的发展、变化，要考虑被研究的心理现象与其他心理现象之间的关系；第二，在研究过程中，要善于发现处于萌芽的心理特点，切忌用固定的眼光看待学生。

（三）理论联系实际的原则

所谓理论联系实际的原则，就是教育心理学的研究从选题到具体研究过程，都应该以教育心理学的理论为指导，并从教育实际的需要出发，最终解决教育教学实际中的问题。

贯彻理论联系实际的原则，在研究中要做到：第一，在研究课题的选择上，要考虑教育意义，使其结果有助于教育、教学质量的提高；第二，在研究方案的设计和实际进行的过程中，均应考虑对学生有良好的教育影响，注意不要损害学生的身心健康。

（四）发展性原则

发展性原则就是坚持发展性观点，对心理活动的变化进行动态的研究。人的心理是活动的，它总是呈现出一种相对稳定而绝对的动态过程。在人的社会实践中，在各种输入信息的作用下，心理经常处于运动变化之中。因此，在教育心理学研究中，就应当对各种心理现象做动态分析。

这一原则要求在研究中不仅要阐明一种心理现象的现状，而且要考虑历史发展状况，并且还要对发展趋势和发展前景进行预测。例如，研究学生在不同年龄阶段的心理发展规律，就要依据学生在每个阶段所具有的不同心理特点和形成条件，既要阐明已经形成的心理品质，也要阐明那些正在形成或刚表现出来的特点，并要预测可能会出现的心理现象，以创造有利条件让其顺利发展。

二、教育心理学的主要研究方法

教育心理学常用的研究方法主要有观察法、实验法、调查法、个案研究法、教育经验总结法以及测验法等。

（一）观察法

1. 什么是观察法

观察法是在日常生活条件下，通过被观察者的外部行为表现，从而了解其心理现象的规律和特征的一种研究方法。

观察法的优点是在自然条件下进行，被观察者的活动表现是真实的、自然的，因而所得到的材料也是真实的、符合实际的；观察法的缺点是观察者常处于被动地位，一些观察到的现象不具有可重复验证性，观察的结果也难以确定因果关系。

观察法并不等同于一般的观察。作为一种研究方法，在运用观察法时，要达到以下基本要求：第一，观察之前，要有明确的观察目的、计划并确定具体方法，即要有观察设计；第二，要在自然条件下进行，被观察者的日常生活条件并未受到干扰，被观察者并不知道自己被观察；第三，要有详细的记录，对被观察者的活动环境、言语动作、表情等均应详细准确地记载下来。有条件的可使用录音、录像等设备。

2. 观察法的抽样方式

根据不同的观察目的，观察的对象和范围有所不同，可以有以下抽样方式。第一，开放式抽样。开放式抽样基本上不限定具体范围，可以作全面的观察，有规律地每日记录学生心理及行为的一切变化。第二，封闭式抽样。封闭式抽样即控制一定的观察范围，可以按时间抽样，也可以按事件抽样。这是较常用的抽样法，这种抽样法使观察目标比较集中，也便于对观察结果作数量处理。第三，时间抽样。时间抽样是定期在规定的时间单位内进行观察。如每天一次或数次，每次在规定的时间内进行，以若干分钟为一个时间单位。每次观察一个或若干个时间单位；观察过程中对观察内容进行分类或记分。

3. 运用观察法应注意的问题

运用观察法应注意的是：第一，制订观察计划时必须充分考虑观察者对被观察者的影响。第二，观察记录要求详细、准确、客观，不仅要记录行为本身，还应记录行为的前因后果。第三，由于被观察者心理活动的不确定性，其行为可能表现出偶然性，因此观察一般应反复进行。观察者处于被动地位，则观察可能得不到所要求的资料。所以，观察法往往与实验法相结合，并辅之以调查法、谈话法、作品分析法等间接观察法。

（二）实验法

实验法是创设并控制一定的条件，从而对引起人们的某种心理现象进行研究的方法。实验法一般分为实验室实验法和自然实验法。

1. 实验室实验法

实验室实验法是在实验室条件下，采用一定的实验设备或仪器，严格控制实验条件，以探索心理活动规律的方法。实验室实验法最主要的优点是能够严格控制条件，可以重复进行，可以通过特定的仪器设备探测一些不易观察到的情况，取得有价值的科学资料，如利用微电极技术研究新生儿对语音和其他声音刺激的辨别能力。用实验室实验法进行研究的不足之处在于，实验室的环境与真实生活环境存在一定的差距，因而实验结果可推广性存在一定的问题。

在运用实施实验室实验法时，应当注意的是：第一，实验室的布置，应尽量接近被试的日常生活环境，同时要避免无关刺激引起被试的分心。第二，实验室实验可通过被试熟悉的活动进行，可以从兴趣激发被试努力完成实验任务的动机。第三，实验开始前要有较多的准备时间，使被试熟悉环境和熟悉主试，从不愿意参加实验或过度兴奋等不正常心理状态转入自然状态。第四，实验的指导语，要用简明的语言和肯定的语气，布置任务后要准确查明被试是否明了实验要求，可以让他做一些预备性练习，有时需要用具体示范帮助幼儿理解任务。第五，实验进行过程中应考虑到被试的生理状态和情绪背景。

2. 自然实验法

自然实验法是指在实际的教育情境中，根据研究的目的，控制某些条件，观察教师或学生的心理活动变化的方法。自然实验法的优点是将真实的自然环境与实验条件的控制相结合，因而既具有观察法真实自然的优点，同时又具有实验室实验法的诸多优点。自然实验法的缺点是在自然条件下难以严格控制某些实验条件。

要想正确运用实验法，必须满足以下基本要求：第一，实验前，要进行严格的实验设计，包括如何操纵自变量（在自然实验中，教师作为实验者，常需进行系统培训）、如何收集因变量、如何选择被试、设立等组、控制无关变量，并对可能出现的实验结果形成一定的假设。第二，正式实验前，可进行小样本初试，如有不妥，可进一步修改实验设计；正式实验开始后，就要严格执行实验设计的各项措施。第三，实验结束后，要对实验结果进行统计分析和显著性检验，并形成实验报告。

（三）调查法

调查法是根据某一特定的要求，向被调查者提出有关的问题，让其回答，了解某一心理活动的发生及其条件，从而了解这一心理活动的方法。

调查法包括访谈法和问卷调查法两种主要类型。访谈法是指与被调查者面对面地以口头言语的方式就某些特定问题进行交谈，从而获得资料的方法。这种方法适合对单个被调查者进行深入调查，尤其适合无法进行问卷调查法的情形。问卷调查法是以书面语言的形式让被调查者回答问题，从而获得资料的方法。问卷调查法是教育心理学研究中经常使用的方法。

调查法的优点是可根据研究者的实际需要灵活地设计问题，从而在短时间内获得大量资料；调查的结果既可进行定性分析，也可进行定量分析。调查法的缺点是调查结果依据的是被调查者的主观回答，与实际情况难免出现一定偏差，为弥补这一缺陷，常常要做大样本调查。

（四）个案研究法

个案研究法是对一个人或一组人的问题进行专门研究的方法。个案法比较适合进行特例研究，如对智力落后儿童、智力超常儿童、学习困难儿童、品德不良儿童等进行研究。个案法有时也与纵向的追踪研究相结合，比如，对智力超常儿童的心理发展特点以及相对应的教育措施的研究。

个案研究法的优点是可以使研究者充分考虑每个被研究个案的特点，并能提供这些个案心理发展的具体资料；其缺点是研究结果所依据的样本较小，因而代表性较差。

在运用个案法进行实际研究时，要注重以下几点：第一，个案法是针对个别学生的心理或行为问题进行直接的、深入的研究，因而必须搜集有关个案的一切资料；第二，研究者要与被研究者建立良好的关系，取得被研究者的充分信任；第三，个案研究的目的不只是对个案本身的心理或行为问题求得了解，而且更重要的是通过这种了解，进一步寻求解决有关问题的方法。

（五）教育经验总结法

教育经验总结法是指教育工作者对自己日常工作中获得的关于教育过程心理现象的整合性认识进行总结，进而寻找其中的规律性的方法。

教育经验总结法的优点是教育工作者可以结合自己平时的教育、教学工作，随时地对一些典型经验加以总结，所获得的资料比较真实可靠；其缺点是成果的质量受到教育者自身素质和理论修养水平的限制，难以上升到一定的理论高度。

运用教育经验总结法时，要注意以下几点：第一，选择的研究对象要具有典型意义；第二，要通过对教育现象的总结得出某些规律性的结论，要有创新；第三，要把定量分析与定性分析相结合。

本章提要

教育心理学是一门研究学校情境中学与教的基本心理规律的科学，旨在理解学生学习心理，以及根据这些理解创设有效的教学情境，从而促进学生的学习。具体来说，教育心理学的研究对象包括：①教育是人类培养新生一代的社会实践活动，它除了学校教育还包括家庭教育和社会教育；②从学习过程与教学过程的相互关系来看，学与教事实上是对同一过程不同角度的理解；③教育过程包括师生双方的活动，学生既是教育的客体，又是教育的主体，教师的主导作用在于充分发挥客体的主观能动性；④学校教育中的学生的学习不同于人类的一般学习，它是人类学习的一种特殊形式。

教育心理学既是一门理论性的基础学科，同时也是一门具有实践性的应用学科，以应用为主。教育心理学的作用分为理论作用和实践作用。

教育心理学的理论作用：①教育心理学从教育过程这一层面探索、揭示的心理学规律不仅充实了普通心理学的一般理论，而且为整个心理学的理论发展作出了贡献；②教育心理学的研究还可以使自身的理论得到发展；③教育心理学的研究也对教育学的理论发展起重要作用。

教育心理学的实践作用：①教育心理学有助于教师形成科学的教育理念；②帮助教师了解和教育学生；③为实际教学提供科学的理论指导；帮助教师结合实际教学进行研究。

教育心理学的发展历史可以分为以下几个阶段：

（1）教育心理学的萌芽阶段（19世纪中叶以前）。在萌芽阶段，教育心理学没有成为独立的学科，但是积累了丰富的教育心理学思想。早在两千多年前，我国教育家和思想家在论述教育问题时，就论证过教育心理学问题。

（2）教育心理学的独立阶段（19世纪中叶至20世纪20年代）。1868年乌申斯基出版了《人是教育的对象》一书，对当时的心理学发展成果进行了总结。1877年，俄国教育家和心理学家卡列杰夫出版了俄国第一本教育心理学。1903年，美国心理学家桑代克出版了《教育心理学》一书，1913年至1914年，此书又发展成三大卷《教育心理大纲》，这是世界上公认最早的、比较科学而又系统的教育心理学专著。这样，教育心理学成了一门独立的学科。

（3）教育心理学的发展阶段（20世纪20年代至50年代末）。西方教育心理学吸取了儿童心理学和心理测验方面的成果，并把学科心理作为自己的组成部分，大大扩充了自身的内容。之后，教育心理学则转入各种不同学派学习理论之间的论证。20世纪20年代以后，行为主义重视客观实验。20世纪40年代，弗洛伊德的理论广为流传，有关儿童的个性和社会性适应以及生理卫生问题进入了教育心理学领域。20世纪50年代来，苏联教育心理学重视结合教学与教育实际进行综合性的研究，学科心理学获得了大量的成果。

这个时期，教育心理学的发展具有以下特点：①内容缺乏统性，理论体系不独立；②忽视了对人类高级心理活动的研究，在教育实践中难以发挥作用。

（4）教育心理学的成熟阶段（20世纪60年代至70年代末）。这个时期，西方教育心理学的内容和体系出现了某些变化，主要特点：①教育心理学的理论体系逐渐独立；②西方教育心理学比较注重结合教育实际，注重为学校教育服务。

20世纪60年代以来，苏联教育心理学发展的特点：①日趋与发展心理学相结合，开展了许多针对儿童心理发展的实验研究；②发展了不同于西方的学习理论；③重视人际关系在儿童心理发展中的作用；④重视教学心理中方法论和具体研究方法的探讨。

（5）教育心理学的完善阶段（20世纪80年代以后）。这一时期，教育心理学发展的特点：①教育心理学越来越注重与教学实践相结合；②教育心理学理论派别的分歧越来越小。

（6）我国教育心理学的发展：①20世纪初，我国第一本教育心理学著作是1908年由日本小原又一著、房东岳译的《教育实用心理学》；②1924年廖世承编写了我国第一本《教育心理学》教材，此后，又出现了几本翻译介绍和我国学者编写的教育心理学书籍；③20世纪60年代初，结合教育实际进行研究，1963年出版了潘菽主编的《教育心理学》讨论稿；④1980年出版的潘菽主编的《教育心理学》反映了现代教育心理学的某些新成就，也反映了我国教育心理学界的一般观点和研究成果。

关键术语

1. 教育：是根据一定社会的要求和受教育者身心发展的规律，由教育者对受教育者施以有目的、有计划、有组织的影响，使受教育者发生预期变化的活动。

2. 学校教育：是在学校中实施的一种有目的、有计划、有组织地培养人的教育活动。

3. 教育心理学：是一门研究学校情境中学与教的基本心理规律的科学，旨在理解学生学习心理，以及根据这些理解创设有效的教学情境，从而促进学生的学习。

4. 观察法：是在日常生活条件下，通过被观察者的外部行为表现，从而了解其心理现象的规律和特征的一种研究方法。

5. 实验法：是创设并控制一定的条件，从而对引起人们的某种心理现象进行研究的方法。

6. 调查法：是根据某一特定的要求，向被调查者提出有关的问题，让其回答，了解某一心理活动的发生及其条件，从而了解这一心理活动的方法。

7. 个案研究法：是对一个人或一组人的问题进行专门研究的方法。个案法比较适合进行特例研究。

8. 教育经验总结法：是指教育工作者对自己日常工作中获得的关于教育过程心理现象的整合性认识进行总结，进而寻找其中的规律性的方法。

习题自测

一、判断题

1. 杜威提出了"以学生为中心"的主张。　　　　　　　　　　　　　　　（　　）

2. 某些教师有一些天赋，所以他们可以直接成为一位既懂科学又讲艺术的教育专家。　　　　　　　　　　　　　　　　　　　　　　　　　　　　　　　（　　）

3. 学生作为学习的主体因素，在个体差异方面影响着学与教的过程，其中包括年龄、性别和学习方式、智力水平等。　　　　　　　　　　　　　　　　　（　　）

4. 西方第一本以"教育心理学"命名的专著由美国心理学家桑代克编写的。（　　）
5. 我国在 1978 年改革开放之后在师范院校中恢复了教育心理学课程。（　　）

二、单项选择题

1. 美国心理学家桑代克出版了（　　），是西方第一本以教育心理学命名的专著。
   A. 普通心理学　　　　　　　　　B. 实验心理学
   C. 大教学论　　　　　　　　　　D. 教育心理学

2. 教学环境包括（　　）和（　　）两个方面。
   ①物质环境；②家庭环境；③学校环境；④社会环境
   A. ①②　　　　　　　　　　　　B. ①④
   C. ③④　　　　　　　　　　　　D. ②④

3. 在教育情境中的参与者所采用的自我反思式的探究是（　　），提高了参与者对实践的理解并促进自身的教育实践。
   A. 教育行动研究　　　　　　　　B. 调查研究
   C. 实验研究　　　　　　　　　　D. 反思研究

4. （　　）开展"教学与发展"的实验，推动了本国的学制和课程改革。
   A. 赞可夫　　　　　　　　　　　B. 杜威
   C. 桑代克　　　　　　　　　　　D. 罗杰斯

5. 在教育心理学研究方法，定量研究中，研究者对事物可以（　　）的特性进行（　　），以检验研究者的理论假设。
   ①量化；②质化；③调查和访谈；④测量和分析
   A. ①③　　　　　　　　　　　　B. ①④
   C. ②③　　　　　　　　　　　　D. ②④

6. 1868 年，俄国教育家（　　）出版了《人是教育的对象》，他被称为"俄罗斯教育心理学的奠基人"。
   A. 杜威　　　　　　　　　　　　B. 加涅
   C. 乌申斯基　　　　　　　　　　D. 桑代克

7. 下列哪本名著的出版标志着教育心理学的诞生？
   A. 《教育心理学杂志》　　　　　B. 《教育心理学》
   C. 《教育实用心理学》　　　　　D. 《教育心理大纲》

8. 教育心理学的研究方法不包括（　　）。
   A. 观察法　　　　　　　　　　　B. 实验法
   C. 调查法　　　　　　　　　　　D. 顿悟法

三、简答题

1. 教育心理学的任务是什么？
2. 教育心理学的作用是什么？

第二章

青少年身心发展与教育

知识框架

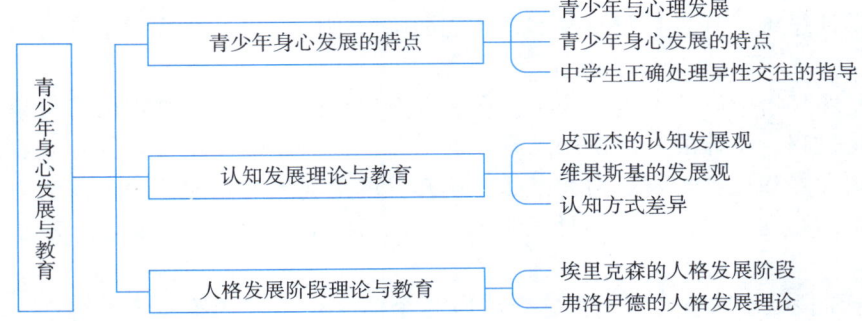

学习目标

1. 理解中学生生理、心理特征及其差异性。
2. 理解中学生心理特点，指导中学生正确面对个体发展。
3. 说出皮亚杰、维果斯基的认知发展理论。
4. 理解弗洛伊德的人格发展理论和埃里克森的社会性发展阶段理论。

案例导学

小雪同学从小学习成绩优异，可自从读了初三，成绩一降再降。由于一心想考重点高中，因此她一直都在自我加压的情绪下紧张学习。总复习开始后，她每次拿到试卷，脑子里就一片空白，数理化公式忘得精光，以前会做的题现在也不会做了。她说："我现在一拿到试卷，脑子里就一片空白，我觉得自己无颜面对父母，真不知道该怎么办了。"

第一节 青少年身心发展的特点

一、青少年与心理发展

(一) 青少年与心理发展的概念

青少年指的是个体从童年向成年发展的过渡时期，由于性成熟是此时发展的主要特点，通常又被称为青春期，年龄为11~18岁，其中包括少年期和青年初期。少年期是指11~15岁的阶段，是个体从童年期向青春期过渡的时期，大致相当于初中阶段，具有半成熟、半幼稚的特点。整个少年期充满着独立性和依赖性、自觉性和幼稚性错综的矛盾。青年初期是指14~18岁时期，相当于高中时期。青年初期是个体在生理上、心理上和社会性上向成人接近的时期。抽象逻辑思维已从"经验型"向"理论型"转化，开始出现辩证思维。理想自我与现实自我仍面临分裂的危机，自我肯定与自我否定常发生冲突。

心理发展是指个体从出生、成熟、衰老直至死亡的整个生命进程中所发生的有次序的心理变化过程。个体的心理发展既有量的变化，又有质的变化。从内容上看，心理发展包括认知发展和社会性发展两大方面。认知发展是与人的认知活动及其能力的形成与变化相联系的心理发展；而社会性发展涉及人的情感、个性、人际交往等方面的心理发展。

青少年阶段处于青春发育期，这个阶段是个体生长发育的第二个高峰期。在这一时期，青少年的身体和生理机能都发生了急剧变化，主要表现在：身体外形的改变、体内机能的增强、性的发育和成熟。这是青春期生理发育的三大巨变。

(二) 青少年心理发展的一般规律

根据辩证唯物主义的发展观以及国内外的有关研究成果，人的心理发展有以下几个方面的带有规律性的特点：

1. 人的心理发展是一个既有连续性又有阶段性的过程

人的心理发展是一个连续不断的变化过程，表现为认知方面和社会化等方面伴随人的一生而不断发展变化的过程。当某种心理活动在发展变化之中而又未出现新质变时，它就正处于一种量变的积累过程。这种心理变化在未达到新质变而进行着的孕育更新的质的量变，就表现为心理发展的连续性。实际上，每一种心理过程心理特征的发展，都以先前的状况为基础，都是对先前心理活动的继承与发展。

心理发展过程由一些具体的发展阶段组成。个体心理发展从量变开始，量变达到一定程度后产生质变，由于质变使得个体在不同的时期表现出与其他时期不同的心理特点，于是心理发展过程中表现出明显的阶段性。如果把心理发展的连续性看作一种矛盾运动过程中数量的积累，那么矛盾运动的质变就决定了儿童心理发展的阶段性。心理发展的阶段性与人的年龄相联系，因此，心理学上把个体心理发展各年龄阶段所表现出来的一般的、典型的、本质的特征称为心理年龄特征。

2. 人的心理发展具有一定方向性和顺序性

人的心理发展在正常情况下总是具有一定的方向和先后顺序，而且在不同的文化背景下的个体身上表现出较高的一致性。尽管发展的速度可以有个别差异，会加速或延缓，但发展是不可逆的，也是不可逾越的。比如，在各种心理技能中，感知觉的发展最早，然后是运动机能、情绪、动机和社会交往能力的发展，而抽象思维的出现和发展最晚。

3. 人的心理发展具有不平衡性

心理发展的不平衡性主要表现为不同机能系统在发展的速度、发展的起始与成熟时间有不同，以及同一机能特性在不同发展时期有不同发展速度。另外，从身心的总体发展来看，不同时期发展速度也不一样。这也表现出发展的不平衡性，比如，人在婴儿期和青春期发育较快，而在成人期的发展则较为平稳和缓慢。

4. 人的心理发展具有一定的个别差异

尽管心理发展要经历一些共同的基本阶段，有着一般的规律，表现出共同性；但每个人的心理发展又有其特殊性，即表现出个别差异性。心理发展的差异性指不同个体在心理发展过程中表现出来的心理状况速度、水平等方面的差异。众多心理学家曾专门研究个体心理发展上的差异，并由此建立起差异心理学。有人曾对66名儿童阅读能力的发展进行测验，并依据测验结果绘制成发展曲线，曲线表明，没有一个儿童阅读能力的发展与其他儿童是完全相同的。

（三）影响心理发展的因素

影响人的发展的主要因素有两大方面，即遗传因素与环境因素。遗传因素是指那些与遗传基因相联系的生物有机体内在的生理成熟；环境因素是指影响生物有机体的所有的后天的外部因素，包括自然环境、社会环境及教育等。

关于遗传与环境对人的心理发展的影响谁起决定作用以及如何作用于人的心理发展等方面一直存在激烈的争论，这一争论被称为"天性—教养"之争。这一争论经历了不同的时期，并形成了以下四种主要的观点：

1. 遗传决定论

遗传决定论强调先天的遗传因素在人的心理发展中的作用，认为心理发展的过程就是遗传素质自我发展和自我暴露的过程。持这种观点的代表人物主要有英国的高尔顿（F. Galton，1822—1911）和美国心理学家霍尔（G. S. Hall，1844—1924），高尔顿通过名人传记和家谱调查的方法认为一个人的能力是遗传的，霍尔则认为"一两的遗传胜过一吨的教育"。

2. 环境决定论

环境决定论片面强调教育在人的发展中的决定作用，忽视遗传素质和儿童年龄特征的作用。持这种观点的代表人物主要是美国行为主义心理学的创始人华生（J. B. Watson，1848—1958）。华生曾断言："给我一打健康的婴儿，如果让我在我所控制的环境中培养他们，不论他们的前辈的才能、爱好、倾向、能力、职业和种族情况如何，我都保证能把其中任何一个人训练成我选定的任何一种专家：医生、律师、艺术家、富商，甚至乞丐和盗贼。"

3. 二因素论

二因素论主张发展由遗传和环境两个因素共同决定，但未能看到二者的辩证关系。二因素论的代表有德国的斯特恩。他在《早期儿童心理学》一书中提出"合并原则"。他说："心理的发展并非单纯的天赋本能的逐渐显现，也非单纯的对外界影响的接受或反映，实为内在的品质及外在的环境合并发展的结果。"吴伟士（R. S. Woodworth）提出"相乘说"，认为人的心理发展等于遗传和环境的乘积。他说："遗传和环境的关系，不是相加的关系，而是相乘的关系。个人的发展依赖于他的遗传与环境两方面，就像矩形的面积依赖于高也依赖于长一样。"同样，决定心理的发展也不能说遗传和环境哪个更重要。

4. 相互作用论

相互作用论主张遗传和环境两种因素在影响心理发展过程中具有相互依存的辩证关系，任何一种因素作用的大小、性质、都必须依赖另一因素的性质。比如，瑞士心理学家皮亚杰（Jean Piaget，1896—1980）的儿童发展观即具有相互作用论的特点。他认为遗传和环境两种因素之间的关系并非各占若干比例或简单相加的关系，而是一种相互交织、相互渗透和影响的关系。相互作用论是辩证唯物主义的发展观在遗传和环境的关系上所持的观点。

（四）教育与心理发展的关系

教育与学生的心理发展之间存在着一种相互依存的辩证关系。一方面，教育对儿童的心理发展起着主导作用。教育作为一种决定性的条件制约着心理发展的过程和方向，没有适当的、科学的教育，儿童的心理无法正常发展。但需要注意的是，教育只是心理发展的主要条件，但不是唯一的条件，除教育之外，遗传素质、家庭环境和社会环境等因素也会对儿童的心理发展产生重要的影响。另一方面，教育必须以学生心理发展的水平和特点为依据，遵循教学的准备性原则。任何教育、教学都要考虑学生的学习准备水平，即学生原有的知识和原有的心理发展水平，教材、教法的选择必须考虑儿童的年龄心理特点和最近发展区水平。

（五）学习准备

学习准备是指学生原有的知识水平或心理发展水平对新的学习的适应性，即学生在学习新知识时，那些促进或妨碍学习的个人生理、心理发展的水平和特点。学习准备是一个动态的发展过程，包括纵向和横向两个维度。纵向方面的学习准备是指从出生到成熟的各个年龄阶段的学习准备。在不同的年龄阶段，学生的生理成熟水平和心理发展水平有明显的差异。这些差异是有效学习所必须考虑的前提条件，教育应提供适合学生纵向的学习准备。若无一定的准备条件，学生就难以进行新的学习。横向方面的学习准备是指每个年龄阶段出现的各种内部因素相互影响、相互作用而形成一个动力结构。丰富的环境影响，有利于生理器官及其功能的发展，而心理发展通过学习才能实现。

学习准备是多方面的。具体来说，学习准备主要包括以下几方面内容：

1. 身体的发展

这是所有学习准备中最基础的准备，学习中所有其他准备都依赖于某些神经的、腺体的、肌肉的和骨骼的结构与机能的准备情况。身体的发展是学习的必备条件，如果个体在身体发展方面没有做好准备，学习起来就会发生困难。例如，听觉器官和发音器官发育不健全的儿童很难像正常儿童一样学习语言。另外，年幼的孩子很难理解一些抽象的、逻辑性很强的理论，因为他们的思维发展水平还处在形象思维阶段。也就是说，在有关的学习中，应考虑儿童学习该项目时的机体成熟水平，不顾及这一点，就不能获得理想的学习效果。

2. 智力的发展

这是所有学习准备中最重要的准备。心理学家把一定的智力年龄作为儿童能否学习的重要标志。为了查明儿童在哪一个智力阶段才具备开始阅读的成熟水平，心理学家进行了以下实验：把智龄5~8岁的儿童作为被试，对这些儿童进行半年教育，随后测定他们在这半年里达到阅读标准的百分比。结果发现：智龄低于5岁的儿童几乎无一人能顺利阅读；智龄在5岁6个月的儿童只有极少数人能顺利阅读；而智龄在6岁的儿童有半数以上的人不能顺利阅读；智龄在6岁6个月时，大约有70%的儿童取得了令人满意的进步。根据这些资料，可以认为，智龄6岁6个月是有希望在小学一年级顺利进行阅读的最低限度。

3. 情感的发展

现代教育科学理论表明，情感是影响学生学习的重要因素。假如一个儿童不愿意学习，对学习毫无兴趣，那么可以肯定，他难以在学习中获得成功。情感在学习中的作用正在逐渐被人们所认识。心理学家曾做过一个实验，用一些智力测验来测量儿童，测验题目分为两种类型：一种类型是简单易做，儿童容易解决，马上可以得到奖赏，但奖赏较小；另一种类型是复杂难做，儿童要费些心思才能解决，奖赏要过几天才能给，但得到的奖赏较大。把两种类型让儿童选择，看儿童选择的是延迟满足还是即时满足。结果发现，情感上易于冲动的儿童，往往选择即时满足；而善于控制冲动的儿童，往往选择延迟满足，而且选择延迟满足的儿童要比选择即时满足的儿童具有更高的认知水平。这充分表明情感对学习目的和学习效果的影响。

4. 社交能力的发展

心理学家的调查发现，社交方面较成熟的儿童，由于适应性强，同伴关系相处得较好，因此常常被成人看作是"有能力""有创造性"的人，在同伴中也多留下稳重、友好等印象，这些评价和印象提高了儿童的社会地位，满足了他的尊重需要，从而进一步激发了他掌握技能、发展智力的愿望。

5. 自我意识的发展

自我意识是个体对自己以及自己与周围事物的关系的意识。自我意识包括三种成分：自我认识、自我体验、自我监控。学习的基本前提是分清"物—我"关系，即把自己的世界和外在的世界区分开来。倘若没有这一概念上的准备，学习就成了一句空话。在自我意识中，有一个很重要的成分，心理学上叫作控制点，它直接影响到学习的效果。所谓控制点，就是一个人找出控制他生活的主要力量，也即人们对影响自己生活和命运的某些力量的看法。年龄越小越有可能到外部世界中去寻找这种力量，因为他们不知道"我"对"物"能起什么作用和影响。例如，年幼儿童对待学习的态度，往往不是出自自己的本愿，不是依靠自己的力量来控制学习，而是遵循父母的命令，迎合世袭的传统，或者出于对学习的新鲜感。随着年龄的增长，儿童逐渐认识到自己所从事的活动和活动的结果，关键不在外部,而在自己的内部,他们开始认真地看待自己,控制点更多地落在内部。控制点由外部转向内部的这个过程,一般到成年期才能完成。

二、青少年身心发展的特点

(一)青少年生理发展的特点

1. 身体外形的变化

(1)身高和体重。青少年期最初的外部标志是身高和体重的迅速增加,这被称为生长加速期。青少年进入青春期,身高长势惊人,每年增高6~8厘米,有的达到10~11厘米。青春期体重增加的速度也很快,每年平均增加5~6千克,有的达到8~10千克。一般而言,女孩在10岁以后就会发生这种变化,而男孩在大约12岁半时才开始,女孩到达青少年期的年龄一般早于男孩2年。

在青春早期,女孩较高,体重较重,但是这种优势持续时间很短。在14岁时,发育典型的男孩就超过了女孩,这时男孩的生长加速期已经开始了,而女孩的生长加速期几乎停止。对大部分女孩来说,到16岁时身体的成长就完成了;而对男孩来说,到17岁半时,身体的成长才完成。这时,长骨末端的骨骺生长已经完全结束。

(2)身体的比例。到了青少年期,首先是他们的手、腿和足的成长,然后是其他没有发育完全的部分的发育。这种发育模式表现为青少年早期身体比例失调:长长的腿、很大的脚和手。

身体比例也开始出现巨大的性别差异,这是由性激素对骨骼的作用所导致的。男孩的肩部比臀部增宽的比重要大,而女孩的臀部增宽的比重比肩部和腰部要大。当然,男孩的体格最终会比女孩大得多,而且他们的腿比身体的其他部分都要长。

(3)第二性征的出现。第一性征的变化包括生殖器官(女性的卵巢、子宫和阴道;男性的阴茎、阴囊和睾丸)的变化。另一些与性生理成熟有关的变化,属于第二性征方面。在男性身上,表现为喉结突出、嗓音低沉、唇部出现胡须等;在女性身上,则表现为声音细润、乳房隆起、骨盆变大、皮下脂肪较多等。这些变化在身体外部可以看到,并且是性成熟的另外一些标志。

2. 生理机能的增强

人的一生中,生理机能有两个迅速发展的时期,第一次在出生后第一年,第二次在青春期。青春期时,青少年的心脏机能增强,表现为:心脏增大,心室壁的肌肉增厚,心率、脉搏减缓(70~80次/分钟),每次心搏所排出的血量增多;肺的呼吸能力增强,12岁时肺重量为出生时的10倍,肺小叶结构完善,肺泡容量增大,肺活量迅速增长;大脑的不断发育,即青少年10岁时脑重为成人的95%,12岁时已接近成人水平,大脑皮质沟回组合完善,神经纤维完成髓鞘化,兴奋和抑制渐趋平衡。

3. 性的发育与成熟

人一出生就具备生殖器官,但是要到青春期才能迅速发育成熟,具有生育机能。性成熟为性激素所控制。雌激素被认为是女性激素,雄性激素被认为是男性激素,男女都同时具有这两种激素,但量不同。

男孩的睾丸释放出大量的雄性激素睾丸素,导致了肌肉的增长、躯体及面部毛发的生长和其他男性特征的出现。女孩的卵巢释放的雌激素促进了乳房、子宫和阴道的成熟，使身体表现出女性化的特征，脂肪积累。男孩首次遗精一般发生在12~18岁，女孩月经初潮的年龄多在10~16岁。

> **知识拓展2-1**
>
> 青少年运动的好处有什么？
>
> 青少年正处在生长发育阶段，体育锻炼对增强体质、促进健康有重要的意义。
>
> （1）促进新陈代谢，增强各器官、系统的结构和功能，提高生理功能，从而促进身体的发育与健康。体育运动能增强心肌力量，使心肌收缩有力，从而使每搏输出量增多，可从每搏60毫升血液增加到90毫升以上。这样，在心脏每搏输出量增多的情况下，安静状态时心率相应减慢，心脏的工作贮备能力增强，使机体的体力、耐力增加。运动时体内新陈代谢增加，能量消耗增多，使胃肠蠕动增强，同时消化分泌液增多，提高了消化吸收能力，增加食欲，有利于儿童的生长发育。
>
> （2）提高身体素质。运动能够促进身体素质和运动能力的提高，即力量、耐力、速度、灵敏、柔韧等素质以及走、跑、投掷、攀爬等活动能力的提高。通过体育锻炼，肌纤维变粗，肌肉内贮备氧的肌红蛋白增加，从而使肌肉能适应紧张的工作，同时还可使骨骼发育。
>
> （3）锻炼人的意志。体育锻炼能培养人坚强勇敢的品格，使人精力充沛，情绪愉快，提高抗病能力，丰富生活，延迟衰老，延年益寿。
>
> （4）增强肺的贮备能力体育。锻炼对肺活量有促进作用，通过体育运动可增强呼吸肌肉的发达，使呼吸幅度加深，相应呼吸频率减少，使肺的贮备能力和适应能力增强。
>
> （5）增强反应灵敏度。体育锻炼能增强反应灵敏度，使人动作快捷协调，肌肉神经的调节完善准确，增加活动的反应速度，提高机体对平衡、定向的精确程度。
>
> （6）提高睡眠质量，提高工作和学习的效率。由于运动能够使肌肉发达，同时使多余脂肪燃烧减肥，也可以使瘦人丰腴起来，所以坚持体育锻炼可使体型健美。
>
> （7）促进脑神经发育。人的大脑神经发育最快速的时期就在青少年时期，如果能坚持慢跑、游泳、骑自行车等运动，就能促进脑神经发育，增强反应能力和协调性，从而提高青少年学习效率。

（二）青少年心理发展的一般特点

1. 认知能力

青少年观察的目的性、自觉性提高了，观察的时间更为持久，在概括性和精确性上有所提高；思维已由具体的形象思维过程发展到抽象的逻辑思维为主，并且由经验型转向理论型，表现在逻辑思维的组织性、敏捷性、灵活性、深刻性、批判性的发展上；在面临问题时能够较快地从根本上抓住矛盾焦点，能够独立、批判地思考，对同学、老师、家长有自己的认识和看法；喜欢争论和怀疑，敢于发表自己的观点，不迷信权威。

2. 情感

处于青春期的中学生，情感丰富、高亢而热烈，富有朝气，容易动感情，也容易被激怒，情感体验比小学生深刻；对未来充满了憧憬和幻想，具有活泼愉快的心境；自我调节和控制能力提高，情感有时带有矛盾性和两极性；好交往、重友情，友谊迅速发展；由于性发育和对未来的向往，在异性交往中有时会遇到困惑。

3. 意志

中学生意志特点主要表现在目的性、果断性、自制力几个心理品质上，能够有目的、自觉地作出意志决定和努力，在果断性上有了显著发展，自控能力不断增强。

4. 人生观、价值观

随着年龄的增长、视野的开阔及受教育年限的延长，中学生开始对人生及世界进行思考和探索。中学是一个人的人生观和价值观成形的重要阶段，教师需要引导学生正确看待自己，正确认识个人与国家、社会的关系，积极看待生活中的各种事件，形成积极正向的人生观和价值观。

5. 道德品质

学生的品德有一个完整的结构，即道德认知（知）、道德情感（情），道德意志（意）和道德行为（行），它们相对独立又彼此联系，密不可分。道德认知表现在道德思维的发展和道德观念的建立上；道德情感是人的道德需要是否得到实现而引起的主观的内心体验，它伴随着道德认知的发展而加深道德意志，表现为战胜非道德的动机、排除困难执行道德动机而引起的行为决定。道德行为是衡量道德品质高低的标志，它要通过一系列的模仿、多次强化、有意识的练习和与不良行为习惯的斗争才能实现。

（三）青少年性心理的发展

个体的生理变化是心理变化的基础，青少年性生理的发育必然带来性心理的发展。性心理是指在性生理的基础上，与性生理特征、性欲望、性行为有关的心理状态和心理过程，也包括了与异性交往和婚恋等心理状态。性生理是性心理发展的生物学基础，性生理发育的障碍或缺陷，会使性心理的发展出现偏差。

随着第二性征的出现和性机能的成熟，青少年对性的关注加强，青少年性心理最主要的特征就是性意识的逐渐觉醒和对性的敏感。总体上，表现出以下几个特点：

1. 性意识的出现

性意识是指人对性的认识和态度，是人类关于性问题的思维活动，它左右着人的性行为。人类性意识发展一般要经历性别意识的儿童期、爱慕异性的青春期、性行为意识的成熟期。在幼儿期和童年期，儿童的交往一般是不分性别的，经常是男女儿童在一起游戏，即使有时分出性别，也不是由于性别意识本身造成的，而是由于在兴趣方面存在差异。在这一时期，儿童只能从身体外形上区分男女之间的区别，而对于性的真实含义并不明白。

进入青春期以后，由于性机能的逐渐成熟，男女生之间的关系有了新的特点，双方都开始意识到了性别问题，并彼此对对方逐渐发生了兴趣。但是，在最初阶段，他们对于异性的兴趣却是以一种相反的方式予以表达，或者在异性同学面前表露出一种漠不关心的态度，或者在言行中表现出对异性同学的轻视，或者以一种不友好的方式攻击对方。总之，从表面上看，他们并不相互接近，而是相互排斥。

到初中阶段的后期，男女生之间逐渐开始融洽相处。而且，在一些男生与女生心中，会有一位自己所喜爱的异性朋友。调查表明，女生一般对那些举止自然、友好、不粗鲁、有活力的男生更容易产生好感；男生一般对那些仪表好、文雅、活泼的女生易产生好感。但男女生一般都不将这种情感公开出来，在许多情况下只是一个永久的秘密。因为，随着时间的流逝，随着他们各自的成熟与发展，随着价值观念的不断变化和调整，产生于初中阶段的这种情感很可能就渐渐地淡化下去了，甚至完全消失。

青少年表现出的对性的特别关注兴趣和向往使其心理产生了微妙的变化，这些变化和特殊的心理体验即为性意识出现。青少年性意识的特点为：性冲动和性欲望出现，对异性与自己的变化充满好奇，希望从各种途径去探索和获取性知识，希望了解异性并与异性交往，同时在异性同伴面前又容易表现出紧张和兴奋的特点，有时候会弄巧成拙，造成心理障碍。

2. 性情感的发展变化

性情感是指在两性活动中有关的爱慕吸引或憎恨等感情的发展变化。中学生到了青春期以后，就自然地对异性产生兴趣，而自己同样对异性也有一种吸引力。初中生男女同学之间的性情感是很稚嫩的，缺乏牢固的基础，很少有保持下来并最终发展为爱情和婚姻的。但是，只要处理得当，控制在相当有限的程度内，这种感情也有一定的意义。当一个初中生喜欢上一个异性同学时，他（她）自然也希望对方能接受自己，于是就能更加自觉地按照一个好少年的标准，尽可能地去完善自己，从而促进各方面的发展。然而，如果这种关系无限度的发展，就会妨碍初中生的正常进步。

三、中学生正确处理异性交往的指导

中学生异性交往是十分自然正常的现象，教师要对他们的行为予以理解、宽容并进行正确的引导。对中学生在异性交往方面的指导应注意以下几点：

（一）抓好青春期性教育

青春期性教育是中学阶段必不可少的课题。青春期教育包括三方面的内容，即性生理教育、性心理教育和性道德教育，其核心是性道德教育。通过青春期性教育可以消除学生对异性的神秘感，增强学生的自我控制能力，提高学生的性道德水平，使他们正确认识与异性同学的关系，把握与异性交往的分寸，掌握与异性交往的礼仪，严肃对待恋爱婚姻以及性等问题。

1. 加强教育，理解和接纳性生理和性心理的变化

中学生由于缺乏必要的性知识，常常为性意识所困扰，关注异性，或者产生接触异性的念头。这是青春期生理和心理发展的正常现象，具有发展的积极意义。如果中学生能够正确地了解相关知识和理解这些行为，将会予以恰当的应对，对自己的心理和行为将不会构成影响。但是如果不能较好地认识和对待自己的性意识活动，将这种正常的心理反应视为异常，就会出现心情焦躁、丧失自信、产生自我否定的评价。

因此，教师可以采取恰当的方式，让学生了解青春期的生理发育和心理发展的相关知

识，从思想、认识、观念、态度上对这些问题给予正确的认识，并对可能出现的性心理问题予以指导，使他们从科学知识的角度认识这些问题，消除盲目性和神秘感。

2. 更新理念，认识异性交往的意义

处于青春期的中学生，对异性产生兴趣，认为异性对自己更有吸引力，希望引起异性的注意，更向往与异性的交往。伴随年龄的增长，他们越来越愿意与异性交往。青少年期是个体社会化的关键期，异性交往是身心发展的必然结果，对于青少年身心发展具有重要意义。异性正常交往可以促进青少年同一感的发展，增进青少年心理健康，促进其社会性发展，对青少年的心理、行为有多方面的积极影响。

家长、教师和学校要注重这方面的教育，指导中学生正常交往。要指导学生澄清异性交往不等于恋爱，正确对待异性朋友，分清友谊和爱情的界限，互相尊重和遵守应有的礼仪。

3. 正确地处理性冲动，恰当地与异性交往

中学生的一个特点是冲动和盲目，因此需要指导他们按着社会文化规范的要求，约束和调整自己的性欲望和性行为，恰当地处理与异性相处的关系。

性欲望是青春期性心理的突出表现之一，它是随着性意识的觉醒而产生的。青春期性欲望强烈是自然规律，一味压抑或放任自流都是错误的。通过青春期性心理教育，如青春期异性交往行为规范、性的越轨行为和性犯罪、避孕和人工流产等方面知识和行为的指导，使中学生认识到哪些性欲望是可以满足的，哪些行为是不可以的，从而加以约束和调节。

（二）正确引导男女同学正常交往

在鼓励和提倡男女同学正常交往过程中，可以从以下几个方面进行：

（1）引导男女同学建立积极交往态度，培养健康的交往意识，讲究风度，注意礼仪，做到端庄和蔼，以礼相待。

（2）引导男女同学要广泛交往，提倡同学集体交往，合理个别交往。因为友情是多数人共有的，而爱情是排他的；朋友是可以集体交际的，爱情则是成对的活动。

（3）引导男女同学在交往中一定要掌握一个"度"，交往程度宜浅不宜深，交往关系要疏而不远，把握交往的心理距离。注意不要过分拘谨，也不可以过分随便；不可过分冷淡，也不可过分亲密；不可过于严肃，也不可过分卖弄；不要过分羞怯，也不要过分轻浮。总之，应像与同性交往一样，做到真诚坦率，举止大方得体。

（4）引导学生将对异性的好感和爱慕，转化为互相尊重、互相策励、互相推动、互相学习的原动力。指导男女同学学会增强性别魅力，了解异性所喜欢的行为特征。引导学生在异性交往中，男生逐步表现出男子汉的气质，胸怀博大、情绪乐观、风度潇洒、坚毅刚强、富于进取心和责任感；女生逐步表现出活泼开朗、大方得体、仪表端庄、亲切善良、富有同情心。这种男女各自的性别魅力，会赢得异性的好感，使交往自然协调。

（5）组织男女同学之间坦诚地、面对面地集体辩论，讨论男女同学间的交往问题，让学生交流各自的思想，互相了解，增进友谊，共同成长。

第二节 认知发展理论与教育

一、皮亚杰的认知发展观

皮亚杰及其日内瓦学派对儿童的认知发展进行了深入而系统的研究。皮亚杰在他的发生认识论基础上,将生物学的原则和方法引入人类发展的研究中,形成了迄今为止极具影响力的儿童认知发展理论。

皮亚杰对认知发展的看法,来自对某些有机体生物学上发展的分析。他发现一些软体动物,从平静的水面迁徙到水流湍急的地方后,外形会变得短一些,这是因为长期的环境作用导致的遗传物质的变化。由此得出,有机体在发生发展过程中并不是消极被动的,生物适应环境,从而生存下来,是有机体与环境之间相互作用的过程。在皮亚杰看来,发展在很大程度上依赖于儿童对周围环境的操纵以及与周围环境的积极互动。

(一)心理发展的结构

皮亚杰认为智慧是有结构基础的,而图示就是他用来描述智慧结构的一个特别重要的概念。皮亚杰认为,图式(schemes)是一个有组织的、可重复的行为或思维模式。人最初的图式来源于先天的遗传,表现为一些简单的反射,如抓握、吸吮反射等,这些行为是与生俱来的,是婴儿能够生存的基本条件。为了应付周围的世界,个体逐渐地丰富和完善自己的认知结构,形成了一系列的图式。

随着年龄的增长及机能的成熟,在与环境的相互作用中,儿童通过同化、顺应及平衡化作用,使图示不断得到改造,认知结构不断发展。同化(assimilation)是把外界元素整合到一个正在形成或已经形成的结构中。同化是通过已有的认知结构获得知识,本质上是旧的观点处理新的情况。顺应(accommodation)是指同化性的图式或结构受到它所同化的元素的影响而发生的改变。改变认知结构以处理新的信息,本质上即改变旧观点以适应新情况。

当已有图式不能解决面临的问题情境时,就产生了皮亚杰所说的不平衡状态,皮亚杰认为心理发展就是个体通过同化和顺应而达到平衡(equilibrium)的过程。当个体既有图式能轻易同化环境中新知识经验时,在心理上感到平衡。当个体既有图式不能轻易同化环境中新知识经验时,在心理上感到失衡(disequilibrium)。适应的本质在于取得机体与环境的平衡,主体通过动作对客体的适应是心理发展的真正原因。

(二)皮亚杰的认知发展阶段理论

皮亚杰认为,在个体从出生到成熟的发展过程中,认知结构在与环境的相互作用中不断重构,从而表现出具有不同性质的不同阶段。他把人的发展分为四个阶段:

1. 感知运动阶段(sensormotor stage,0~2岁)

这一阶段的认知活动,主要是通过探索感知觉与运动之间的关系来获得动作经验,在这些活动中形成了一些低级的行为图式,以此来适应外部环境和进一步探索外界环境。其中手的抓取和嘴的吸吮是他们探索周围世界的主要手段。从出生到2岁这一时期,儿童的

认知能力也是逐渐发展的,一般从对事物的被动反应发展到主动的探究,例如,从只是抓住成人放在手里的物体到自己伸手去拿物体,其认识事物的顺序是从认识自己的身体到探究外界事物,而且儿童渐渐获得了客体永恒性(object permanence),即当某一客体从儿童视野中消失时,儿童知道该客体并非不存在了。儿童在9~12个月获得客体永恒性,而在此之前,儿童往往认为不在眼前的事物就不存在了,并且不再去寻找,客体永恒性是后来认知活动的基础。本阶段儿童还不能用语言和抽象符号为事物命名。

2. 前运算阶段(preoperational stage,2~7岁)

儿童在感知运动阶段获得的感觉运动行为模式,在这一阶段已内化为表象或形象模式,具有了符号功能。表象日益丰富,其认知活动已不只局限于对当前直接干预的环境施以动作,开始能运用语言或较为抽象的符号来表达他们经历过的事物,但这一阶段的儿童还不能很好地掌握概念、概括性和一般性。本阶段儿童的思维还具有只能前推,不能后退的不可逆性(irreversibility);本阶段儿童在注意事物的某一方面时往往忽略其他方面,即思维具有刻板性;与思维的不可逆性和刻板性等特点相联系,儿童尚未获得物体守恒(conservation)的概念,守恒是指不论事物的形态如何变化,儿童都知道其本质是不变的。但本阶段儿童由于受知觉活动的影响,还不能认识到这一点。

3. 具体运算阶段(concrete operational stage,7~12岁)

儿童的认知结构已发生了重组和改善,思维具有了一定的弹性,可逆转,能凭借具体事物或从具体的事物中获得的表象进行逻辑思维和群集运算。但这一阶段儿童的思维仍需要具体事物的支持,儿童还不能进行抽象思维。因此,皮亚杰认为对这一年龄阶段的儿童应多做实际性的技能性的训练。此外,本阶段儿童已经能理解原则和规则,但在实际生活中只能刻板地遵守规则,不敢改变。

4. 形式运算阶段(formal operational stage,12岁以上)

儿童的思维已超越了对具体的可感知的事物的依赖,使形式从内容中解脱出来,进入形式运算阶段。本阶段儿童的思维是以命题形式进行的,并能发现命题之间的关系;能够根据逻辑推理、归纳或演绎的方式来解决问题;能理解符号的意义、隐喻和直喻,能做一定的概括,其思维发展水平已接近成人的水平。本阶段儿童不再刻板地恪守规则,并且常常由于规则与事实的不符而违反规则或违抗师长。对这一年龄阶段的儿童,教师和家长不宜采用过多的命令和强制性的教育,而应鼓励和指导他们自己作决定,同时对他们考虑不全面的地方提出建议和改进。

(三)皮亚杰的认知发展理论对教育教学实践的影响

首先,皮亚杰不主张教给儿童那些明显超出他们发展水平的材料,即不要求没有任何根据地或人为地加速儿童的发展,但同时,过于简单的问题对儿童的认知发展作用也不大,因此,教师创设或提供教学情境应该是恰好适合的,这种情境既能引起学生的不平衡,又不过分超越学生已有的认知水平和知识经验。

其次,每个班学生的认知发展水平和已有知识经验有很大的差异,教师要确定学生的不同认知发展水平,以确保所实施的教学与学生的认知水平相匹配。因此,教师应创设或提供良好的教学情境,这种情境既能引起学生的认知不平衡(cognitive disequilibrium),又不过分超越学生已有的认知水平和知识经验。

因此，当学生在学习过程中出现错误或体会到一种认知冲突时，他们会重新思考自己的认识，也就可能会获得新的认识或知识。因为学生是在与周围环境的相互作用中获得知识，检验自己的思维和认识并不断地得到反馈的，思维的素材取决于具体的经验，教师应利用学生的生活经验，引导学生的认知和思维的发展。

二、维果斯基的发展观

维果斯基是苏联早期卓越的儿童心理学家。维果斯基与 A.H. 列昂节夫和 A.P. 鲁利亚形成了一个极有影响的文化历史学派，在 20 世纪 30 年代特别活跃。"文化历史发展理论"主张人的高级心理机能是社会历史的产物，受社会规律的制约，十分强调人类社会文化对人的心理发展的重要作用，以及社会交互作用对认知发展的重要性。

（一）文化—历史发展理论

维果斯基从种系和个体发展的角度分析了心理发展的实质，提出了文化历史发展理论来说明人的高级心理机能的社会历史发生问题。

维果斯基区分了两种心理机能：一种是作为动物进化结果的低级心理机能，这是个体早期以直接的方式与外界相互作用时表现出来的特征，如基本的知觉加工和自动化过程；另一种则是作为历史发展结果的高级心理机能，即以符号系统为中介的心理机能，如记忆的精细加工。正是高级心理机能，使得人类心理在本质上区别于动物。在个体心理发展的过程中，这两种机能是融合在一起的。高级心理机能的实质是以心理工具为中介，受到社会历史发展规律的制约。因此，人的心理与动物比较不只是量上的增加，而且更表现在结构的变化，形成新的意识系统。

维果斯基认为，人的思维与智力是在活动中发展起来的，是各种活动、社会性相互作用不断内化的结果。与其他人以及语言等符号系统的这种社会性相互作用，包括教学，对发展起形成性的作用。儿童的认知发展更多地依赖于周围人们的帮助，儿童的知识、思想、态度、价值观都是在与他人的交往中发展起来的，儿童发展的情况取决于他们学习的方式和内容。他认为，人的高级心理机能是在与社会的交互作用中发展起来的，或者说人的高级心理活动起源于社会的交互作用。

（二）教育和发展的关系——最近发展区

在说明教学和发展的关系时，维果斯基认为"儿童的教学可定义为人的发展"。维果斯基提出了"最近发展区"的思想，认为教学必须要考虑儿童已达到的水平并要走在儿童发展的前面。

在确定儿童发展水平及其教学时，必须考虑儿童的两种发展水平，一种是儿童现有的发展水平；另一种是指在有指导的情况下借助成人的帮助可以达到的解决问题的水平，或是借助于他人的启发帮助可以达到的较高水平。这两者之间的差距，即儿童的现有水平与经过他人帮助可以达到的较高水平之间的差距，就是最近发展区。

从这个意义上，维果斯基认为教学"创造着"学生的发展。他主张教学应当走在儿童现有发展水平的前面，教学可以带动发展。教学的作用表现在两个方面，一方面可以决定着儿童发展的内容、水平、速度等，另一方面也创造着最近发展区。如果从教学内容到教学方法上都不仅考虑到儿童现有的发展水平，而且能根据儿童的最近发展区给儿童提出更高的发展要求，这更有实际教育意义。

（三）维果斯基的内化学说

维果斯基十分强调教学的作用，他认为全人类的经验是儿童通过教学才掌握的，并内化于自身的经验。

维果斯基的内化学说的基础是他的工具理论。他认为，运用符号系统将促使心理活动得到根本改造。这种改造转化不仅在人类发展中，也在个体的发展中进行着。儿童只有掌握了语言这个工具，外部形式的活动才得以"内化"，转为内部活动，才能最终默默地在头脑中进行。

在儿童认知发展的内化过程中，语言符号系统的作用是至关重要的。语言一方面为儿童表达思想和提出问题提供了可能性，也为儿童从周围人那里学习提供了可能性。同时，儿童的言语也直接促进了其高级心理机能的发展。在皮亚杰看来，儿童的自我言语是认知不成熟的表现，是一种自我中心的言语，儿童自言自语时并未考虑其他人的兴趣，只有当儿童慢慢发展到认知成熟时，才渐渐能够倾听对方的意思并与对方进行交流。维果斯基认为，儿童的自言自语并不是不成熟的表现，这种自言自语在其认知发展中起着重要作用，这是一种儿童与自己的交流，并借以指导自己的行为，而且，随着儿童的成熟，这种喃喃自语逐渐发展为耳语、口唇动作、内部言语和思维，从而完成内化过程。

（四）心理发展观

在对人的高级心理机能及其特征进行详细的界定和描述的基础上，维果斯基提出了关于儿童认知发展的许多见解，这些观点与皮亚杰的认知发展观有联系也有区别。皮亚杰强调儿童主要是自己建构有关周围世界的认知图式，维果斯基却认为儿童的心理发展具有社会性。

在论述发展时，维果斯基首先界定：心理发展是个体的心理自出生到成年，在环境与教育的影响下，在低级心理机能的基础上，逐渐向高级机能转化的过程。由低级机能向高级机能的发展有四个主要的表现：

第一，随意机能的不断发展。随意机能是指心理活动的主动性、有意性，是由主体按照预定的目的而自觉引发的。儿童心理活动的随意性越强，心理水平越高。

第二，抽象—概括机能的提高。儿童随着语言的发展、知识经验的增长，各种心理机能的概括性和间接性得到发展，最后形成了最高级的意识系统。

第三，各种心理机能之间的关系不断变化、重组，形成间接的、以符号为中介的心理结构。儿童的心理结构越复杂、越间接、越简缩，心理水平越高。

第四，心理活动的个性化。维果斯基强调个性特点对认知发展的影响，认为儿童意识的发展不仅是个别机能由某一年龄阶段向另一年龄阶段过渡时的增长和提高，更主要的是其个性的发展、整个意识的增长与发展。个性的形成是高级心理机能发展的重要标志，个性特点对其他机能的发展具有重要的作用。

对于儿童心理发展的原因，维果斯基强调了三点：一是心理机能的发展起源于社会文化历史的发展，受社会规律的制约；二是从个体发展来看，儿童在与成人交往过程中通过掌握高级心理机能的工具——语言、符号系统，从而在低级的心理机能的基础上形成了各种新的心理机能；三是高级心理机能是外部活动不断内化的结果。

（五）认知发展理论的教育启示

1. 学习者是自主积极的"学徒式学习者"

学生接受知识是能动的而不是被动的。学生的学习就是根据自己所了解的东西构造出一个内在的结构或图式，用以吸收、接纳和解释新信息，来思考和完成具体的任务。在合作的社会性背景下完成任务时，学生会对所运用的心理策略进行明确或不明确的模仿、证明和辩论。因此，情绪、动机、个性等心理要素以直接或间接的方式影响到学生的学习。

2. 学生的学习是受背景影响的

任何学习都与特定的社会或实际背景紧密相关。这些背景包括学生的先前经验、所处的社会文化系统和生活环境，以及课堂上与教师和同伴的互动等。它们对学习过程和结果有重要影响，并通过不同途径发挥作用。

教学是一个依赖于先前知识和过去经验而不断累积的过程。学生的学习要受他们在特定情境下所激活的经验的影响。所以，教师应该使教学在开始时能适应学生的现有水平，然后帮助他们建构和联结新信息。

3. 为了确保教学的有效性，教学应向学生提供挑战性认知任务和支架

挑战性认知任务是指那些稍微超出学生能力，但在专家的帮助下可以完成的任务，即处在最近发展区内，与学生的能力形成了一种积极的不匹配状态。维果斯基认为，教学不仅应该考虑儿童已经达到的水平，而且要考虑儿童经过努力可能达到的水平，主张教师要重视学生"学习的最佳期限"，不应盲目拔高和迟滞，以免错过"最近发展区"。教师应该向学生提供挑战性认知任务和支架，使得学生可以借助支架来参与问题解决并获得意义上的理解，从而确保教学获得最大效益。这条原则强调教师在教学中的指导者地位，要求教师在进行教学设计、安排教学内容时必须考虑学生的现有发展水平，并认为教学内容或任务应该给学生造成积极的认知冲突。

4. 教学是一个相互作用的动力系统

适当水平的教学和有一定指导的社会环境是学生学习的必要条件。教师和学生之间相互作用的社会性关系是学习的重要因素。教师作为学生的指导者，为学生的学习和智能发展提供了必要的信息和支持。这种支持也就是通常所说的支架，学生可以借助支架建构出一个稳定的理解，最终独立地完成任务。

维果斯基用预期法，来解释相互作用情境下学习的机制。在沟通中，成人预期儿童会了解某些信息，并在这种假定下行事，而最后儿童果真就能够建构出这些信息或知识。这种最近发展区的相互作用是一种成人、儿童共同协作的认知活动，儿童最后建构的观点也是儿童原有观点和成人观点的联合产物。

维果斯基的教育理论启示可归纳为：儿童思维方式实施知识教学；遵循儿童认知发展顺序设计课程；针对个别差异实施个别化教学并适时辅导；促进儿童的心智发展。

三、认知方式差异

认知方式又称认知风格，是个体在知觉、思维、记忆和解决问题等认知活动中加工和组织信息时所显示出来的独特而稳定的风格。可以从以下两个方面来进行理解：第一，认知方式是指个体在认知活动中所显示出来的独特而稳定的认知风格，是个体所偏爱的信息

加工方式；第二，学生的认知方式多样，认知类型没有绝对的好坏之分，不同的个体、不同的问题情境可能适合不同的认知类型。

认知方式差异的表现为沉思型与冲动型、场独立型与场依存型、系列型与同时型。

1. 沉思型与冲动型

沉思与冲动的认知方式反映了个体信息加工、解决问题过程的速度和准确性。沉思型学生在碰到问题时倾向于深思熟虑，用充足的时间考虑、审视问题，权衡各种问题解决的方法，然后从中选择一个满足多种条件的最佳方案，因而错误较少。冲动型学习者则倾向于很快地检验假设，根据问题的部分信息或未对问题作透彻的分析就仓促作出决定，反应速度较快，但容易发生错误。但并非所有反应快的学生都属于冲动型，有的可能是对任务很熟悉或者是思维很敏捷的缘故。

研究发现，沉思型学生与冲动型学生相比，表现出具有更成熟的解决问题策略，更多地提出不同假设；而且沉思型学生能够较好地约束自己的动作行为，忍受延迟性满足，比冲动型学生更能抗拒诱惑。此外，沉思型与冲动型学生的差别还在于，沉思型学生往往更易自发地或在外界要求下对自己的解答作出解释；而冲动型学生则很难做到，即使在外界要求下必须作出解释时，他们的回答也往往是不周全、不合逻辑的。

在学习方面，沉思型与冲动型两种方式存在明显差异。一般来说，沉思型学生阅读成绩好，再认测验及推理测验成绩也好于冲动型学生，而且在创造性设计中成绩优秀。相比之下，冲动型学生往往阅读困难，较多表现出学习能力缺失，学习成绩常不理想。不过，在某些涉及多角度的任务中，冲动型学生则表现较好。

2. 场独立型与场依存型

场独立与场依存概念最初源于威特金（H. Witkin）对知觉的研究。在第二次世界大战期间，为了研究飞行员怎样利用自己身体内部的线索和视觉见到的外部仪表的线索调整身体的位置，他专门设计了一种可以摇摆的坐舱，舱内置一坐椅。当坐舱倾斜时，被试可调整坐椅，使身体保持与水平垂直。研究发现，有些被试主要利用来自仪表的视线索，他们不能使自己的身体恢复垂直；另一些则主要利用来自身体内部的线索，尽管坐舱倾斜，他们能使自己身体保持与水平垂直。威特金称前一种人的知觉方式为场依存方式，后一种人的知觉方式为场独立方式。

具有场独立方式的人，对客观事物作判断时，常常利用自己内部的参照，不易受外来的因素影响和干扰；在认知方面独立于他们的周围背景，倾向于在更抽象的和分析的水平上加工，独立对事物作出判断。具有场依存方式的人，对物体的知觉倾向于以外部参照作为信息加工的依据；他们的态度和自我知觉更易受周围的人们，特别是权威人士的影响和干扰，善于察言观色，注意并记忆言语信息中的社会内容。

场独立、场依存与学生的学习有着密切的关系。研究表明，场独立型学生一般偏爱自然科学、数学，且成绩较好，两者呈显著正相关，他们的学习动机往往以内在动机为主。场依存型学生一般较偏爱社会科学，他们的学习更多地依赖外在反馈，他们对人比对物更感兴趣。场独立型者善于运用分析的知觉方式，而场依存型者则偏爱非分析的、笼统的或整体的知觉方式，他们难以从复杂的情境中区分事物的若干要素或组成部分。

另外，场独立型与场依存型学生对教学方法也有不同偏好。场独立型学生易于给无结构的材料提供结构，比较易于适应结构不严密的教学方法。反之，场依存型学生喜欢有严密结构的教学，因为他们需要教师提供外来结构，需要教师的明确指导与讲解。

冲动型的学生对问题反应较快，但错误较多；沉思型的学生则反应较慢而错误较少。场独立型学生不因外界的干扰而对学习产生干扰；场依赖型学生因外界刺激而对学习产生干扰。

关于场独立性的研究对于重视个别差异的学校教育有很大的意义。场独立型的学生，较少接受与人有关的社会讯息，喜欢独立思考，适合学习自然学科；个性偏于理性。场依存型学生较轻易接受与人有关的社会讯息，对社会学科有较大兴趣；个性偏于感性。

3. 系列型与同时型

系列型策略指学生在解决问题时，倾向于把精力集中在一步步策略上，他们提出的假设一般来说比较简单，每个假设只包括一个属性。同时型策略指学生解决问题时，倾向于使用比较复杂的假设，每个假设同时设计若干属性。

第三节 人格发展阶段理论与教育

一、埃里克森的人格发展阶段

埃里克森（E. H. Erikson，1902—1994）出生于德国，在奥地利受到精神分析学派的训练，后定居美国，是美国现代著名的精神分析理论家。

埃里克森接受了弗洛伊德的人格结构说，但他并不主张把一切活动和人格发展的动力都归结为"性"的方面，而强调社会文化背景的作用，认为人格发展受文化背景的影响和制约。埃里克森在研究了几种文化背景下儿童发展的情况后推断说，尽管不同文化中存在着某些差异，但情感的发展变化及其与社会环境的相互关系却遵循着相似的方式。出于对文化和个体关系的重要性的认识，埃里克森提出了发展的心理社会理论。

他把发展看成是一个经过一系列阶段的过程。每一阶段都有其特殊的目标、任务和冲突。各个阶段互相依存，后一阶段发展任务的完成依赖于早期冲突的解决。埃里克森认为每一阶段的发展中，个体均面临一个发展危机，每一个危机都涉及一个积极的选择与一个潜在的消极选择之间的冲突。个体解决每一个危机的方式对个体的自我概念以及社会观有着深远的影响。早期阶段中问题的不良解决所造成的损失，可能会在后期的阶段中得到修正，却往往会对个体一生的发展造成间接而深远的影响。他把人的心理发展分为八个阶段：

1. 信任对怀疑（0~1.5岁）

本阶段的基本冲突是信任对怀疑。如果儿童得到较好的抚养并与父母建立了良好的亲子关系，儿童将对周围产生信任感，否则将产生怀疑和不安。这一阶段相当于皮亚杰所说的感知运动阶段的早期，他们刚刚开始意识到他们与周围世界是独立的，并开始意识到物体的守恒性。

2. 自主对羞怯（1.5~3岁）

这一阶段中的儿童开始表现出自我控制的需要与倾向，他们能凭自己的力量做越来越多的事情，渴望自主，也开始认识到自我照料的责任感。

针对这些特点，即儿童需要得到照料以及形成一定的责任感，成人应该给予儿童适当的关怀和保护，以帮助他们的自信心得到很好的形成。如成年人未能对儿童试图掌握基本的动作技能和认知技能的尝试给予鼓励，则儿童会对自己的能力产生怀疑。本阶段儿童如果体会到过多的怀疑和羞怯，可能会导致其一生对自己的能力缺乏信心。

3. 主动感对内疚感（3~7岁）

本阶段儿童的活动范围逐渐超出家庭的圈子，儿童开始追求出于自我利益和动机的活动。如果他们的活动被允许，则表现出主动和愉悦；反之，则可能会降低从事活动的热情而缺乏尝试与主动的性格。

由于儿童能力的局限，成年人常常禁止他们的自我活动，这样就降低了儿童活动的动机，使他们认识到"想做的"和"应该做的"之间的差距，而可能会降低从事活动的热情。因此，本阶段的危机就在于儿童既要保持对活动的热情，又要控制那些会造成危害或可能会被禁止的活动。成人可以对其进行指导，但不应干涉儿童自主的创造活动，否则可能会造成儿童缺乏尝试和主动性的性格。

4. 勤奋感对自卑感（6~12岁）

本阶段儿童开始进入学校，开始体会到持之以恒的能力与成功之间的关系，开始形成一种成功感。儿童面临各方面的要求与挑战，其中的困难与挫折导致了自卑感，而成功的体验则有助于在以后的社会中建立勤奋的特质。而且随着社交范围的扩大，儿童在不同社交范围活动的经验，以及完成任务和从事集体活动的成功经验，助长了儿童的胜任感。其中的困难和挫折则导致了自卑感。显然，成年人鼓励儿童在各种活动中表现出的勤奋是必要的。学生在这一阶段的危机未解决好，往往是其以后学业颓废的重要原因，教师对学生行为的评价，对学生的自我概念具有重要的影响。

5. 角色同一性对角色混乱（12~18岁）

这一阶段大体相当于少年期和青春期。此时个体开始体会到自我概念问题的困扰，也即开始考虑"我是谁"这一问题，体验着角色同一性与混乱的冲突。这里的角色同一性是有关自我形象的一种组织，它包括有关自我的能力、信念、性格等的一贯经验和概念。如果个体在这一时期把这些方面很好地整合起来，他所想的和所做的与他的角色概念相符合，个体便获得了较好的角色同一性。埃里克森注意到前几个阶段冲突的健康解决会成为本阶段的良好基础，如前几个阶段形成的信任感、自主感、主动创造性和勤奋感都有助于个体更自信地面对各种选择，从而使个体成功地获得角色同一性。

6. 友爱亲密对孤独（18~30岁）

这一阶段相当于青年晚期。此时，个体如能在人际交往中建立正常的人与人之间的友好关系，可形成一种亲密感。这种亲密感是指，个体愿与他人进行深层次的交往，并保持一种长期的友好关系，学会与他人分享而不计较回报。如果害怕被他人占有和不愿与人分享，便会陷入孤独中。

7. 繁殖对停滞（30~60岁）

本期包括中年期和壮年期。本阶段个体面临抚养下一代的任务，并把下一代作为自己能力的延伸。发展顺利的个体表现为家庭美满，富有创造力。反之则陷入自我专注，只关心自己的需要与舒适，对他人及后代感情冷漠以至于颓废消极。

8. 完美无憾对悲观失望（60岁以后）

这个阶段相当于老年期，个体发展受前几个阶段的影响较大。如果个体在前几个阶段发展顺利，则在这一阶段巩固自己的自我感觉并完全接受自我；反之，则个体将陷入绝望。

埃里克森人格发展阶段理论对心理学研究及教育实践都有较大的启发意义：

一是注重文化和社会因素对人的发展的作用。人的发展是社会和文化环境共同作用的产物，要从人的各个方面去考察人，则要先了解人成长、发展的周围环境的影响。针对教育方面的问题，则要从学生受影响的周围环境去考察，而不能就学生个体单方面而论。对于教育者来说，营造良好的教育环境则是至关重要的。

二是从整体上，从个体心理发展的各个方面及其相互关系中，考察人的社会性发展和道德等的形成和总体发展过程。人的发展是心理不断变化的过程，各个阶段都有不同的任务，每个阶段的心理矛盾侧重点都不同，因此只有解决好这些矛盾，人才能顺利地发展，才能得到完整的教育。

三是针对儿童和青少年时期心理发展的特点实施有效的教育。在学校教育中，小学生正处于第四阶段（6~12岁），中学生正处于第五阶段（12~18岁）。埃里克森的理论有助于我们的教育适应中小学生的发展。教师一定要意识到，学生总是在努力保持着积极的自我概念，认为自己是有能力有价值的个体。学生的自信建立在自己的勤奋和教师对其积极的评价上，因此要为学生积极主动的发展创造良好的周围环境。另外，青春期的青少年教育应注重维持其角色的一致性，防止出现角色混乱。这需要关注青少年在这一阶段力图摆脱父母控制、寻求独立性的特点。再者，当今的青少年，心理发展水平有了不同于以前的特点，要根据不同时代的发展要求、趋势等对青少年进行适当的教育。

二、弗洛伊德的人格发展理论

弗洛伊德，是精神分析学派的创始者，也是有史以来因提出划时代思想使人类自我形象受到重大冲击的人物之一。

（一）意识层次理论

弗洛伊德阐述了人的精神活动，指出人的精神活动包括欲望、冲动、思维、幻想、判断、决定、情感等，它们会在不同的意识层次里发生和进行。不同的意识层次包括意识、前意识和无意识（潜意识）三个层次。意识即能随意想到、清楚觉察到的主观经验，有逻辑性、时空规定性和现实性。前意识虽不能即刻回想起来，但经过努力可以进入意识领域的主观经验。无意识是原始的冲动和各种本能、通过遗传得到的人类早期经验以及个人遗忘了的童年时期的经验和创伤性经验、不合伦理的各种欲望和感情。它们好像一座冰山，露出水面的只是一小部分意识，但隐藏在水下的绝大部分前意识和无意识却对人的行为产生重要影响。

弗洛伊德认为，许多心理障碍的形成，是由于那些被压抑在个人潜意识当中的本能欲望或意念没有得到释放的结果。

（二）人格结构理论

弗洛伊德认为人格由本我（id）、自我（ego）和超我（superego）构成。

（1）本我又称伊底，是人格中最原始的部分，由一些与生俱来的冲动、欲望或能量构成，"仿佛像一锅沸腾的兴奋物"。本我不知善恶、好坏，不管应该不应该、合适不合适，只求立即得到满足，是无意识的、非道德的，它受快乐原则的支配，是人格中的生物成分。快乐原则使个体减少紧张到能够忍受的程度，如性欲的满足、饥饿的消除都能产生快乐。

（2）自我是个体出生以后，在外部环境的作用下形成的。儿童需要的满足依赖于外界是否能提供相应的条件，有时需要能及时得到满足，但很多时候不能及时得到满足。在这种个体与环境的关系中，儿童逐步形成了自我这种心理组织。

自我遵循现实原则，它一方面使本我适应现实的条件，从而调节、控制或延迟本我欲望的满足；另一方面还要协调本我和超我的关系。

弗洛伊德还形象地将自我与本我比喻为骑手与马之间的关系。

（3）超我是个体在社会道德规范的影响下，特别是在父母的管教下将社会道德观念内化而成的。

超我包括自我理想和良心：自我理想是一套引导儿童努力发展的理想标准；良心则由父母的禁令（如"你不应该"）构成。儿童由于畏惧父母或成人的惩罚，不得不接受他们的规则并自觉地遵守它，并把它转变为自己行为的内部规则，便形成了"良心"。

超我遵循的是至善至美原则，是人格的社会成分。

在通常情况下，本我、自我和超我是处于协调和平衡状态的，从而保证了人格的正常发展。如果三者失调乃至破坏，就会产生心理障碍，危及人格的发展。

（三）心理发展阶段说

弗洛伊德的人格发展理论总离不开性的观念，所以他的发展分期解释就被称为性心理发展期。而这里的性，不是狭义上的性，而是一种被称为力比多（libido）的驱动力性，不仅指两性关系，还包括儿童由吮吸或排泄产生快感、身体舒适、快乐情感。人在不同的年龄，力比多投向身体的不同部位，这些部位为性感区。早期力比多的发展变化决定了人格发展的特征和心理生活的正常与否。以此为依据，弗洛伊德将儿童的心理发展分为五个阶段。

1. 口唇期（0~1岁）

新生儿的吮吸动作既使他获得了食物和营养，又是他快感的来源。因此口唇是这一时期产生快感最集中的区域，婴儿也会把手指或其他能抓到的东西塞到嘴里去吮吸。

弗洛伊德认为，寻求口唇快感的性欲倾向一直会延续到成人阶段，接吻、咬东西、抽烟或饮酒的快乐，都是口唇快感的发展。

2. 肛门期（1~3岁）

此时儿童的性集中到肛门区域，排泄时产生的轻松与快感使儿童体验到了操纵与控制的作用。

3. 前生殖器期（3~6岁）

儿童开始关注身体的性别差异，开始对生殖器感兴趣，性欲主要表现为恋母情结和恋父情结。恋母情结——俄狄浦斯情结（Oedipus Complex），即男孩对自己的母亲有性兴趣。恋父情结——埃勒克特拉情结（Electra Complex），即女孩过分迷恋自己的父亲。恋父

(母)情结最终要受到压抑,因为儿童惧怕同性父母的惩罚。

4. 潜伏期(6~11岁)

进入潜伏期的儿童,性欲的发展呈现出一种停滞或退化的现象。早年的一些性的欲望由于与道德、文化等不相容而被压抑到潜意识中,并一直延续到青春期。由于排除了性欲的冲动与幻想,儿童可将精力集中到游戏、学习、交往等社会允许的活动之中。

5. 青春期(11~15岁)

在青春期,性的能量大量涌现,容易产生性的冲动。青少年的性需求朝向年龄接近的异性,并希望建立两性关系。弗洛伊德的女儿安娜·弗洛伊德认为,青少年竭力想要摆脱父母的束缚,也容易与父母产生冲突。青少年通常会采用剧烈运动来消耗体力,从而达到排解性的压力或宣泄内心焦虑与不安的目的。

本章提要

青少年期指的是个体从童年向成年发展的过渡时期,由于性成熟是此时发展的三要特点,通常又被称为青春期,年龄为11~18岁,其中包括少年期和青年初期。青少年心理发展的一般规律为连续性和阶段性、方向性和顺序性、不平衡性、个别差异性。影响人的发展的主要因素有两大方面,即遗传因素与环境因素。遗传决定论强调先天的遗传因素在人的心理发展中的作用,认为心理发展的过程就是遗传因素自我发展和自我暴露的过程;环境决定论片面强调教育在人的发展中的决定作用,忽视遗传和儿童年龄特征的作用;二因素论主张发展由遗传和环境两个因素共同决定,但未能看到二者的辩证关系;相互作用论主张遗传和环境两种因素在影响心理发展过程中具有相互依存的辩证关系,任何一种因素作用的大小、性质,都必须依赖另一因素的性质。

学习准备是指学生原有的知识水平或心理发展水平对新的学习的适应性,即学生在学习新知识时,那些促进或妨碍学习的个人生理、心理发展的水平和特点。学习准备是一个动态的发展过程,包括纵向和横向两个维度。学习准备主要包括身体的发展、智力的发展、情感的发展、社交能力的发展、自我意识的发展。

青少年身高体重迅速增长,身体比例变化大,生理机能增强,性发育成熟,认知能力提高,情感丰富易冲动,性意识初步呈现。因此要正确指导中学生处理好异性交往。

皮亚杰用图式来描述智慧(认知)结构。皮亚杰对图式的定义是"一个有组织的、可重复的行为或思维模式"。个体对环境的适应包括同化和顺应两个过程。当已有的图式无法解决面临的问题时,就会出现皮亚杰所说的不平衡状态,而通过不断调整,个体最终会达到平衡。

皮亚杰把人的发展分为四个阶段。①感知运动阶段(0~2岁):儿童的认知活动主要通过探索感觉与运动之间的关系来获得动作经验;本阶段的显著标志是儿童渐渐地获得了客体永恒性。②前运算阶段(2~7岁):儿童的言语与概念以惊人的速度发展;本阶段儿童的认知活动具有相对具体性,还不能进行抽象的思维运算,儿童的思维具有不可逆性;本阶段儿童思维具有刻板性,儿童尚未获得物体守恒的概念。③具体运算阶段(7~11岁):儿童的认知结构发生重组和改善,能够获得长度、体积、重量和面积等的守恒,能凭借具体事物或从具体事物中获得的表象进行逻辑思维和群集运算,但还不能进行抽象思维；儿童获得了思维的可逆性,他们的思维开始逐渐地去集中化,去集中化是具体运算阶段儿童思维成熟的最大特征。④形式运算阶段(11岁至成人):儿童的思维已超越了对具体的可感知事物的依赖,使形式从内容中解脱出来；儿童个体推理能力得到提高,能从多种维度对抽象的性质进行思维,其思维发展已接近成人的水平。

维果斯基创立了"文化—历史发展理论"用以解释人类心理本质上与动物不同的那些高级的心理机能。他认为发展是指心理的发展。就是一个人的心理(从出生到成年)是在环境与教育影响下,在低级的心理机能的基础上逐渐向高级的心理机能的转化过程。

"最近发展区"理论的基本观点是,在确定发展与教学的可能关系时,要使教育对学生的发展起导和促进作用,就必须确立学生发展的两种水平:一是其已经达到的发展水平,二是其可能达到的发展水平。维果斯基特别提出:"教学应当走在发展的前面。"

维果斯基指出,教学的最重要的特征便是教学创造着最近发展区这一事实,也就是教学激起与推动学生系列内部的发展过程,从而使学生通过教学而掌握全人类的经验,内化为儿童自身的内部财富。

埃里克森把发展看作一个经过一系列阶段的过程,每一阶段都有其特殊的目标、任务和冲突。各个阶段互相依存,后一阶段发展任务的完成依赖于早期冲突的解决。埃里克森认为在每一阶段的发展中,个体均面临一个发展危机,个体解决每一个危机的方式对个体的自我概念以及社会观有着深远的影响。埃里克森把人的心理发展分为以下八个阶段:信任对怀疑(0~1.5岁),自主对羞怯(1.5~3岁),主动感对内疚感(3~7岁),勤奋感对自卑感(6~12岁),角色同一性对角色混乱(12~18岁),友爱亲密对孤独(18~30岁),繁殖对停滞(30~60岁),完美无憾对悲观绝望(60岁以后)。

社会化发展理论帮助学生适应勤奋和自卑危机。教师一定要意识到学生总是在努力保持着积极的自我概念,认为自己是有能力、有价值的个体。

弗洛伊德认为人格由本我、自我和超我构成。在通常情况下,本我、自我和超我是处于协调和平衡状态的,从而保证了人格的正常发展。

弗洛伊德根据人在不同的年龄,力比多投向身体的不同部位,将儿童的心理发展分为口唇期(0~1岁)、肛门期(1~3岁)、前生殖器期(3~6岁)、潜伏期(6~11岁)、青春期(11~15岁)五个阶段,每个阶段力比多的发展变化决定了人格发展的特征和心理生活的正常与否。

关键术语

1. 青少年:指的是个体从童年向成年发展的过渡时期,由于性成熟是此时发展的主要特点,通常又被称为青春期,年龄为11~18岁,其中包括少年期和青年初期。

2. 少年期:是指11岁到15岁的阶段,是个体从童年期向青春期过渡的时期,大致相当于初中阶段,具有半成熟、半幼稚的特点。整个少年期充满着独立性和依赖性、自觉性和幼稚性错综的矛盾。

3. 青年初期:是指14岁到18岁的时期,相当于高中时期。青年初期是个体在生理上、心理上和社会性上向成人接近的时期。抽象逻辑思维已从"经验型"向"理论型"转化,开始出现辩证思维。理想自我与现实自我仍面临分裂的危机,自我肯定与自我否定常发生冲突。

4. 心理发展：是指个体从出生、成熟、衰老直至死亡的整个生命进程中所发生的有次序的心理变化过程。个体的心理发展既有量的变化，又有质的变化。

5. 遗传因素：是指那些与遗传基因相联系的生物有机体内在的生理成熟。

6. 环境因素：是指影响生物有机体的所有后天的外部因素，包括自然环境、社会环境及教育等。

7. 学习准备：是指学生原有的知识水平或心理发展水平对新的学习的适应性，即学生在学习新知识时，那些促进或妨碍学习的个人生理、心理发展的水平和特点。

8. 同化：是把外界元素整合到一个正在形成或已经形成的结构中。同化是通过已有的认知结构获得知识，本质上是用旧的观点处理新的情况。

9. 顺应：是指同化性的图式或结构受到它所同化的元素的影响而发生的改变。改变认知结构以处理新的信息，本质上即改变旧观点以适应新情况。

10. 最近发展区：指的是儿童现有的发展水平与经过他人帮助可以达到的较高水平之间的差距。

11. 自我意识：是个体对自己以及自己与周围事物的关系的意识。自我意识包括三种成分：自我认识、自我体验、自我监控。

12. 认知过程：是指学生借以获得信息、作出计划和解决问题的心理过程。

13. 认知方式：又称认知风格，是个体在知觉、思维、记忆、解决问题等认知活动中加工和组织信息时所显示出来的独特而稳定的风格。

习题自测：真题

一、单项选择题

1. 在皮亚杰儿童道德发展阶段中，公正道德阶段一般是指（　　）岁以后。（2024上）

    A. 10　　　　　　　　　　　　B. 12
    C. 14　　　　　　　　　　　　D. 16

2. 根据皮亚杰认知发展阶段理论，当学生不仅能用经验归纳的方式进行推理，而且能用假设演绎推理的方式解决问题时，表示其认知阶段处于（　　）。（2023下）

    A. 前运算阶段　　　　　　　　B. 后运算阶段
    C. 具体运算阶段　　　　　　　D. 形式运算阶段

3. 刘文经常思考"自己是谁，将来要成为怎样的人"这一类问题，在兴趣爱好、职业选择等方面常出现冲突，令他倍感困惑。根据埃里克森的发展理论，他处于（　　）。（2023下）

    A. 同一性与角色混乱阶段　　　B. 勤奋感对自卑感阶段
    C. 信任感对怀疑感阶段　　　　D. 亲密感对孤独感阶段

4. 采用"一刀切""一锅煮"的办法来对待学生的教学，主要违背了人身心发展的哪一特征？（　　）（2023下）

    A. 顺序性　　　　　　　　　　B. 个别差异性

C. 稳定性 D. 阶段性

5. 杨亮常制订学习计划，但执行计划时总是半途而废。这主要反映了他意志品质的哪一特性的不足？（　　）(2023 上)

   A. 果断性 B. 坚韧性
   C. 理智性 D. 独立性

6. 青春期的学生在心理上成人感及幼稚感并存。这主要体现了学生心理发展的哪种特点？（　　）(2023 上)

   A. 动荡性 B. 自主性
   C. 前瞻性 D. 失衡性

7. 根据埃里克森的人格发展阶段理论，自我同一性对角色混乱这一冲突和矛盾主要出现在哪个年龄阶段？（　　）(2022 下)

   A. 3~6 岁 B. 7~12 岁
   C. 13~18 岁 D. 19~25 岁

8. 在儿童身心发展的某一关键期着力施以相应的教育，则能取得事半功倍的效果。这反映了教育应适应儿童身心发展的哪一特征？（　　）(2022 下)

   A. 顺序性 B. 稳定性
   C. 不均衡性 D. 个别差异性

9. 根据埃里克森的人格发展阶段理论，自我同一性对角色混乱这一冲突和矛盾主要出现在哪个年龄阶段？（　　）(2022 下)

   A. 3~6 岁 B. 7~12 岁
   C. 13~18 岁 D. 19~25 岁

10. "教育要掌握和利用人的发展的成熟机制"抓住发展的关键时期，不失时机地采取有效措施，卓有成效地促进学生发展。这反映了人的身心发展具有（　　）。(2022 上)

    A. 顺序性 B. 稳定性
    C. 不平衡性 D. 个别差异性

11. 进入初中后，赵东难以控制自己的情绪，时常无故地兴奋不已，转而又哀伤忧愁，这反映了青少年情绪发展具有（　　）。(2022 上)

    A. 弥散性 B. 闭锁性
    C. 波动性 D. 感染性

12. 梦佳理解了"物质决定意识，意识反作用于物质"的含义。按照皮亚杰认知发展阶段理论，梦佳的思维发展水平处于（　　）。(2020 下)

    A. 感知运动阶段 B. 前运算阶段
    C. 具体运算阶段 D. 形式运算阶段

13. 韩波进入中学后，经常独立思考"我是谁"、未来从事何种职业、在社会上处于什么样的地位等问题。根据埃里克森的人格发展阶段理论，韩波的人格发展处于（　　）。(2018 下)

    A. 主动对内疚阶段 B. 同一性对角色混乱阶段
    C. 自我整合阶段 D. 自主对羞耻和疑虑阶段

14. 中学生晓涛时而温和，时而欢乐，时而忧郁。这说明晓涛的情绪具有（　　）。(2018 下)

A. 两极性 B. 适应性
C. 复合性 D. 社会性

15. 维果茨基认为评价人类发展应从四个层面进行，除了微观、个体、社会历史，第四个层面是（　　）。(2018 上)
A. 文化层面 B. 系统层面
C. 技术层面 D. 规范层面

16. 在某个时期内，个体对某种刺激特别敏感，过了这个时期，同样的刺激则影响很小或没有影响，这个时期称为（　　）。(2017 下)
A. 关键期 B. 发展期
C. 转折期 D. 潜伏期

17. 按照埃里克森的人格发展理论，12~18 岁个体心理发展的主要任务是（　　）。(2017 下)
A. 强化自我主动性 B. 培养勤奋感
C. 建立自我同一性 D. 获得亲密感

18. 儿童身心发展存在高速发展期，某一时期某一方面的发展特别迅速，而在其他阶段相对平稳。这一现象体现了儿童身心发展的哪一特征？（　　）(2017 上)
A. 顺序性 B. 阶段性
C. 个别差异性 D. 不平衡性

19. 在一次业务学习中，关于青春期后个体自我意识的发展进入什么阶段，教师们讨论激烈，提出了以下四种见解，其中正确的是（　　）。(2016 下)
A. 生理自我阶段 B. 心理自我阶段
C. 社会自我阶段 D. 经验自我阶段

20. 中学生小孙近期心里很矛盾，觉得未来的自己应该是一名科学家，但又觉得能力有限，遥不可及。根据埃里克森的人格发展阶段论，当前他的主要发展任务是（　　）。(2016 上)
A. 获得勤奋感 B. 克服内疚感
C. 避免孤独感 D. 建立统一性

21. 中学生晓波通过物理实验发现，钟表的摆动幅度不取决于钟摆的材料或重量，而是取决于钟摆的长度。根据皮亚杰的认知发展阶段理论，晓波的认知发展水平已达到（　　）。(2015 下)
A. 感知运动阶段 B. 前运算阶段
C. 具体运算阶段 D. 形式运算阶段

22. 初中生晓敏在解决问题时，习惯于一步一步分析问题，每步只考虑一种假设或一种属性，提出的假设在时间上有明显的先后顺序。晓敏的认识方式属于（　　）。(2015 上)
A. 冲动型 B. 直觉型
C. 继时型 D. 同时性

23. 中学生小博得知自己物理竞赛成绩名列年级第一，在家里高兴得手舞足蹈，但在学校却表现出若无其事的样子。这反映了小博的情绪具有（　　）。(2014 下)

A. 矛盾性 B. 激动性
C. 掩饰性 D. 短暂性

24. 学生的实际发展水平与在成人的指导下可以达到水平之间的差距，维果斯基称为（ ）。（2014 上）

A. 教学支架 B. 最近发展区
C. 先行组织者 D. 互相协助

25. 人的身心发展有不同的阶段，"心理断乳期"一般发生在（ ）。（2013 下）

A. 幼儿阶级 B. 青少年阶级
C. 成年阶级 D. 老年阶级

26. 赵明能根据 A>B，B>C，则 A>C 的原理，推出 A、B、C 的关系，比如"小张比小李高，小李比小王高，则小张最高。"根据皮亚杰的认知发展理论，赵明的认知发展处于（ ）阶段。（2013 下）

A. 感知运动 B. 前运算
C. 具体运算 D. 形式运算

27. 赵毅在学习过程中，缺少独立性，易受同学影响，当他发现自己的意见和同学们不一致时，往往不能坚持己见。这表明他的认知方式属于（ ）。（2013 下）

A. 整体型 B. 序列型
C. 场独立型 D. 场依存型

28. 在一项暑期夏令营活动中，天气炎热，同学们都感到口干舌燥。此时，小丽会因自己还剩半杯水而高兴，而小悦则因只有半杯水而担忧。这说明情绪具有（ ）。（2013 下）

A. 主观性 B. 感染性
C. 客观性 D. 两极性

二、辨析题

根据皮亚杰的认知发展阶段论，在良好的外界环境作用下，学生的认知发展可以从前运算阶段直接跨越至形成运算阶段。（2018 下）

三、简答题

1. 简述皮亚杰的认知发展阶段论。（2022 上）
2. 简述弗洛伊德的人格发展阶段理论。（2018 下）
3. 皮亚杰将儿童认知发展划分为哪几个阶段？（2016 下）
4. 简述维果斯基的心理发展理论。（2016 上）
5. 简述学生心理发展的基本特征。（2014 下）

四、材料分析题

1. 王老师是一名新入职的高中数学教师，她刚刚上了一周多课，就发现班上学生对她的课不感兴趣，有些学生上课"开小差"，有些学生一脸困意。她原以为是这些学生对学习不积极，经深入了解，发现她讲的知识很多学生都已经在课下学习中掌握了，所以对自己目前讲的教学内容感到太容易，觉得无聊。于是王老师大幅提升了课堂教学内容和家庭作业的程度，以为这可以引起学生的兴趣。结果这回学生们却反映上课听不懂，作业不会做。王老师苦思冥想，为什么自己教学效果不好？

(1) 请用维果斯基的理论，分析王老师的教学存在什么问题。

(2) 结合案例，指出如何让学生"跳一跳就能摘到桃子"。（2022 上）

2. 初三学生晓辉近期很苦恼，常常感觉自己不能很好地控制自己的情绪。他觉得自己的情绪来得快，去得也快。在学校，取得好成绩时就非常高兴。遇到一点挫折又极度苦恼：与同学交往经常为一点小事发脾气，导致同学关系紧张；回到家里，只要父母过问他的学习，他就很抵触——我这么大了，还要你们管。因此，与父母的关系也不和。他想改变这一切，可是每次出现状况时，老毛病就再次发作。他非常恨自己，每次发了脾气都后悔莫及，他不知道该怎么办。

(1) 材料中晓辉的表现反映了他情绪发展的哪些特点？

(2) 作为教师，请你针对晓辉的问题提出指导建议。（2019 上）

3. 下面是关于中学生的几个生活情境：

情境 1：一天放学后，高一学生张欣因送生病的同学，回家比平时晚了一个多小时，当张欣推开家门，着急的妈妈走过去询问了她几句，话里没有任何指责的意思，只是嘱咐她以后不要回来太晚了，但张欣暴跳如雷喊道："你不相信我！你们总是告诉我该做什么，实则不相信我！"张欣情绪激动，头也不回地走出家门。

情境 2：初二学生王芳很喜欢好朋友丽丽，在其眼里丽丽很完美，不许别人说丽丽坏话。可是，王芳听说好朋友丽丽把自己告诉她的秘密泄露了出去，于是匆匆找到了丽丽，对她大声呵斥，指责她是骗子，表示再也不信任她了。

情境 3：初三数学模拟试卷发下来了，岳勇取得上初三以来最好成绩，非常高兴，想欢呼，但他得知本次考试中大多数同学成绩不好时，按捺住了内心激动，表现出若无其事的样子。

(1) 结合材料，分析中学生情绪发展的主要特点。

(2) 如何指导中学生进行有效的情绪调节？（2018 上）

4. 小明和小罗今年高三，是一对好朋友，两人在处理问题的认识风格方面有较大的差异。小明在学习上遇到问题时，常利用个人经验独立对其进行判断，喜欢用概括的与逻辑的方式分析问题，很少受到同学与老师建议的影响。而小罗遇到问题的表现则与小明相反，他更愿意听老师和同学的建议，并以他们的讲义作为分析问题的依据。另外，他还喜欢察言观色，关注社会问题。

(1) 结合材料分析小明和小罗的认知风格差异。

(2) 假如你是他们的老师，如何根据认知风格差异开展教学？（2017 上）

5. 小林进入初中以后发生了很大的变化。小学时，他经常把"这是老师说的"挂在嘴边，现在，他经常跟同学一起讨论书本以及老师的一些观点，觉得书本上和老师的很多观点不合理，经常以独立批判的态度对待老师和家长所给出的建议，有时候甚至会因为一个问题或观点同老师争得面红耳赤。老师觉得小林有时不能根据实际情况对所学原理恰当地加以运用，看待问题有点片面，对一些观点的怀疑和批判缺乏充足的论据。

(1) 根据心理学原理分析小林思维变化的特点。

(2) 提出促进小林思维发展的建议。（2014 下）

习题自测：练习题

一、单项选择题

1. 儿童身心发展有两个高速发展期——新生儿与青春期，这是身心发展（　　）规律的反映。
   A. 顺序性　　　　　　　　　　　B. 不平衡性
   C. 阶段性　　　　　　　　　　　D. 个别差异性

2. 皮亚杰认为，人的认知结构是一种内在的心理结构，涉及（　　）四个概念。
   A. 印刻、同化、守恒和反馈　　　B. 图式、同化、顺应和平衡
   C. 图式、同化、顺应和反馈　　　D. 印刻、同化、守恒和平衡

3. 蓝蓝的父母经常带蓝蓝去游乐场玩耍，几次之后蓝蓝就能画出具体的路线图，这说明蓝蓝的认知发展达到了下列哪一阶段？（　　）
   A. 感知运动阶段　　　　　　　　B. 前运算阶段
   C. 具体运算阶段　　　　　　　　D. 形式运算阶段

4. 埃里克森的人格发展理论中，6~12岁的儿童要解决的主要冲突是（　　）。
   A. 自主感对羞怯感　　　　　　　B. 主动感对内疚感
   C. 勤奋感对自卑感　　　　　　　D. 自我同一性对角色混乱

5. 根据埃里克森的社会化发展理论，12~18岁的个体要解决的主要矛盾是（　　）。
   A. 角色同一性对角色混乱　　　　B. 主动感对内疚感
   C. 勤奋感对自卑感　　　　　　　D. 友爱亲密对孤独

6. 学生在有指导的情况下，借助教师的帮助所达到的解决问题的水平，与在独立活动中所达到的水平之间的差异，称为（　　）。
   A. 最近发展区　　　　　　　　　B. 现实发展区
   C. 未来发展区　　　　　　　　　D. 潜在发展区

7. 在某个时期内，个体对某种刺激特别敏感。过了这个时期，同样的刺激对之影响很小或没有影响。这个时期称为（　　）。
   A. 关键期　　　　　　　　　　　B. 发展期
   C. 转折期　　　　　　　　　　　D. 潜伏期

8. 某学生在研究事物时，容易受他人态度的影响，这位学生的认知方式很可能属于（　　）。
   A. 场依存型　　　　　　　　　　B. 场独立型
   C. 冲动型　　　　　　　　　　　D. 沉思型

9. 某学生对人比对物更感兴趣，偏爱社会科学，其在认知风格上属于（　　）。
   A. 场独立型　　　　　　　　　　B. 场依存型
   C. 沉思型　　　　　　　　　　　D. 辐合型

10. 根据皮亚杰的认知发展阶段理论，获得客体永久性的儿童处于（　　）。
    A. 感知运动阶段　　　　　　　　B. 前运算阶段
    C. 具体运算阶段　　　　　　　　D. 形式运算阶段

11. 皮亚杰的认知发展阶段理论阐述了儿童智慧从外部动作向内部抽象推理的发展过

程，分为四个阶段。小学生主要处在（　　）。
A. 感知运动阶段　　　　　　　　B. 前运算阶段
C. 具体运算阶段　　　　　　　　D. 形式运算阶段

12. 儿童能借助小餐具玩过家家的游戏，且他们手中的小餐具被收回，游戏就无法进行下去，这些儿童的思维处于（　　）。
A. 感知运动阶段　　　　　　　　B. 前运算阶段
C. 具体运算阶段　　　　　　　　D. 形式运算阶段

13. 老师问妙妙。
老师：你有兄弟吗？
妙妙：有。
老师：兄弟叫什么名字？
妙妙：明明。
老师：明明有兄弟吗？
妙妙：没有。
按皮亚杰的儿童认知发展阶段理论，妙妙的思维处于（　　）。
A. 感知运动阶段　　　　　　　　B. 前运算阶段
C. 具体运算阶段　　　　　　　　D. 形式运算阶段

14. 儿童的思维运算已具有可逆性和守恒性，但思维运算还离不开具体事物的支持，说明儿童的认知发展所处的阶段是（　　）。
A. 感知运动阶段　　　　　　　　B. 前运算阶段
C. 具体运算阶段　　　　　　　　D. 形式运算阶段

15. 皮亚杰的认知发展阶段理论认为，7~12岁儿童的认知发展处于（　　）。
A. 感知运动阶段　　　　　　　　B. 前运算阶段
C. 具体运算阶段　　　　　　　　D. 形式运算阶段

16. 著名的瑞士心理学家皮亚杰认为儿童认知发展的形式运算阶段是在（　　）。
A. 0~2岁　　　　　　　　　　　B. 2~7岁
C. 7~12岁　　　　　　　　　　 D. 12岁以后

17. 儿童能够独自完成"钟摆实验"，表明他的认知发展水平已处在（　　）。
A. 感知运动阶段　　　　　　　　B. 前运算阶段
C. 具体运算阶段　　　　　　　　D. 形式运算阶段

18. 根据皮亚杰的认知发展阶段理论的观点，儿童发现物体在水中受到的浮力与物体排水量有关，而与物体的质地无关，说明该儿童的认知水平已处在（　　）。
A. 感知运动阶段　　　　　　　　B. 前运算阶段
C. 具体运算阶段　　　　　　　　D. 形式运算阶段

19. 在皮亚杰看来，当学生的思维已经超越对具体的和感知事物的依赖，能作出一定的概括时，他的思维水平已进入（　　）。
A. 感知动作阶段　　　　　　　　B. 前运算阶段
C. 具体运算阶段　　　　　　　　D. 形式运算阶段

20. 根据埃里克森的理论，2~3岁的发展任务是培养（　　）。
A. 自主性　　　　　　　　　　　B. 主动性

C. 勤奋感　　　　　　　　　　　D. 自我同一性

21. 根据埃里克森的人格发展理论，3~7岁儿童所要解决的主要矛盾有（　　）。
    A. 自主感对羞怯感　　　　　　B. 主动感对内疚感
    C. 勤奋感对自卑感　　　　　　D. 自我同一性对角色混乱

22. 李大力最近发现，正在读初三的儿子李小力难以保持自我一致性，容易丧失目标，失去信心。依据埃里克森的心理社会性发展理论，李小力个体发展危机没有处理好的阶段是（　　）。
    A. 主动感—内疚感　　　　　　B. 勤奋感—自卑感
    C. 角色同———角色混乱　　　D. 信任—怀疑

23. 苏联心理学家维果斯基就儿童心理发展观提出了（　　）。
    A. 阶段发展理论　　　　　　　B. 人格发展理论
    C. 最近发展区理论　　　　　　D. 文化历史发展理论

24. 李老师要求学生分小组通过实验推导出圆柱体积计算公式，当"智慧小组"完成任务后，李老师让该小组的成员去帮助其他几个很困惑的小组，在"智慧小组"的帮助下，其他小组也顺利完成了学习任务。这说明其他小组的学习处于（　　）。
    A. 最近发展区　　　　　　　　B. 联合发展区
    C. 运动发展区　　　　　　　　D. 感觉发展区

25. "最近发展区"和"教育要走在发展的前面"是（　　）学派所倡导的。
    A. 精神分析论　　　　　　　　B. 行为学习论
    C. 社会文化历史论　　　　　　D. 认知发展论

26. 个体倾向于利用自己身体或内部参照作为信息加工依照的认知风格称为（　　）。
    A. 场依存型　　　　　　　　　B. 场独立型
    C. 冲动型　　　　　　　　　　D. 沉思型

27. 一般地，偏爱合作学习的学生的认知风格是（　　）。
    A. 反思型　　　　　　　　　　B. 冲动型
    C. 场依存型　　　　　　　　　D. 场独立型

28. 智力的性别差异研究成果表明，男女智力的总体水平是（　　）。
    A. 男优于女　　　　　　　　　B. 男女总体水平大致相等
    C. 女优于男　　　　　　　　　D. 男女总体水平，有年龄相等，有的则不相等

29. 一天，孔子的学生子路问："听到一个很好的主张，要立即去做吗？"孔子回答："家有父兄，怎能自作主张。"冉求问："听到一个很好的主张，要立即去做吗？"孔子答："当然应当立即去做。"公西华对此很不理解，孔子说："冉求遇事畏缩不前，所以要鼓励他去做。子路遇事轻率，所以要加以抑制，使他谨慎。"此材料给教师的启示是（　　）。
    A. 根据学生的性格差异，因材施教　　B. 根据学生的智力差异，因材施教
    C. 根据学生的情感差异，因材施教　　D. 根据学生的认知差异，因材施教

二、辨析题

1. 个体的心理发展是指个体活动的心理调节机制方面的变化。个体的心理调节机制由一系列相互关联的心理因素构成。

2. 在感知运动阶段儿童的智慧只停留在动作水平。

3. 去过几次小朋友家就能画出具体的路线图来，这是认知发展到感知运动阶段的儿

童能做到的。

4. 皮亚杰的研究表明，去集中化是形式运算阶段儿童思维成熟的最大特征。
5. 根据埃里克森的心理发展阶段理论，小学生经常思考"我是谁"这种问题。
6. 根据埃里克森的人格理论，儿童在第三个阶段的任务就是培养自主感，克服羞怯与怀疑。
7. 场依存型的学生更多地希望得到教师和同学的认同。

三、简答题

1. 简述皮亚杰的认知发展阶段理论。
2. 简述适应学生认知方式差异的有效组织教学策略。

四、材料分析题

小刚是某高中三年级的学生，学习成绩中等，自信心不强。马上面临高考，当家长问他考什么学校和专业时，他总是躲躲闪闪，支支吾吾，说不清楚。由于他没有形成正确的自我认识，没有明确的理想和目标，因此总是抱着"走一步看一步"的想法。实际上，他内心感到很茫然，不知道自己是个什么样的人，也不知道自己将来从事什么职业以及未来在社会上承担什么角色。

（1）请根据"自我同一性"原理，解释小刚在发展中出现的问题。
（2）请结合案例背景，指出教师应如何帮助小刚走出困境。

第三章 学习理论

知识框架

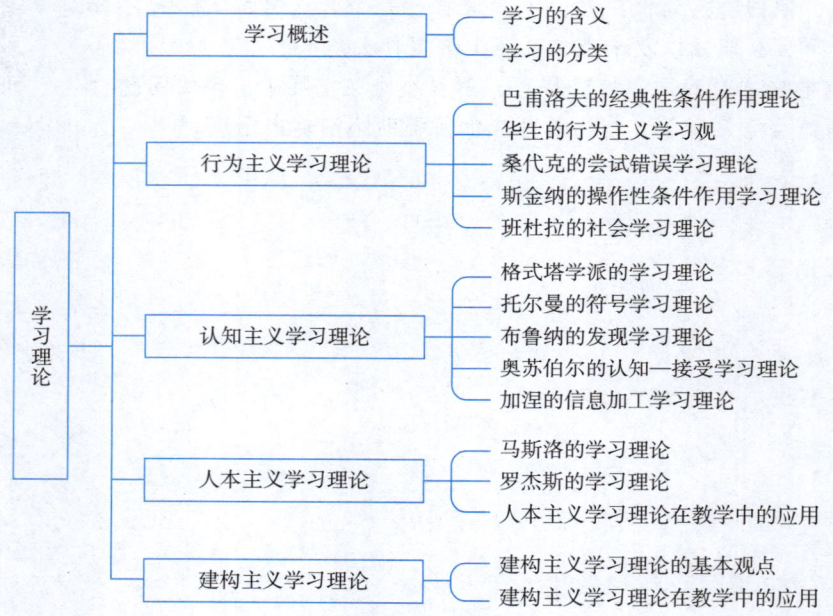

学习目标

1. 说出学习的定义及分类。
2. 理解行为主义学习理论、认知主义学习理论、人本主义学习理论、建构主义学习理论的基本观点。
3. 具有在学习或教学中运用行为主义学习理论、认知主义学习理论、人本主义学习理论、建构主义学习理论的意识。

案例导学

在教授《守财奴》一文之前，老师让学生在课前做好充分的阅读预备。第一步，要求学生查阅作者的生平以及中外文学作品中有关吝啬鬼的资料并加以整理；阅读原著《欧也尼·葛朗台》，了解与课文相关的故事情节；利用工具书自己解决语音和文字的问题。第二步，课前印发选自《儒林外史》中的片段"严监生之死"。情境导入时，可以先请学生用一句话表达对四大吝啬鬼的形象概括。而后利用投影出示四大吝啬鬼形象的图片，创设情境；从四大吝啬鬼形象谈起，使学生明确鉴赏的重点是人物形象的塑造；四大形象并举，从横向比较中显示作品的审美价值与地位，激发鉴赏主体的学习意识，缩短学生和文本之间的距离。

第一节 学习概述

一、学习的含义

学习是个体进化和人类社会发展的助推器。学习是个体在特定情境下由于练习或反复经验而产生的行为或行为潜能的比较持久的变化。学习是个体经验积累的过程，它包括四个方面：第一，学习的发生是由于经验引起的，是有机体后天习得经验的过程；第二，学习表现为个体行为由于经验而发生的较稳定的变化，只有当个体在经验的作用下发生了行为上的较稳定的变化，才能认为学习发生了；第三，只有当行为的变化是由于练习或反复经验所导致的，才能视为学习；第四，学习是一个广泛的概念，是人与动物共有的普遍现象，无论是低级动物和高级动物乃至人类，在其整个生活中都贯穿着学习。

二、学习的分类

学习有广义和狭义之分。广义的学习是指人与动物在生活过程中获得个体经验，并由经验引起行为较持久的变化过程。狭义的学习是指学生学习。学生学习是在教师的指导下有目的、有计划、有组织、有系统地进行的，是在较短的时间内接受前人所积累的科学文化知识，并以此来充实自己的过程。学生的学习通常指学生在学校里进行的学习，是学习的一种特殊形式。学生的学习一般是在班集体中，在教师有目的、有计划、有组织地指导下，以掌握间接知识经验为主的学习。学生学习的内容大致可分为三个方面：一是知识、技能和学习策略的掌握；二是问题解决能力和创造性的发展；三是道德品质和健康心理的培养。

在心理学中根据学习方式、学习内容、学习内容和学生已有知识间的关系、学习水平、学习结果等维度可将学习进行不同的分类。

（一）按学习方式分类

按学习方式的不同，可将学习分为接受学习和发现学习。接受学习是教师为学生提供现成的知识，以定论的形式传授给学生，学生通过内化，把要认识的知识纳入自己已有的认知结构中去，以便将来再现或者派做他用；发现学习是学生要内化的知识，必须通过学生自己去发现，在其他方面与接受式学习是相同的。前者指学生学习现成的结论、原理、概念等，后者指学生从不同事例中独立发现某种结论、道理或概念。

（二）按学习内容分类

按学习内容的不同，可将学习分为知识的学习、智力技能的学习、动作技能的学习和社会行为规范的学习。

（三）按学习内容和学生已有知识间的关系分类

按学习内容和学生已有知识间的关系，可将学习分为机械学习和有意义学习。前者指当前的学习没有与已有知识间建立某种有意义的联系，后者指当前学习与已有的知识之间建立了实质性的、有意义的联系。

（四）按学习水平分类

加涅认为，人类学习的复杂程度是有不同层次的。根据学习的繁简度不同，他提出了八类学习。

（1）信号学习：学习对某种信号做出某种反应。经典性条件反射即是一种信号学习。

（2）刺激-反应学习：主要指操作性条件作用或工具性条件作用。

（3）连锁学习：一系列刺激-反应的联合。

（4）语言联想学习：是由言语单位所连接的连锁化，实质是一系列刺激-反应的联合。

（5）辨别学习：学会识别多种刺激的异同并对之做出不同的反应。

（6）概念学习：对刺激进行分类，学会对一类刺激做出同样的反应，也就是对事物的抽象特征的反应。

（7）规则学习：应用原理或规则办事的能力。

（8）解决问题的学习：将若干简单规则组合而成新规则的能力。

（五）按学习结果分类

为了更好地与教学实际相结合，根据学习所得到的结果或形成的能力不同，加涅在八类学习的基础上进一步提出了五类学习结果，并把它们看作是五种学习类型。

（1）智慧技能：表现为使用符号与环境相互作用的能力，它指向学习者的环境，使学习者能处理外部的信息。智慧技能的学习，即学习"怎么做"的一些知识，有人称之为过程知识，如应用一些原理、法则去解答习题。智力技能又包括一系列子类别，按学习中所包含的心理运算的复杂程度，把智慧技能又分为辨别、概念、规则、解决问题。

（2）认知策略：表现为用来调节学习者自己内部注意、学习、记忆与思维过程的技能，它是在学习者应付环境事件中对自身认知活动的监控。如何选择性地注意，如何编码以便于提取，如何采取有效的步骤解决问题，如何在适当的时候进行迁移，诸如此类的调节控制过程都是通过认知策略来完成的。

（3）言语信息：表现为学会陈述观念的能力。言语信息的学习，即学习者掌握的是以言语信息传递（通过言语交往或印刷物的形式）的内容或者学习者学习的结果是以言语信息的方式表达出来的。学习的内容包括大量的名称、事实、事件的特性以及许多有组织的观念等。与智力技能类似，言语信息也包括复杂程度不同的一些子类别：最简单的是名称或命名，即了解、知道学习对象的名称或称呼；其次是用简单的命题来表达某一事实；还有一种是指由相互关联的事实、命题等构成的知识体系。

（4）动作技能：表现为平稳而流畅、精确而适时的动作操作能力。运动技能的学习又称动作技能学习，是由有组织的、协调而统一的肌肉动作构成的活动。该技能是在不断练习的基础上形成的。

（5）态度：影响着个体对人、对物或对某些事件的选择倾向。个体采取何种动作是受到态度影响的。个体可以通过各种方法来学习态度，比如通过某种特殊事件、模仿或其他亲身经历来形成态度。

加涅认为，上述五类学习不存在等级关系，其顺序是随意排列的，它们是范畴不同的学习。这种分类是对学习层次的一种减缩，它集中于学习的更高水平，充分体现了人类学习的特点，尤其是符合学校学习的性质。加涅认为，把学习结果作为教育目标，有利于确定达到目标所需要的条件，而从学习条件中可以派生出教学事件，告诉教师应该做什么。因此，通过对学习结果的分析，可以为教学设计提供可靠的依据，从而为达到教学目标铺平道路。

第二节　行为主义学习理论

一、巴甫洛夫的经典性条件作用理论

（一）巴甫洛夫的经典实验

俄国生理学家巴甫洛夫认为，条件反射的生理机制是暂时神经联系的形成，并认为学习就是暂时神经联系的形成。经典条件反射是指一个刺激和另一个带有奖赏或惩罚的无条件刺激多次联结，可使个体学会在单独呈现这一刺激时，也能引发类似无条件反应的条件反应。经典性条件反射是由条件刺激引起反应的过程。

经典条件反射最著名的例子是巴甫洛夫的狗的唾液条件反射（见图3-1）。在研究狗的消化生理现象时，把食物呈现在狗面前，并测量起唾液分泌。通常狗吃食物时才会分泌唾液；然而，巴甫洛夫偶然发现，狗尚未吃到食物，只是听到送食物的饲养员的脚步声，便开始分泌唾液。巴甫洛夫没有放过这一现象。他开始做一个实验。先给狗听一个铃声，狗没有反应，然而在给狗铃声之后紧接着呈现食物，并经反复多次结合后，单独听铃声而没有食物，狗也"学会"了分泌唾液。铃声与无条件刺激（食物）的多次结合从一个中性刺激变成了一个条件性刺激，引起了分泌唾液的条件性反应，巴甫洛夫将这一现象称作条件反射，即经典条件反射。

巴甫洛夫对动物条件反射的实验过程如下：首先，给狗喂食，狗看到食物分泌唾液；其次，给狗听声音，观察到狗分泌唾液；再次，先呈现铃声刺激，然后再给狗喂食，如此重复若干次；最后，仅向狗呈现铃声刺激，狗也会分泌唾液。

图 3-1 巴甫洛夫的经典性条件反射实验

在实验的第一阶段,狗看见食物后分泌唾液,这是其本能固有的反应。因此食物被称为无条件刺激(US),即食物和唾液分泌之间的自然联系不需要任何条件或先前的训练就能建立起来,由食物诱发的唾液分泌反应称为无条件反射。铃声本身不能诱发狗分泌唾液,被称为中性刺激(CS)。但在铃声与食物经过多次配对呈现后,单独呈现铃声,狗也会分泌唾液。此时,原本作为中性刺激的铃声具有了诱发原来仅受食物控制的唾液分泌反应的某种力量而变成了条件刺激,由条件刺激引发的反应即条件反射,这个过程被称为经典性条件作用。

(二)经典条件反射的基本规律

经典条件反射理论认为,条件反射的建立是一个原本中性的刺激与一个能够自然引起某种反应的无条件刺激相结合,通过反复配对,动物最终学会对原本中性的刺激做出反应。

1. 习得(获得)、强化、消退、恢复

有机体对条件刺激和无条件刺激之间的联系的获得阶段称为条件反射的习得阶段。这个阶段必须将条件刺激和无条件刺激同时或近于同时地多次呈现,才能建立这种联系,这就是条件反射的习得(获得)。这种条件刺激与无条件刺激在时间上的结合就称为强化,强化的次数越多,条件反射就越巩固。如果反应行为得不到无条件刺激的强化,即使重复条件刺激,有机体原先建立起的条件反射也将会减弱并且消失,这称为条件反射的消退。消退现象发生后,如个体得到一段时间休息,条件刺激再度出现,这时条件反射可能又会自动地恢复。这种未经强化而条件反射自动重现的现象就称为恢复。

在条件反射的习得过程中,条件刺激和无条件刺激之间的间隔十分重要。一方面,条件刺激和无条件刺激必须同时或近乎同时呈现,间隔太久则难以建立联系;另一方面,条件刺激作为无条件刺激出现的信号,必须先于无条件刺激呈现,否则也将难以建立联系。条件反射建立以后,如果条件刺激重复出现多次而没有无条件刺激相伴随,即不予强化,则所形成的条件反应就会逐渐减弱并最终消失,这个过程称为消退。在巴甫洛夫的实验中,狗听到铃声会分泌唾液,如果只呈现铃声,而不给予食物,过一段时间后,狗听到铃声分泌唾液的行为就会消退。

2. 泛化、分化(辨别)

人和动物一旦学会对某一特定的条件刺激做出条件反射以后,其他与该条件刺激相类

似的刺激也能诱发相同的条件反射。例如，在巴甫洛夫的实验中，狗习得了在听到铃声时产生唾液分泌，如果呈现蜂鸣声，狗也能产生唾液分泌，这就是泛化。在日常生活中，泛化现象也随处可见，我们常说的"一朝被蛇咬，十年怕井绳"，就属于条件反射的泛化。泛化刺激所引起的泛化反应，有时是不准确或不精确的，这就需要刺激的分化（辨别）。刺激分化是指通过选择性强化和消退使有机体学会对条件刺激和条件刺激相类似的刺激做出不同的反应。例如，为了让狗能够区分铃声和蜂鸣声，如果只在铃声出现时才给予食物强化，而在出现蜂鸣声时则不给予强化，那么狗便可以学会听到铃声分泌唾液，而听到蜂鸣声则不分泌唾液。刺激的泛化和分化是互补的过程，泛化是对事物的相似性的反应，分化则是对事物的差异性的反应，它们可以使有机体有效地适应环境。

3. 高级条件反射

在经典性条件反射下，一旦中性刺激替代条件刺激与反应形成联结，则中性刺激可以作为条件刺激与另一个新的中性刺激反复结合，形成新的条件反射，这一过程就是高级条件反射。在一级条件反射基础上可以建立二级条件反射，在二级条件反射基础上可以建立三级条件反射。比如在巴甫洛夫的实验中，狗在铃声和分泌唾液之间建立起联结以后，再把铃声和灯光结合，则狗学会对灯光做出分泌唾液的反应。

在实际教育中，许多学生的态度就是通过经典条件反射而学到的。例如，教师不断给予学生关心和鼓励，学生就将其和学习事件联结起来，从而喜欢学习，热爱学校。同时学生的情绪和行为也可以由泛化、消退等方式形成。又如，学生在课堂上有强烈的发言愿望，但是总得不到满足，久而久之他们的发言积极性就被打消了。再如，有的学生在学习英语时，会将英语学习与课堂上被提问而引起的焦虑等不愉快的经验联系起来，形成了对学习恐惧的条件反射，而这种学习恐惧可能泛化他们对其他课程或学校的恐惧。

二、华生的行为主义学习观

（一）华生的学习观

作为行为主义心理学的创始人，华生认为心理学的研究对象应该是可观察到的行为，而非心理学或意识；华生主张用刺激-反应来解释所有的行为。在华生看来，知道了反应就可以推测刺激，知道了刺激就可以预测行为。

华生将经典性条件反射应用于学习领域，探讨有机体的学习。华生认为，有机体学习的实质就是通过建立经典性条件反射，形成刺激与反应之间联结的过程。这种联结是通过条件刺激与无条件刺激在时空上的配对形成的，它是条件刺激与反应之间的联结，替代了无条件刺激与反应之间的联结。因此，条件刺激最终能够引发与无条件刺激相似的反应。因此，华生的学习理论也成为"替代联结"学说。华生认为环境在学习过程中起着极其重要的作用，他是一个环境决定论者。

（二）经典实验：恐惧情绪的形成

华生曾和其助手根据经典性条件反射做过一个著名的恐惧形成实验。实验被试是一位叫阿尔伯特的婴儿。在实验过程中，每当阿尔伯特去触摸或者与小白鼠玩耍时，实验人员就在他身后制造尖锐的、令他害怕的声响。在这种声响条件下，阿尔伯特会表现出恐惧行为，不敢触摸小白鼠。多次实验后，当阿尔伯特再看见小白鼠时，立刻开始哭叫并迅速躲避。再后来，阿尔伯特的这种恐惧泛化到了小白兔、有毛的玩具，甚至是圣诞老人的胡须等事物上。

实验还发现，以条件反射程序习得的恐惧具有跨情境的稳定性，即阿尔伯特对上述事物的恐惧在实验室环境以外也能被观察到；此外，在停止实验后，阿尔伯特的恐惧仍未消退，说明这种习得情绪具有持久性。

根据实验结果，华生认为人类只有几个条件反射（如打喷嚏、膝跳反射）和情绪反应（如惧、爱、怒等）是与生俱来的，所有其他行为都是通过条件反射建立"刺激-反应（S-R）"的联结而形成的。这一研究结果可以被套用来解释常见的其他情绪，如愤怒、愉快、伤心、惊讶或厌恶等的缘由。听到老歌时感到伤感，求职面试时感到紧张，春天到来时感到愉快，看见牙医工作时感到害怕，这些情绪现象的根本原因，很多都是早期通过恐惧性条件作用形成的。

华生主张一切行为都是以经典条件反射学说为基础，认为环境和教育是行为发展的唯一条件。首先，华生提出了一个重要的论断：构造上的差异及幼年时期训练上的差异，足以说明后来行为上的差异。也就是说，儿童一出生，在构造上是有所不同的，但它们仅仅是一些最简单的反应而已；比较复杂的行为则完全来自环境，特别是早期的训练。其次，华生提出了教育万能论。从行为主义控制行为的目的出发，他提出了著名的论断："请给我十几个强健而没有缺陷的婴儿，让我放在我自己的特殊的世界中教养，那么我可以担保，在这十几个婴儿中，我随便拿一个来，都可以训练其成为任何专家——无论他的能力、嗜好、趋向、才能、职业及种族是怎样，我都能够任意训练他成为一个医生，或一个律师，或一个艺术家，或一个商界首领，或可以训练他成为一个乞丐或窃贼。"这段话一直被公认为环境决定论的经典表述。再次，华生关于学习的观点：学习的决定条件是外部刺激，而外部刺激是可以控制的，所以不管多么复杂的行为都可以通过控制外部刺激而形成。这个学习规律完全适合于行为主义预测和控制行为的目的，所以华生十分重视学习。他的学习观点为其教育万能论提供了论证。

华生重视环境和教育的重要作用，强调要在教育中培养儿童的各种行为习惯。小学儿童的学习活动才刚刚开始，很多习惯还没有养成，因此教师在教育中应该特别重视培养他们良好的学习习惯，这对于他们一生的学习都有重要的影响。在教育中，教师应该很好地发挥强化的作用，对于学生的良好习惯及时给予表扬，对不良行为及时加以纠正。同时，对于一些重要的基础知识和基本技能，可以要求学生反复练习，也应该在教学中反复强调，这样才能加深学生的印象。而对于学习行为的改变，教师应该具有充分的耐心，因为学生行为的改变是一个逐渐的过程，不太可能出现突然的飞跃。总之，不论在学科教育还是品德教育中，要耐心地反复对学生进行教育，即强化。

三、桑代克的尝试错误学习理论

桑代克，美国心理学家，现代教育心理学的奠基人，被誉为"现代教育心理学之父"。桑代克认为，学习的实质是经过试误在刺激与反应之间形成联结，即形成S-R联结。

（一）桑代克的经典实验

桑代克有关学习研究最经典的实验是猫的"迷笼实验"（见图3-2）。他设计了一个带有机关的"迷笼"来训练饿猫学会开启开关做出开笼取食的行为。具体的实验过程如下：

当一只饥饿的猫第一次被放入迷笼时,为了获得笼外的食物,它拼命地挣扎,或咬或抓,试图逃出迷笼。经过一段时间的尝试,它偶然间碰到踏板,笼门开启,便逃到笼外吃到了食物。把这只猫再次放入迷笼时,起初猫依然乱咬乱抓,但经过一番挣扎之后又逃出迷笼。经多次的尝试失败之后,猫的乱咬乱抓行为逐渐减少,而能够开笼门的正确行为得到保留,逃出迷笼所用的时间也越来越短,最后进入迷笼就能立刻开启笼门获得食物。由此桑代克提出他的学习理论。

图3-2 桑代克的"迷笼实验"

(二)尝试错误学习的基本规律

桑代克根据一系列的实验,探索出一些学习规律,其中他认为最基本的学习规律有三条:效果律、练习律和准备律。

1. 效果律

在学习的过程中,学习者对刺激情境做出特定反应之后能够获得满意的结果时,其联结就会增强;得到烦恼的结果时,其联结就会削弱。在桑代克的实验中,在迷箱外放一条鱼,饥饿的猫为了吃这条鱼就会想方设法从迷箱中逃出来。这就是说,行为反应以后的奖励和惩罚对后续行为起着重要作用。后来,桑代克去掉了效果律最终有关惩罚的观点。他认为,从效果看,赏与罚的作用并不等同,惩罚不一定能使联结减弱,奖励对学习的影响远远大于惩罚。这一定律后来被斯金纳沿袭并发展为著名的强化原理,对教育心理学产生了深远的影响。

2. 练习律

桑代克认为,任何刺激与反应的联结,一经练习运用,联结的力量就逐渐增大。而如果不运用,则联结的力量逐渐减少。我们平常所说的熟能生巧、业精于勤就是这条定律的最好说明。但是,一般来说,只有当学习者发现重复练习能获得满意效果时,练习才会有意义,单纯的练习而没有结果反馈是没有意义的。从这个角度来说,练习律从属于效果律。这对中小学教师有深刻的启发意义。有些中小学教师经常布置抄写生字的作业,等学生把抄完的作业交给他后,他看也不看就完事了,也不指出好在哪里坏在哪里。这样做,除了增加学生的学习负担和让学生感到厌烦,没有任何积极的意义,不能达到练习的目的。

3. 准备律

在试误学习的过程中，当刺激与反应之间的联结，事前有一种准备状态时，实现则感到满意；当此联结不准备实现时，实现则是烦恼的。在桑代克的实验中，为了保证学习的发生，猫必须处于饥饿状态，如果把吃得太饱的猫放入迷箱，它就不会有任何尝试逃出迷箱的行为，而是悠闲地蜷缩在笼中打瞌睡或玩耍。所以，学习者是否对某种刺激做出反应同他是否已经做好准备状态有关。后来，准备律演变成学习的动机原则。

（三）联结学习论在教育中的应用

桑代克的学习理论指导了大量的教育实践。效果律指导人们使用一些具体奖励，如金星、口头表扬等。练习律指导人们对所有学生进行大量的重复，如练习和操练。桑代克对教师总的劝告是集中并练习那些应结合的联结，并且奖励所想要的联结。如不停地重复乘法表，并且总是提供奖励，最后就会形成刺激（7×8）和反应（56）的联结。但他认为人和动物的基本学习方式一致，都是通过试误学习，只是复杂程度不同。这是达尔文生物进化论的延伸，抹杀了人的学习的主动性这一最突出的特点。

四、斯金纳的操作性条件作用学习理论

斯金纳是操作性条件作用理论的创立人，并使之对教育实践产生了巨大影响。斯金纳认为，行为可以分为应答性行为和操作性行为。应答性行为是由已知的刺激引起的。无条件行为是由无条件刺激所引起的，是一种应答性行为。例如，人在咀嚼食物时分泌唾液；遇到强光时，眼睛马上收缩等。操作性行为并不是由已知刺激引发的，而是有机体在一定情境中自然产生并由于结果的强化而固定下来的。例如，小孩子学会自己穿衣服，上课举手发言等。日常生活中大部分行为属于操作性行为，操作性行为不取决于其事先的刺激，而是由其结果控制的。根据这两种行为，斯金纳区分出了两种条件作用：应答性条件作用和操作性条件作用。前者强调刺激对引起所期望的反应的重要性，后者强调行为反应及其结果。

（一）斯金纳的经典实验

斯金纳在批判性地借鉴、吸收桑代克研究经验的基础上，创立了操作性条件作用理论。20世纪30年代后期，他用白鼠进行精密的实验研究，并改进了桑代克的迷箱，设计了"斯金纳箱"（见图3-3）。斯金纳箱里有一个伸出的杠杆，下面有一个食物盘，只要动物按压杠杆，就会有一粒食丸滚到食物盘内，它便可以得到食物。斯金纳将饥饿的白鼠关在箱内，白鼠便在箱内不安地乱跑，活动中偶然压到了杠杆，一粒食丸滚到食物盘内，白鼠吃到了食丸。以后白鼠再次按压杠杆，又可得到食丸。由于食物强化了白鼠按压杠杆的行为，白鼠后来按压杠杆的速度迅速上升。在实验的基础上，斯金纳概括出操作性行为的形成过程：①产生自由行为（白鼠偶尔按压到杠杆，这是一种自由行为）；②某一行为之后，紧接着有强化刺激物呈现（白鼠得到食物）；③得到强化后，反应行为再次发生的可能性增加。

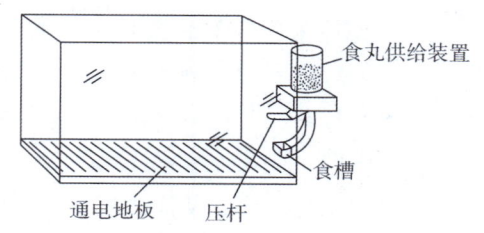

图 3-3 斯金纳箱

（二）操作性条件作用的基本规律

斯金纳把人和动物的行为分为应答性行为和操作性行为。应答性行为是由特定刺激所引起的，是不随意反射性反应，是经典条件作用的研究对象。而操作性行为则不与任何特定刺激相联系，是有机体自发做出的随意反应，是操作条件作用的研究对象。由此可见，与经典条件作用的 S-R（刺激-反应）过程相比，操作条件的作用是 R-S（反应-刺激）的过程。

知识拓展 3-1

经典条件作用和操作条件作用的比较

比较范畴	经典条件作用	操作条件作用
主要代表人物	巴甫洛夫	桑代克、斯金纳
行为	无意的、情绪的、生理的	有意的
顺序	行为发生在刺激之后	行为发生在刺激之前
学习的发生	中性刺激与无条件刺激的匹配	行为后果影响随后的行为
例子	学生将课堂（开始是中性的）与教师的热情联结在一起，课堂引发出积极情绪	学生回答问题后受到表扬，学生回答问题的次数增加

1. 正强化和负强化

强化是一种操作，它的作用在于改变同类反应在将来发生的概率，强化有正强化和负强化之分。所谓正强化，是指某一行为后紧接着出现令人满意的刺激，该行为出现的频率增加。例如，大人称赞一个孩子穿的新衣服，大人的称赞是一种愉快的刺激，以后这个孩子穿新衣服的行为就会增加。负强化是指某一行为发生之后，通过移去令人厌恶的刺激该行为出现的频率增加。例如，有的孩子为了避免父母的责骂而努力学习。孩子努力学习的行为消除了父母的责骂（令人厌恶的刺激），以后该孩子会更加努力地学习（行为增加）。值得注意的是，在正负强化中，"正"是指满意刺激的出现，"负"是指厌恶刺激的消失，而强化则指引起行为增加的过程。

强化物可分为一级强化物和二级强化物。一级强化物能满足个体最基本的生理需要，如食物、水、氧气等。二级强化物并不能满足个体的生理需要，而是通过长期与其他刺激联系在一起，通过经典条件作用，使原来中性的刺激具有了强化的作用，如表扬、鼓励、名声等。因此，二级强化物是习得的，以表扬为例，当表扬和奖品（一级强化物）联系在一起，当孩子明白得到表扬就可以获得奖品时，表扬就有了强化的性质。

2. 逃避条件作用与回避条件作用

当厌恶刺激出现时，有机体做出某种反应，从而逃避了厌恶刺激，则该反应在以后的类似情境中发生的概率便增加，这类条件作用称为逃避条件作用，它揭示了有机体是如何学会摆脱痛苦的。在日常生活中逃避条件作用也不乏其例，如看见路上的垃圾绕道走开，感觉屋内人声嘈杂时暂时离屋等。然而，当预示厌恶刺激即将出现的刺激信号呈现时，有机体也可以自发地做出反应，从而避免了厌恶刺激的出现，则该反应在以后类似情境中发生的概率便增加。这类条件作用称为回避条件作用，它是在逃避条件作用的基础上建立的，是个体在经历过厌恶刺激的痛苦之后，学会了对预示厌恶刺激的信号做出反应，从而免受痛苦。回避条件作用与逃避条件作用都是负强化的条件作用类型。

3. 消退

有机体做出以前曾被强化过的反应，如果这一反应之后不再有强化物相伴，那么，此类反应在将来发生的概率便降低，称为消退。在操作性条件作用中，强化的作用都在于增加某种反应在将来发生的概率，以达到塑造行为的目的。而消退则不然，消退是一种无强化的过程，其作用在于降低某种反应在将来发生的概率，以达到消除某种行为的目的。因此，消退是减少不良行为、消除坏习惯的有效方法。

4. 惩罚

当有机体做出某种行为反应以后，呈现一个厌恶刺激，以消除或抑制此类行为反应的过程，称为惩罚。例如，老师批评了上课讲话的同学，该同学以后上课讲话的次数就少了，老师的批评就是一种惩罚。人们很容易混淆惩罚和负强化。其实，负强化是通过厌恶刺激的排除来增加行为发生的概率，而惩罚是通过厌恶刺激的呈现来降低行为发生的概率，比如批评、处分、判刑是惩罚，而撤销处分、减刑则是负强化。

> **知识拓展 3-2**
>
> **负强化和惩罚的比较**
>
> | 比较范畴 | 负强化 | 惩罚 |
> | --- | --- | --- |
> | 目的 | 鼓励良好行为，行为反应频率增加 | 抑制不良行为，行为反应频率减少 |
> | 实施方式 | 正在受惩罚个体表现良好时使用 | 个体表现不良时使用 |
> | 后果 | 愉快的 | 不愉快的 |
> | 例子 | 学生通过积极发言避免老师批评 | 老师通过罚做作业减少学生上课开小差的行为 |

惩罚并不能使行为发生永久性改变，它只能暂时抑制行为而不能根除行为。因此，惩罚的运用必须慎重，日常生活中矫正不良行为，要尽量避免单独运用惩罚，应该把惩罚和正强化结合起来，这样才能取得预期的效果。

（三）操作性条件作用学习理论在教育中的应用

1. 行为塑造

斯金纳认为，教育就是行为的塑造，复杂的行为可以通过塑造而获得。塑造是指通过小步强化达成最终目标，也就是将目标行为分解成一个个小步子，每完成一小步就给予强化，直到获得最终的目标行为，这种方法也叫作连续的接近。驯兽师们对于行为塑造非常熟悉，诸如训练狗握手、猫站立之类都通过塑造达成，人类行为亦然。

斯金纳认为，学习是在操作与反应间形成固定联结的过程，任何反应如果紧随正强化刺激，该反应具有重复出现的趋向。人类的学习几乎是操作条件反射，而强化是操作性行为形成的重要手段。强化在斯金纳的学习理论中占有极其重要的地位，是他学习理论的基石和核心，有人称他的学习理论为强化理论或强化说。

在斯金纳看来，强化作用是塑造行为的基础。只有了解了强化的效应和操纵好强化技术，才能控制行为反应。儿童偶然做了什么动作而受到教育者的强化，这个动作后来出现的频率就会大于其他动作，强化的次数加多，概率随之加大，最终导致习惯的形成。

如果一个操作发生后，接着呈现一个强化刺激，则这个操作强度（反应发生的概率）就增加。学习和行为的变化是强化的结果，控制强化就能控制行为。强化是塑造行为和保持行为强度的关键。塑造行为的过程就是学习过程。教育就是塑造行为。只要安排好强化程序，就可以随意地塑造人和动物的行为。强化在行为发展过程中起着重要的作用，行为如果不经过及时强化就会消退，最终消失。

斯金纳认为，儿童之所以要做某事就是想得到成人的注意，要使儿童的不良行为（如：长时间的啼哭或发脾气等不良行为）消退，可在这些行为发生时不予理睬，排除对他的注意，这样，孩子不好的行为没有得到强化，没有得到成人的注意，于是就会不哭不闹了。在儿童的眼中，是否得到外部刺激的多次的强化，是儿童衡量自己的行为是否妥当、是否正确的唯一标准。并且，斯金纳强调及时强化，强化不及时是不利于人的行为发展的。一般情况下，教育者要及时强化希望在学生身上看到的行为。

2. 程序教学

斯金纳把他的强化理论应用于教学，提出了自动化自我教学这一思想，并逐步完善为程序教学理论。所谓的程序教学，是指将各门学科的知识按其中的内在逻辑联系分解为一系列的知识项目，这些知识项目之间前后衔接，逐渐加深，然后让学生按照知识项目的顺序逐个学习每一项知识，伴随每个知识项目的学习，及时给予反馈和强化，使学生最终能够掌握所学的知识，达到预定的教学目的。斯金纳还提出程序教学的原则：①积极反应原则；②小步子原则；③及时强化原则；④自定步调原则；⑤低错误率原则。斯金纳认为，程序教学可以利用教学机器进行。计算机辅助教学（CAI）的方法和基本思想其实是以斯金纳的程序教学为基础的。

斯金纳对学习理论领域的研究作出了重大贡献，他通过严格的实验对操作条件作用进行了深入细致的研究，提出了操作性条件作用学说，并以此为基础建立了操作性条件的学习理论，从新的高度扩展了联结派的眼界，将联结派学习理论推向了一个新的高度。他对强化的精细的研究加深了人们对行为习得机制的理解，使人们能成功地预测和控制行为，也为行为塑造矫正提供了一种可信的理论基础。斯金纳提出的程序教学理论，在实际的教学活动中独具魅力，对学校教育产生了极为深刻的影响，成为计算机辅助教学技术的理论基础之一，为其发展提供了基本的原则和思路。

五、班杜拉的社会学习理论

（一）班杜拉的社会认知论

美国心理学家班杜拉认为儿童通过观察他们生活中重要人物的行为而学得社会行为，这些观察以心理表象或其他符号表征的形式存储在大脑中，以此来帮助他们模仿行为。

1. 交互作用观

交互作用观认为个体、环境和行为相互影响（见图3-4）。在社会认知理论中，行为和环境都是可以改变的，但谁也不是行为改变的决定因素。

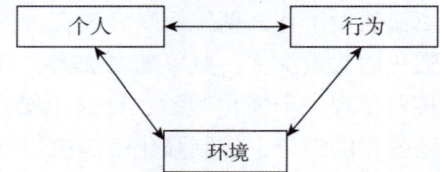

图3-4 个人、行为和环境之间的交互决定关系

2. 参与性学习和替代性学习

社会认知理论把学习分为参与性学习和替代性学习。参与性学习是通过实际操作并体验行动后果而进行的学习，实际上就是做中学。那些能导致成功后果的行为被保留下来，而那些导致失败后果的行为则被舍弃。替代性学习是通过观察别人学习而进行的学习，在学习过程中学习者没有外显的行为。

（二）观察学习

班杜拉认为儿童的社会性行为是通过对他们生活中他人行为的观察而获得的。观察学习是社会学习的一种最重要的形式。所谓观察学习，是指通过观察他人的行为及其后果而发生的替代性学习。班杜拉认为，观察学习经历注意过程、保持过程、复制过程、动机过程等四个过程，这四个过程是紧密相连、不能完全分离的。

1. 注意过程

在注意过程中，学习者注意和知觉榜样情境的各个方面。榜样和观察者的几个特征决定了观察学习的程度：观察者比较容易观察那些与他们自身相似的或者被认为是优秀的、热门的和有力的榜样；有依赖性的、自身概念低的或焦虑的观察者更容易模仿行为；强化的可能性或外在的期望影响个体决定观察谁、观察什么。

2. 保持过程

在保持过程中，学习者记住他们从榜样情境了解的行为，所观察的行为在记忆中以符号的形式表征，个体使用两种表征系统——表象和言语。

3. 复制过程

在复制过程中，学习者复制从榜样情境中所观察到的行为。个体将符号表征换成适当的行为，个体必须选择并组织反应要素，并在信息反馈的基础上不断精练自己的反应，这一过程包括自我观察和调整反馈。

4. 动机过程

在动机过程中，学习者因表现所观察到的行为而受到奖励。社会学习理论区别获得和表现，因为个体并不模仿他们所学的每一件事。直接强化非常重要，但并不是因为它增强行为，而是它提供了信息和诱因。对强化的期望影响观察者注意榜样的行为，激励观察者编码和记住可以模仿的、有价值的行为。

班杜拉认为，观察学习的观察者如果不能复现示范行为，可能就是由于这四个过程的某一原因所致。例如，没有注意到有关的活动，或者记忆表象中对示范行为进行了不适当的编码，或所学的东西不能在记忆中保持，或自身缺乏操作能力，或没有足够的诱因驱动等。

除了直接强化，班杜拉还提出了另外两种强化：替代性强化和自我强化。

（1）替代性强化。替代性强化指观察者因看到榜样受强化而受到的强化。例如，当教师强化一个学生的助人行为时，班上的其他人也将花一定时间互帮互助。此外替代性强化还有一个功能，就是情绪反应的唤起。例如，当电视广告上某明星因穿某个牌子的衣服或使用某种洗发水而风采迷人时，如果你知觉到或体验到明星因受到注意而感觉到的愉快，对于你这是一种替代性强化。

（2）自我强化。自我强化依赖于社会传递的结果。社会向个体传递某行为标准，当个体的行为表现符合甚至超过这一标准时，他就对自己的行为进行自我奖励。例如，补习了一年语言的学生为自己设立了一个成绩标准，于是他将根据对其成绩的评价而对自己的行为进行自我奖赏或自我批评。

此外，班杜拉还提出了自我调节的概念。班杜拉假设，人们能观察他们自己的行为，并根据自己的标准进行判断，由此强化或惩罚自己。我们都有过这样的经验：我们有时知道自己干得不错并因此而自我欣赏，无视别人说了些什么；同样有时我们也知道自己做得并不是最好。要作出这些判断，我们不得不对我们自己的行为有一个期望。

（三）观察学习在教学中的应用

学校课堂中存在着大量的观察学习。教师需要明确意识到他们的存在，并按照观察学习的过程来指导学生的观察学习。在观察学习的过程中，观察所学习的对象称为示范。示范有多种多样的形式，班杜拉对示范区分出以下几种基本类型：真实的示范（现实生活中观察者接触的具体人）；象征性示范（通过语音或影视的图像而呈现的示范）；创造性示范（提供多种榜样的行为模式，使观察者形成带有创新性的行为模式）。

示范过程包括以下三个子过程：①在教学情境中确认适当的榜样。②建立行为的机能价值。在教学中建立教学事件的技能价值，对这种行为价值的预期可增加学生对工作的注意，并且还使学生能积极地预测未来工作完成后的结果。③引导学生的认知和动作再造过程。在认知性和动作性技能教学中，教师要向学生提供下列机会：把观察到的行为编成视觉意向或文字符号，在内心演练示范行为。

> **知识拓展 3-3**
>
> **班杜拉等人的经典实验**
>
> 1. 攻击习得实验
>
> 将被试儿童分为甲、乙两组，在实验的第一阶段让两组儿童分别看一段录像片，甲组儿童看的录像片是一个大孩子在打一个玩具娃娃，过一会儿来了一个成人，给大孩子一些糖果作为奖励。乙组儿童看的录像片开始也是一个大孩子在打一个玩具娃娃，过一会儿来了一个成人，为了惩罚这个大孩子的不好行为，打了他一顿。看完录像片后，班杜拉把两组儿童一个个送进一间放着一些玩具娃娃的小屋里，结果发现，甲组儿童都会学着录像片里大孩子的样子打玩具娃娃，而乙组儿童却很少有人敢去打一下玩具娃娃。这一阶段的实验说明，对榜样的奖励能使儿童表现出榜样的行为，对榜样的惩罚则使儿童避免榜样行为。在实验的第二阶段，班杜拉鼓励两组儿童学录像片里大孩子的样子打玩具娃娃，谁学得像就给谁糖吃。结果两组儿童都争先恐后地使劲打玩具娃娃。这说明通过看录像，两组儿童都已经学会了攻击行为。第一阶段乙组儿童之所以没有人敢打玩具娃娃，只不过是因为他们害怕打了以后会受到惩罚，从而暂时抑制了攻击行为，而当条件许可，他们也会像甲组儿童一样把学习到的攻击行为表现出来。
>
> 2. 言行一致实验
>
> 先让小学三、四、五年级的儿童做一种滚木球游戏，作为奖励，他们在游戏中都得到了一些现金兑换券。然后，把这些儿童分成四组，每组有一个实验者的助手装扮的榜样参与。第一组儿童和一个自私自利的榜样一起玩，这个榜样向儿童宣传要把好的东西留给自己，不必去救济他人，同时也带头不把得到的现金兑换券捐献出来。第二组儿童和言行一致的榜样一起玩，这个榜样向儿童宣传自己得了好东西还要想到别人，并且带头把得到的兑换券捐献出来。第三组儿童和一个言行不一致的榜样一起玩，这个榜样口里说人人都应该为自己考虑，实际上却把兑换券放入了捐献箱。第四组儿童的榜样则是口里说要把得到的兑换券捐献出来，实际上却只说不做。实验结果是第二、三组捐献兑换券的儿童比第一组和第四组均明显得多。这清楚地表明：劝说只能影响儿童的口头行为，对实际行为则无影响；行为示范对儿童的外部行为有非常显著的影响。

（四）班杜拉观察学习理论的教育启示

1. 强调人类的学习方式不仅有直接学习方式，而且还有间接学习方式

在观察学习中，学习者不必直接作出反应，也不必亲身去体验强化，只要通过观察他人在一定情境中的行为，并观察他人接受一定的强化便可完成学习。这样减少了个体不必要的尝试错误，如我们常说的"杀鸡骇猴"。

2. 强调个人认知因素的作用，把强化分为直接强化、替代强化和自我强化

直接强化，就是当一个人的某种行为出现后，得到奖励的强化，该行为出现的频率就会增加。例如：学生做了好事，教师和家长给予表扬或奖赏，日后他就会再做好事。替代性强化指观察者因看到榜样受强化而受到的强化。

例如当教师强化一个学生的助人行为时，班上的其他人也将花一定时间互帮互助。自我强化依赖于社会传递的结果。社会向个体传递某一行为标准，当个体的行为表现符合甚至超过这一标准时，他就对自己的行为进行自我奖励。例如，补习了一年语言的学生为自己设立了一个成绩标准，于是他们将根据对他成绩的评价而对自己行为进行自我奖赏或自我批评。例如，在一次测验中，一个学生可能因得了 90 分而沾沾自喜，而另一个学生则可能感到大失所望。

3. 强调示范榜样在个人行为发展中的重要作用

教师和家长要注意"身教重于言教"。教师的言行就是学生模仿的榜样，会对学生产生较大甚至是终生的影响。学生多年的在校学习时间，会从各位教师那里耳濡目染、潜移默化地学习到不仅是文化知识上，更是道德、行为举止上的方方面面。因此，教师要坚持教育与身教相结合，做到既注重言教，更注重身教。

4. 强调自我效能感的重要作用

自我效能感是指个体对自己是否有能力为完成某一行为所进行的推测与判断。它意味着人是否确信自己能够成功地进行带来某一结果的活动。当人确信自己有能力进行某一活动，他就会产生高度的"自我效能感"，并会去进行那一活动。

自我效能感是人们对自己是否能够成功地进行某一成就行为的主观判断。这一概念是班杜拉最早提出的。20 世纪 80 年代，自我效能感理论得到了丰富和发展，也得到了大量实证研究的支持。班杜拉在他的动机理论中指出，人的行为受行为的结果因素与先行因素的影响。行为的结果因素就是通常所说的强化，但他关于强化的看法与传统的行为主义不同。他认为，在学习中没有强化也能获得有关的信息，形成新的行为。强化能激发和维持行为的动机以控制和调节人的行为，但是，行为的出现不是由于随后的强化，而是由于人认识了行为与强化之间的依赖关系后对下一步强化的期望。他的"期望"概念也不同于传统的"期望"概念。

传统的期望概念指的只是对结果的期望，而他认为除了结果期望，还有一种效能期望。结果期望指的是人对自己某种行为会导致某一结果的推测。如果人预测到某一特定行为将会导致特定的结果，那么这一行为就可能被激活和受到选择。例如，儿童如果意识到上课时专心听讲能帮助他们获得理想的成绩，那么他们就可能会认真听课。效能期望指的是个体对自己是否能够完成某种行为的能力进行的推测或判断，也就是对自身行为能力的评估。它反映了一个人是否相信自己能够成功地进行某种行为并获得预期的结果。当个体确信自己有能力完成某项任务时，他们会产生高度的"自我效能感"，并积极去执行该任务。例如，学生不仅知道专心听课能带来好成绩，而且当他们感到自己有能力理解教师所讲的内容时，才会认真听课。在获得相应的知识和技能后，自我效能感便成为行为的关键决定因素。

> **知识拓展 3-4**
>
> 影响自我效能感形成的因素
>
> 班杜拉等人的研究指出,影响自我效能感形成的因素主要有:
>
> (1) 个人的成败经验。一般而言,成功的经验能提高个人的自我效能感,多次的失败会降低自我效能感。但这还要受个体归因方式的影响。
>
> (2) 替代性经验。人们通过观察他人的行为而获得的间接经验会对自我效能感产生重要影响。
>
> (3) 言语劝说。言语劝说的价值取决于它是否切合实际。缺乏事实基础的言语劝说对自我效能感的影响不大,在直接经验或替代性经验基础上进行劝说的效果会更好。
>
> (4) 情绪反应和生理状态。个体在面临某项活动任务时的心身反应、强烈的激动情绪,通常会妨碍行为的表现而降低自我效能感。
>
> (5) 情境条件。不同的环境提供给人们的信息是大不一样的。某些情境比其他情境更难以适应和控制。当一个人进入陌生而又易引起焦虑的情境中时,其自我效能感水平与强度就会降低。

第三节 认知主义学习理论

认知主义学习理论强调整体观,注重人的学习内部心理过程,注重学习过程中内部心理结构、认知结构或图式的建构。认知学习理论非常关心人的学习,重视人在学习或记忆新信息、新技能时不能观察到的心理过程,注重理论在教学过程设计和教学生学会学习方面的实际应用。认知学习早期的代表有格式塔学派和托尔曼,其后有布鲁纳、奥苏伯尔、加涅等。

一、格式塔学派的学习理论

格式塔学派又名完形学派,1912 年产生于德国,代表人物有韦特海默、考夫卡、苛勒。这一学派的学习理论是研究知觉问题时,针对桑代克的学习理论提出来的。他们强调经验和行为的整体性。格式塔心理学反对行为主义将心理学还原为基本要素,或者还原为刺激-反应联结的观点,认为思维是整体的、有意义的,而不是知觉表象的简单集合。

格式塔学派的代表人物苛勒通过黑猩猩取香蕉的经典实验描述了学习过程(见图 3-5)。在他的经典实验中,黑猩猩被关在笼里。笼外放有香蕉,笼内放着两根竹竿,用其中任何一根都够不着笼子外面的香蕉。只见它一会儿用这根竹竿,一会儿用那根竹竿来回拨香蕉,但怎么也拨不着,它只得把两根竹竿拉在手里挥舞着。突然间,它无意地把一根竹竿的末端插入另一根竹竿,使两根竹竿连成了一根长竹竿,就马上拨到了香蕉。黑猩猩为自己的这一创造发明而高兴,并不断地重复接竿拨香蕉的动作。在第二天重复这一实验时，苛勒发现黑猩猩很快就能把两根竹竿连起来拨到香蕉，而没有漫无目的地尝试。因此，苛勒认为黑猩猩在未解决问题之前，对面前情境的知觉是模糊、混乱的。当它看出两根竹竿接起来与远处香蕉之间的关系时，便产生顿悟，解决了这个问题，而且它可以在以后的类似情境中运用已经领悟到的经验。

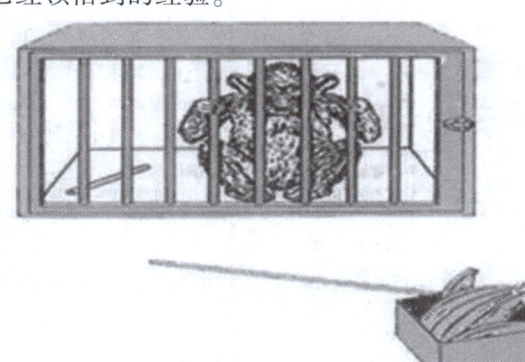

图 3-5 苛勒的黑猩猩取香蕉实验

由此，苛勒认为，黑猩猩对问题的解决是由于突然领悟即顿悟而实现的，学习不是逐渐的试误过程，而是对知觉经验的重新组织，是对情境关系的顿悟。

（一）完形-顿悟说的基本内容

通过一系列的实验，格式塔学派总结了完形-顿悟学说的基本内容。

1. 学习是通过顿悟过程实现的

顿悟是指个体突然觉察到问题的正确解决办法，而学习是通过顿悟过程实现的。学习是个体利用本身的智慧和理解力对情境及情境与自身关系的顿悟，而不是动作的积累或盲目尝试。尝试错误学习往往是顿悟的前奏，顿悟则是练习到某种程度时出现的结果。

2. 学习的实质是在主体内部构造完形

完形是一种心理结构，是对事物关系的认知。学习过程中的问题解决是由于对事物关系的理解而构成一种完形来实现的，学习的实质是构建一种完形，认识和了解事物之间的联系。黑猩猩之所以能取得香蕉，是因为对香蕉（目标）和竹竿（手段或工具）之间关系的理解而实现的，即完形的过程。

（二）顿悟学习理论在教育中的应用

格式塔学派的学习理论有重要的贡献，他强调学习过程是有机体内部进行复杂的认知活动（组织活动）从而实现顿悟的过程，而不是通过试误而形成的联结活动，主张从问题情境的整体出发知觉、学习、记忆，反对刺激-反应学习。在杜威领导下的进步教育团体认为，每个人都应具备提出问题和解决问题的能力。儿童应当理解问题的结构，而不是机械地重复学习那些他们不理解的公式。在学习过程中，学习者如何构建和理解问题情境至关重要。如果他们能够运用过去的经验，准确地理解情境，就能产生顿悟。

二、托尔曼的符号学习理论

托尔曼是美国加利福尼亚大学教授，曾任美国心理学会主席。托尔曼认为自己是一名行为主义者，他坚持主张理论要用完全客观的方法检验。因而许多人认为他是研究动物学习行为最有影响力的认知主义者。

受格式塔学派的影响，他强调行为的整体性。他认为整体行为是指向一定目的的，而有机体对环境的认知是达到目的的手段。他不同意把情境（刺激）与反应之间看成是直接的联系，即 S-R。他提出"中介变量"的概念，认为中介变量是介于实验变量和行为变量之间并把二者联系起来的因素。具体说，中介变量就是心理过程，由心理过程把刺激与反应联结起来。因此 S-R 的公式应 S-O-R，O 即代表中介变量。他的学习理论就是从上述观点出发，通过对动物学习行为全过程的考察而提出的。

1. 学习是有目的的，是期待的获得

托尔曼认为，学习就是期望的获得。期望是个体关于目标的观念。个体通过对当前的刺激情境的观察和已有的过去经验而建立起对目标的期待，所以学习是有目的的，不是盲目的行为。

2. 学习是对完形的认知，是形成认知地图

托尔曼认为，有机体在达到目的的过程中，会遇到各式各样的环境条件，个体只有认知这些环境条件，才能克服困难，达到目的。所以，对环境条件的认知是达到目的的手段或途径。学习不是简单的、机械的形成运动反映，而是学习达到目的的符号，形成"认知地图"。所谓认知地图是动物在头脑中形成的对环境的综合表象，包括路线、方向、距离，甚至时间关系等信息。

> **知识拓展 3-5**
>
> **托尔曼的学习实验**
>
> 托尔曼于 1930 年设计并进行了白鼠高架迷津方位实验（见图 3-6）。在这种迷津中设置了白鼠通向食物箱的长短不等的三条通道。首先让白鼠在迷津内经过探索，熟悉这三条通道，然后将白鼠放进起点箱内，观察它们的行为。结果发现，白鼠首先选择通向食物距离最短的通道 1，当通道在 A 处堵塞时，它们便在通道 2 和通道 3 中选择了较短的通道 2；而通道 2 必经的 B 处也被堵塞时，它们才不得不选择较长的通道 3。
>
>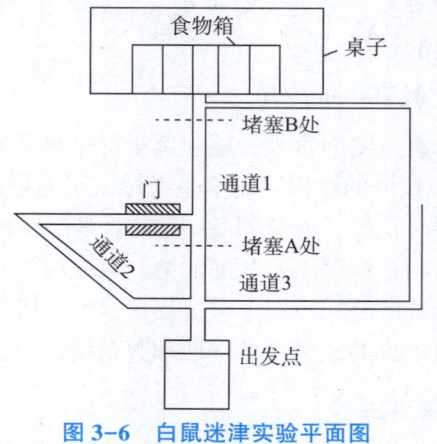
>
> 图 3-6 白鼠迷津实验平面图

三、布鲁纳的发现学习理论

布鲁纳是当代美国著名的教育心理学家、发现学习的倡导者,强调学科结构在学生认知结构形成中的重要作用。人总是不断地探索世界,积极主动地思考问题,从而发现规律,进行学习。因而,布鲁纳的认知发现学习理论就认为,人类的学习就是学习者通过类目化的加工活动,自主地发现知识、积极主动地形成认知结构的过程;学生的活动是教学过程的核心,教师应该创造条件激发学生发现知识的行为以促进学习。同时,布鲁纳提出结构式教学观和发现教学法,认为学习的目的是掌握学科的基本知识结构,这对中小学教育实践产生了重要影响。

(一) 学习观

1. 学习的实质是主动地形成认知结构

认知结构是指由个体对外界事物进行感知、归类、概括的一般方法或经验所组成的观念结构。因此,布鲁纳认为学习的实质是学习者主动地获取知识,通过归纳概括活动对学习材料所揭示的规则、现象正确地进行分类,并进行推理,把新获得的知识和已有的认知结构联系起来,积极地建构其知识体系,形成新的认知结构。通过认知结构,输入的信息就纳入了一种有组织、有层次的结构中,由此,布鲁纳十分强调认知结构在学习过程中的作用,认为认知结构可给经验中的规律性以意义和组织,使人能够超越给定的信息,举一反三,触类旁通。所以布鲁纳主张,应当向学生提供具体的东西,以便他们"发现"自己的认知结构。

布鲁纳认为学习的实质在于主动地形成认知结构,而不是被动地形成刺激-反应的联结。学习者不是被动地接受知识,而是主动地获取知识,学习者通过把新获得的信息和已有的认知结构联系起来,进而积极地构成他的知识体系。布鲁纳把认知结构称为"表征"。

布鲁纳非常重视人的学习的主动性,认为人的学习是主动学习,具体表现在:重视已有经验在学习中的作用;重视学生学习的内在动机与发展学生的思维。

2. 学习包括获得、转换和评价三个过程

布鲁纳认为新知识的学习包括获得、转换和评价三个过程。

新知识的获得是指个体运用已有的认知经验,使新输入的信息与原有的认知结构发生联系,理解新知识所描绘的事物或现象的意义,使之和已有的知识建立各种联系的过程。这种新知识可以是以前知识的精炼,例如,我们先学习了 $5×6=6×5$,$8×7=7×8$ 等系列例子,然后可以推断出乘法交换律 $a×b=b×a$;也可以是与原有知识相违背,例如,我们先认识到正数,然后才学习负数,正数和负数有很大区分,其性质是相反的。

知识的转换是指对新知识进一步分析和概括,用获得的新知识对原有的认知结构进行重组,将其超越给定的信息,运用各种方法将它们变成另外的形式,以适合新任务,并获得更多的知识。它实际上就是从不同的角度对新知识进行归类,使之与认知结构发生关系,以便更好地认识事物。比如,我们通过对麻雀、燕子、海鸥等鸟类的观察、分析和概括,发现它们都有翅膀、能飞、有羽毛,因此可以把鸟的特征概括为"有翅膀、能飞、有羽毛"。

对知识的评价是对新知识转化的一种检查和验证,通过评价可以核查我们处理知识的

方法是否适合新任务，或者运用得是否正确，形成的认知结构是否合理。因此评价通常包括对知识的合理性进行判断。

新知识的获得是与已有知识经验、认知结构发生联系的过程，是主动认识理解的过程，通过"同化"或"顺应"使新知识纳入已有的知识结构；知识的转化是对新知识进一步分析和概括，使之转化为另一种形式，以适应新的任务；评价是对知识转化的一种检验，看对知识的分析、概括是否恰当，运算是否正确等。

布鲁纳认为学习任何一门学科的最终目的是构建学生良好的认知结构。而学生在学习任何一门学科时，总是由一系列情节组成的，每一个情节（或一个事件）总是涉及获得、转化和评价三个过程，由此可见，学生并不是被动的知识接受者，而是主动的信息加工者。因此，教师首先应明确所要构建的学生的认知结构包含哪些组成要素，并最好能画出各组成要素的关系图解。在此基础上，教师应采取有效措施来帮助学生获得、转化和评价知识，使学科的知识结构转化为学生的认知结构，使书本的死的知识变为学生自己的活的知识。

3. 知识的表征

布鲁纳认为，个体不是直接对刺激进行反应，而是将环境中的事物转换为内在的心理事件，这就是认知表征或者知识表征的过程。他指出，人类学习知识的过程就是形成表征系统并最终增长智慧的过程。个体的表征能力随着年龄而发展，表现为动作表征、形象表征、符号表征等三种不同的认知表征形式。

动作表征是指个体通过直接作用于周围的环境来认识和再现世界的方式。形象表征，六七岁到十岁儿童对事物的认识开始由动作表征发展为形象表征，即通过物体留在记忆中的心理表象或依靠图片、照片等获取知识。符号表征以抽象、主观和更为复杂的思维系统为基础展开，是个体通过语言等符号来表征事物并获取知识的方式。

4. 发现学习

布鲁纳认为，知识学习的最佳方式是发现学习。发现学习即学生利用教材或者教师提供的条件自己独立思考，自行发现知识，最终掌握原理和规律的学习。在他看来，发现不仅指人类对未知世界的探索，也指学生依靠自己的努力总结出原理和规律，获得新知识并丰富自身认知结构的过程。

发现学习是让学生独立思考，改组材料，自行发现知识，掌握原理、原则。布鲁纳认为"发现是教育儿童的主要手段"，学生掌握学科的基本结构的最好方法是发现法。发现就是"用自己的头脑亲自获得知识的一切形式。"学生获得的知识尽管都是人类已经知晓的事物，但如果这些知识是依靠学生自己的力量引发出来的，那么对学生来说仍然是一种"发现"。他提出学生也要像科学家那样通过发现的方法进行学习。

（二）布鲁纳的学习理论在教学中应用

1. 结构教学观

布鲁纳认为，学生学习的目标是形成认知结构。与此相对应，学科教学的目标就是促进学生对学科基本结构的一般理解，即理解学科的基本结构。所谓学科的基本结构，是指学科的基本概念、基本原理、基本态度和方法。因为概念和原理越基本，它们对解决新问题、掌握新内容的适用性也越大。布鲁纳很重视学科结构的教学，把学科的基本结构放在设计课程和编写教材的中心地位，成为教学的中心。比如，化学中的元素周期表，物理学中的牛顿三定律，代数中的加减乘除定律……这些学科的基本结构能够帮助学生掌握整个学科的整体内容，促进学习迁移和创造力的发展，提高学习兴趣。这启发教师在教学过程中，重点应该在抓住主要内容和概念上，在可以派生出来的内容上，要放手让学生去思考、推演，切忌平均用力。

2. 发现教学法

布鲁纳认为，真正的教学过程不是教师向学生传递已有的固定知识，而是教师引导学生主动发现知识。因此课堂教学的目标应该是让学生学会如何思维，如何组织自己的认知结构。因此，教学不应当使学生处于被动地接受知识的状态，而应让"学生自己把事物整理就绪，使自己成为发现者"。布鲁纳坚持用发现法教学的方式来教授知识，并引起了影响甚广的教学运动。在发现教学法中，教学是围绕一个问题情境而不是某个知识项目展开的，教师是学生的辅助者或者引导者，要在课堂上为学生创设恰当的问题情境，提供一定的材料，引导学生自主发现。

四、奥苏伯尔的认知-接受学习理论

美国著名教育认知心理学家奥苏伯尔认为，布鲁纳的理论过分强调发现式、跳跃式学习，轻视知识的系统性、循序渐进性，从而忽视系统知识的传授，这会造成学生基础薄弱、教育质量滑坡等不良后果。因此，他提倡循序渐进、系统有意义的接受学习，并认为有意义的接受学习才是学习的最佳方式。

（一）学习分类

奥苏伯尔根据学习进行的方式，将学习分为接受学习和发现学习。接受学习是指在教师的指导下，学生通过教师的传授和自己的主动建构接受事物意义的学习，学生在学校的学习属于接受学习。发现学习则是在主体的活动过程中，通过对现实能动地反应和发现创造，构建起一定的经验结构而实现的，许多科学创造发明就属于发现学习。

奥苏伯尔认为，当学生把教学内容与自己的认知结构联系起来时，有意义学习已便发生了。所谓认知结构，就是指学生现有知识的数量、清晰度和组织结构，它是由学生眼下能回想出的事实、概念、命题、理论等构成的。因此，要促进新教材的学习，首先要增强学生认知结构中与新教材有关的观念。

学生能否学习新信息，主要取决于他们认知结构中已有的有关观念。有意义学习是通过新信息与学生认知结构中已有的有关观念的相互作用才得以发生的，由于这种相互作用，导致了新旧知识的有意义的同化。根据新旧观念的概括水平及联系方式的不同，他提出了下位学习、上位学习、组合学习三种同化方式。

1. 下位学习

下位学习又称为类属学习，是指将概括程度或包容范围较低的新概念或命题，归属到认知结构中原有的概括程度或包容范围较高的适当概念或命题之下，从而获得新概念或新命题的意义。比如，学生学习了"杠杆"的概念，知道了杠杆的力臂原理，而后他们学习定滑轮的知识，把"定滑轮"同化到"杠杆"的概念之下，理解了定滑轮实质上是一种等臂杠杆，就能很容易地理解定滑轮为什么不省力。随着对定滑轮的概念的同化理解，学

生对杠杆的理解也会有一定变化：杠杆并不一定是细长的，它也可以是一个圆轮子。

2. 上位学习

上位学习是指新概念、新命题具有较广的包容面或较高的概括水平，这时，新知识通过把一系列已有的观念包含于其下而获得意义，新学习的内容便与学生认知结构中已有观念产生了一种上位关系。例如，儿童往往是在熟悉了"胡萝卜""豌豆"和"菠菜"这类下位概念之后，再学习"蔬菜"这一上位概念的。

3. 组合学习

当学生新概念或新命题与认知结构中已有的观念既不产生下位关系，也不产生上位关系时，它们之间可能存在组合关系。这种只能凭借组合关系来理解意义的学习就是组合学习。学生在各门自然学科、数学、社会学科和人文学科中学习的许多新概念，都可以作为组合学习的例子，例如，质量与能量、热与体积、遗传与变异、需求与价格之间的关系。这类关系的学习，虽然既不类属于学生已掌握的有关观念，也不能总括原有的观念，但它们之间仍然具有某些共同的关键特征。在这种学习中，实际上学生头脑中没有最直接的可以利用的观念，学生只能在更一般的知识背景中为新知识寻找适当的固定点。因此，这种学习通常会更为困难。

（二）有意义学习的实质和条件

1. 有意义学习的实质

奥苏伯尔根据学习材料与学习者原有认知结构的关系，将学习划分为有意义学习和机械学习。有意义学习是指在学习知识的过程中，符号所代表的新知识与学生认知结构中已有的适当观念建立实质性和非人为的联系的过程。其中，实质性的联系是指新知识和学生认知结构中的旧知识之间能建立起内在联系；非人为的联系是指符号所代表的新知识与认知结构中的有关观念表象建立的是符合人们所理解的逻辑关系，而不是一种任意附加上去的联系，它们是一般和特殊的关系。

机械学习是指学习中所得经验之间无实质性联系的学习，即学生并不理解所学材料的意义，只是依据字面上的联系，记住某些符号的语句或组合，对其进行死记硬背。机械学习有两种可能出现的情况：一是所学材料本身有意义，但学习者缺乏必要的知识，无法理解所学的新内容，从而导致机械学习的发生，如让两岁的儿童背唐诗，儿童并不能理解唐诗的意义，只能死记硬背，机械地记忆；二是所学材料本身就没有意义，如电话号码、历史年代等。

2. 有意义学习的条件

有意义学习的产生既受学习材料本身性质（客观条件）的影响，也受学生自身因素（主观条件）的影响。从客观条件来看，有意义学习的材料本身必须具有逻辑意义，这里的逻辑意义是指学习材料本身与原有的观念可以建立实质性和非人为的联系，也就是说在学生的心理上是可以理解的，是在其学习能力范围之内的。一般来说，学生所学的教科书，是人类认识世界的概括，都是有逻辑意义的，而无意义音节这类材料缺乏逻辑意义，不属于有意义学习。

从主观条件来看，首先，学生的认知结构中必须具有能够同化新知识的适当认知结构，即能将新知识和自己已有认知结构中的有关旧知识相联系的认知结构，所以，学生认知结构中应具有适当的旧知识,这样以便与新知识进行联系;如果学习材料本身有逻辑意义,而学生认知结构中又具备了适当的知识基础,那么,这种学习材料对学生来说就构成了潜在的意义,即学习材料有了和学生认知结构中的适当观念建立联系的可能性。其次,学生必须具有积极主动地将符号所代表的新知识与认知结构中的适当知识加以联系的倾向性,也就是说学生必须具备有意义学习的欲望,具有积极主动地将新旧知识建立联系的倾向,这就有点类似于学习动机或学习积极性。最后,学生必须积极主动地使这种具有潜在意义的新知识和认知结构中的有关旧知识发生相互作用,使认知结构或旧知识得到改善,新知识被掌握,获得心理意义。上述条件缺一不可,否则就不能构成有意义学习。

由于有意义学习是在学生已有的认知结构的基础上产生的,因此,在教育中,教师应该对学生经验能力有所了解,并给予清楚地讲解。如果教师能想方设法地让学生了解所学知识的意义,根据学生的能力进行教学,学生就会产生有意义学习。

(三)奥苏伯尔的接受学习在教学中的应用

1. 接受学习的实质

接受学习是在教师的指导下,学生接受事物意义的学习。在接受学习中,所要学习的内容大多是现成的、已有定论的、科学的基础知识,包括一些抽象的概念、命题、规则等,通过教科书或教师的讲述,用定义的方式,直接向学生呈现,这时不可能发现什么新知识,学生只能接受这些已有的知识,掌握它的意义。奥苏伯尔认为,接受学习适合于年龄较大,有较丰富的知识和经验的人。学生接受知识的心理过程表现为:首先,在认知结构中找到能同化新知识的有关观念;其次,找到新知识与起固定点作用的观念的相同点;最后,找到新旧知识的不同点,使新概念与原有概念之间有清晰的区别,并在积极的思维活动中融会贯通,使知识不断系统化。

课堂上的教学多采用接受学习,这是因为在教师的讲授和指导下,学生可以尽快在较短时间内掌握大量的间接知识,而且所获得的知识是系统的、完整的、精确的,便于存储和巩固。因此,奥苏伯尔主张学校中的学习最好采用有意义的接受学习。

2. 先行组织者技术

奥苏伯尔认为,影响接受学习的关键因素是认知结构中适当地起固定作用的观念的可利用性。为此,他提出了"组织者"概念,特别是"先行组织者"教学策略。所谓先行组织者,是先于学习任务本身呈现的一种引导性材料,它的抽象、概括和综合水平高于学习任务,并且与认知结构中原有的观念和新的学习任务相关联。其目的是为新的学习任务提供观念上的固着点和清晰而具体的构架,将它与原有的知识联系起来,为学习新知识做准备。

先行组织者比学习材料更一般、更概括,而且与学习材料关联,使学习任务变得清楚明了。这些引入的较为一般和较为概括的材料,充当新旧知识联系的"认知桥梁"。设计适当的先行组织者,作为影响认知结构的变量,不仅是研究学习与迁移的一种策略,也是一种重要的教学策略。总而言之,先行组织者的主要功能就是在学生能够有意义地学习目前的课题之前,在他已经知道的东西和他需要知道的东西之间,架起一座沟通它们的桥梁。

组织者的功能之一在于为在它后面呈现的学习材料提供观念构架,使那些更加明细的

和分化的材料得以稳固地结合和保持。另一种功能就是增加学习的材料和认知结构中的类似的或者表面上矛盾的那些观念之间的可辨别性。由于它有效地掌握和控制了认知结构的变量，改进了教材的组织与呈现方式，所以对促进有意义学习有重要作用。近年来，研究者们在奥苏伯尔原有定义的基础上发展了"组织者"这一概念。组织者通常呈现在学习材料之前（即先行组织者），但也可以放在学习材料之后呈现。它既可以是抽象和概括性较强的材料，高于学习材料的内容，也可以是具体概念，位于抽象和概括层次低于学习材料的内容。

"组织者"可分为两类；一类是陈述性"组织者"，即在比较不熟悉材料的场合下，当学生面对学习任务，倘若其认知结构中缺乏适当的上位观念可以用来同化新知识，则可以设计一个概括与包容水平高于要学习的新材料的组织者。例如，学生学习"鲸"这一概念，那么可先把原来学过的哺乳动物的概念（上位概念），即哺乳动物的特征有哪些，再学习一下（获得认知框架），然后再讲解鲸也是哺乳动物。在这种条件下，尽管学生可能没有亲眼见过鲸，但学生也很容易理解和掌握鲸的概念，即鲸也具有胎生和哺乳的特征。由于学习了生活在海洋中的哺乳动物——鲸的概念，从而扩充了对哺乳动物这一概念的理解。教师有意识地将新学习的概念与原有的上位概念加以联系，使学生把这种低位经验通过概括纳入高位的结构中去，从而充实了高位结构，同时将概念组成一个按层次排列的网络系统，这样就不断促使学生已有的心理结构发生改变或创新。用学生已熟悉的术语提供观念的固定点，让学生先学习这一"组织者"，以便获得一个可以同化新知识的认知框架。而它的目的，在于为新的学习提供最适当的类属者，它与新的学习产生一种上位关系。

另一类是比较性"组织者"，用于较熟悉的学习材料中，即当学生面对新的学习任务时，倘若其认知结构中已经具有可以利用的同化新知识的适当观念，但原有观念不清晰或不巩固、不稳定，学生难以应用，或者他们对新旧知识之间的关系辨别不清，则可以设计一个揭示新旧知识异同的"组织者"。如学生在学习有关"角"的知识过程中，已经学习了"锐角"的概念，现在要学习"钝角"的概念，教师则可先把"锐角"的有关知识及其特征讲解清楚，然后再学习"钝角"的概念。这样既掌握了"钝角"的概念，又理解以前学的"锐角"概念与新学习的"钝角"概念之间的异同。因为比较性"组织者"指出了新旧知识的异同，它可以增强原有的起固定作用的观念的稳定性与清晰性。其目的在于比较新材料与认知结构中相类似的材料，从而增强新旧知识之间的可辨别性，并为这些新观念提供稳定的固定点。为了获得良好的效果，"组织者"本身显然必须是易学的，而且必须用熟悉的术语把它们叙述出来。

因此，教师在刚开始讲课时的广泛性陈述，可以帮助学生在新知识和先前的知识间建立联系。奥苏伯尔曾研究过先行组织者对学习有关钢的性质的材料的影响。实验组学生在学习该材料之前，先学习了一个先行组织者，它强调了金属和合金的异同、各自的利弊和冶炼合金的理由。控制组学生在学习该材料之前，先学习一个有关炼铁和炼钢方法的历史说明材料以提高学习兴趣，但没有提供可作为理解钢的性质的观念框架概念。结果两组学生在学习钢的性质的材料之后，实验组的平均成绩明显高于控制组。

其实，教材的编写也常常包含了先行组织者，如课本各单元与各章的概述、各章的脉络与标题，都是先行组织者的例子，它们使学生更关注将要呈现的教材的重点。先行组织者对教学有很大的启发意义。在传统教学中，学生对教材进行机械学习的主要原因在于学生还没有具备起固定作用的先前知识时，教师就要求他们学习某种新内容，由于学生认知结构中还没有可以与新教材建立联系的有关观念,因而使教材内容失去了意义。因此,在学习新内容的时候,教师要给学生提供有助于新内容理解的先行组织者。

> **知识拓展 3-6**
>
> 奥苏伯尔"先行组织者"接受法教学课例
>
> 如果在教授平行四边形概念时,采用奥苏伯尔的先行组织者接受法,则会采用下面的程序:
>
> (1) 提出先行组织者。
>
> 教师:同学们,我们准备学习平行四边形概念。我们过去已经学过多边形概念,当多边形的边数是四的时候,则是四边形。今天所学的平行四边形与四边形什么关系?
>
> (2) 呈现新知识结论。板书平行四边形的定义为两组对边平行的四边形,并作图。
>
> (3) 找出同化新知识的原有观念。教师请一位学生作出一个一般的四边形。
>
> (4) 分析新知识与起固定作用的原有观念的联系与区别。(精确分化,融会贯通)
>
> 教师要求学生分析平行四边形与四边形的相同之处:都是四条边组成的闭合图形。重点要求找出两者的不同点:平行四边形两组对边相互平行。
>
> 教师提出:当四边形具有两组对边平行的性质时,它才是平行四边形。因此,四边形与平行四边形是上下位关系,平行四边形是四边形的一种。当不符合平行四边形特定规定的四边形,暂称为其他的四边形。

五、加涅的信息加工学习理论

随着计算机技术的发展,心理学家发现,人的大脑对外部信息的处理过程与计算机的信息处理过程相似。因此,认知心理学家就利用计算机信息加工的观点来研究人的心理活动,把人的学习过程比喻成计算机的信息加工过程。这就是学习信息加工模式的核心内容。

(一) 学习信息加工模式

信息加工学习理论认为,学生是信息的主动加工者,通过选择、组织相关信息和自己已有的知识对信息解释,从而理解信息。因此,学习过程就是接收、编码、操作、提取和利用信息的过程。

1. 信息流

信息是从一个假设的结构流到另一个假设结构中去的。首先,学生从环境中接受刺激,刺激推动感受器,并转变为神经信息。这个信息进入感觉登记,这是非常短暂的记忆存储,一般在百分之几秒内就可把来自各自感受器的信息登记完毕。感觉登记实际上就起到了一个暂时存储的作用。一些信息由于注意或选择性知觉被选择登记,而另一些信息很快就消失了。被登记的信息很快进入短时记忆,信息在这里可以保持二三十秒钟。短时记忆的容量有限,很快新的信息就会把部分原有信息赶走。如果想要保持信息,就得采取复述的策略。当信息从短时记忆进入长时记忆时，信息发生了关键性转变，即要经过编码过程。所谓编码，是用各种方式把信息组织起来。信息是经编码形式存储在长时记忆中的，一般认为，长时记忆是个永久性的信息存储库。当需要使用信息时，需经过检索提取信息。被提取出来的信息可以直接通向反应发生器，从而产生反应，也可以再回到短时记忆，对该信息的合适性做进一步的考虑，结果可能是进一步寻找信息，也可能是通过反应发生器做出反应。

2. 控制结构

在信息加工学习模式中，期望事项和执行控制起着重要的作用（见图3-7）。期望事项是指学生期望达到的目标，即学习的动机。正是因为学生对学习有某种期望，教师给予的反馈才会具有强化作用。换而言之，反馈之所以有效，是因为反馈能肯定学生的预期。执行控制即加涅所讲的认知策略，执行控制过程决定哪些信息从感觉登记进入短时记忆，如何进行编码、采用何种提取策略等。因此，选择和启动认知策略可以对信息流程予以监控和修正。

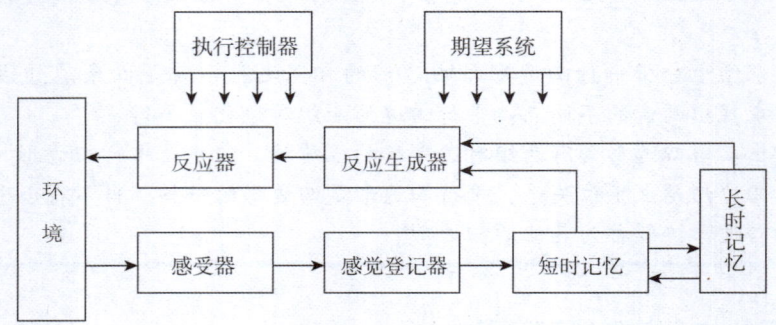

图3-7　信息加工的控制结构

（二）学习阶段及教学设计

加涅的学习模式是在吸收行为主义学派和认知主义学派学习观的优点，并在此基础上提出来的。它关注人类学习的特点，关注学生如何以认知模式选择和处理信息并做出适当的反应，主张指导学习，主张给学生以最充分的指导，使学习沿着仔细规定的程序进行。学习过程是从不知到知的一个单个的活动过程，加涅对学习活动做进一步分析，把它分成八个阶段，即：动机阶段—领会阶段—习得阶段—保持阶段—回忆阶段—概括阶段—作业阶段—反馈阶段。

1. 动机阶段

要使学习得以发生，首先应该激发起学生的动机。要促进学生的学习，就要使他们具有一种奔向某个目标的动力。要把学生想要达到的目标，也就是头脑中的期望，与学生的实际学习活动联系起来，并激起学生学习的兴趣。

2. 领会阶段（了解阶段）

在领会阶段，学生的心理活动主要是注意，即选择性知觉。具有较高学习动机的学生容易接受外部刺激，使外部信息进入自己的信息加工系统，并存储到自己的记忆中。但并不是所有的外部刺激都能够被学习者接受,在知觉过程,学生会依据他的动机和预期对信息进行选择,他会把自己的注意力放在那些和自己的学习目标有关的刺激上。

3. 习得阶段(获得阶段)

对外部信息一旦开始注意和知觉,学习活动就可进入习得阶段。习得阶段指的是所学的东西进入了短时记忆,也就是对信息进行了编码,即存储和登记。研究表明,经过编码过程的信息与最初的信息并不完全相同,也就是说经过编码,有时会对信息加以修饰,有时信息会被规则化,也有时则会被歪曲。由此可见,教师要帮助学生采用较好的编码策略,以利于信息的获得。

4. 保持阶段

经过获得阶段,已编码的信息将进入长时记忆的存储器,这种存储可能是永久的。而且应指出的是,长时记忆的能力是很大的,至今还没有实验证实出大脑记忆容量的极限。

5. 回忆阶段

回忆阶段也就是信息的提取阶段,这时,所学的东西能够作为一种活动表现出来。在这个阶段中,线索是很重要的,提供回忆的线索将会帮助人回忆起那些难以回忆起来的信息。因此,在学习一开始,教师就要提供一些有利于记忆和回忆的线索,教会学生检索、回忆信息的方法和策略,比如提供有关的人物、场景等。

6. 概括阶段

对所学东西的提取和应用并不限于同一种学习情景,它不是只在所学内容的范围里才出现的,人们常常要在变化的情景或现实生活中利用所学的东西,这就需要实现学习的概括化。学生要想把获得的知识迁移到新的情境,首先依赖于知识的概括,同时也依赖于提取知识的线索。

7. 作业阶段

作业阶段也就是反应的发生阶段,就是反应发生器把学生的反应命题组织起来,使它们在操作活动中表现出来。因此,作业的好坏是学习效果的反映。当然,我们并不能用个别的作业来说明一般成绩。教师在这一阶段要提供各种形式的作业,使学生有机会表现他们的操作活动。

8. 反馈阶段

通过操作活动,学生认识到自己的学习是否达到了预定的目标。这种信息的反馈就是强化的重要组成因素。学生看到学习的结果,从而在内心得到了强化,而强化过程对人类的学习来说是很重要的,它证实了预期的事项,从而使学习活动至此而告一段落。

学习是学生与环境之间相互作用的结果。学习过程是由一系列事件构成的。加涅认为,学生内部的学习过程一环接一环,形成一条链;与此相应的学习阶段则把这些内部过程与构成教学外部事件联系起来了。对应的八个教学事件为:激发动机,把目标告诉学生,指导注意,刺激回忆,提供学习指导,增强保持,促进学习迁移,让学生做作业以提供反馈(见图3-8)。

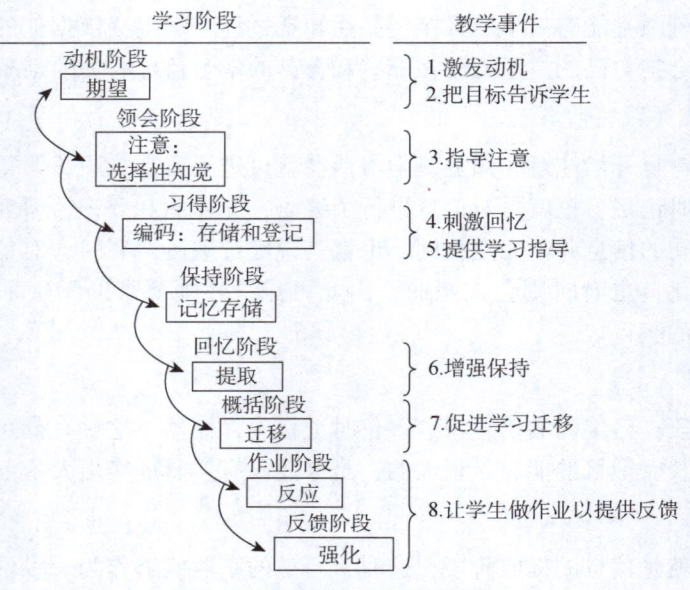

图 3-8　学习阶段及教学设计

（三）信息加工学习理论在教育中的应用

在教育中，信息加工学习理论对人类的知识学习乃至于对认知和社会发展等各方面提供了最具科学性的解释。根据该理论的特点，在教育上要做到以下几方面：

第一，既然人类加工容量有限，在教学中教师就不能在同一时间向学生尤其是低年级学生呈现过多的信息量，否则，学生学习的结果必然像猴子掰玉米，掰一个丢一个。因此，为了提高教学效果和学习效果，教师在任何一个单位时间内提供给学生的新知识点的数量都要适度；同时，要适当给学生留有心理加工或思考的时间。

第二，既然进入感觉记忆的信息只有通过注意之后才能进入短时记忆，在教学中教师就要采取多种有效方式随时唤起学生的注意，同时学生自己也要通过各种方式来提高自己的注意力，否则，势必会影响教学和学习效果。

第三，既然记忆取决于信息编码，回忆部分取决于提取线索，这就意味着影响有效学习的因素主要包括外部输入信息的组织方式、短时记忆加工中的新旧信息的相互作用以及伴随而来的知识编码方式。因此，为了提高学习效率，呈现给学生的教材就要有条理，同时学生自己也要善于将脑海中的知识组织得有条理，尤其是善于将一些知识点进行组块，而不是简单地进行机械记忆，这将有助于学生在短时间内学到更多的知识。

第四，既然短时记忆的信息只有通过复习才能进行长时记忆，那么教师帮助学生组织有效的复习，必能促进学习效果。

第五，既然有效反馈有利于提高学习效率，那么教师要经常将学生的学习进展情况以恰当的方式反馈给学生，这样才能提高教学效果与学习效果。

第六，既然预期在调控个体的心智加工过程中扮演着重要角色，那么在实际的教学过程或学习过程中，教师和学生都要充分运用心理预期的作用来调控学习，以便充分发挥学习效果。

第四节　人本主义学习理论

一、马斯洛的学习理论

美国心理学家马斯洛被公认为人本主义心理学的领导人之一,他以性善论、潜能论和动机论为理论基础,创建了理论化、系统化的自我实现心理学。

(一) 自我实现的人格观

人本主义心理学家认为,人的成长源于个体的自我实现的需要,自我实现的需要是人格形成发展、扩充成熟的驱力。所谓自我实现的需要,马斯洛认为是人对于自我发挥和完善的欲望,也就是一种使他的潜力得以实现的倾向。正是由于人有自我实现的需要,才使得有机体的潜能得以实现、保持和增强。所以,马斯洛认为人的潜能是自我实现,而不是教育的作用使然。

(二) 内在学习论

马斯洛认为,外在学习是单纯依赖强化和条件作用的学习,其着眼点在于灌输而并不在于理解,属于一种被动的、机械的、传统教育的模式。马斯洛批判传统的学习是一种外在学习,学习活动不是由学生决定的,是由教师强制的。学生只是对个别刺激做出零星的反应而已,学生所学的知识缺少个人意义。在他看来,学生浸透着外在学习的态度,并且像黑猩猩对训练员的技巧做出反应那样对分数和考试做出反应。他认为理想学校应反对外在学习,倡导内在学习。所谓的内在学习,就是依靠学生内在驱动,充分开发潜能,达到自我实现的学习。

二、罗杰斯的学习理论

20世纪60年代,罗杰斯将他的"来访者中心疗法"移植到教育领域,创立了以学生为中心的教育和教学理论,成为20世纪最重要的教育理论之一。

(一) 知情统一的教学目标

罗杰斯认为,情感和认知是人类精神世界中两个不可分割的有机组成部分,彼此融为一体。因此,罗杰斯的教育理想就是要培养躯体、心智、情感、精神心力融为一体的人,也就是既用情感的方式又用认知的方式行事的情知合一的人。当然这只是一种理想化的人的模式,而要最终实现这一教育理想,应该有一个现实的教学目标,这就是促进变化和学习,培养能够适应变化和知道如何学习的人。他说:"只有学会如何学习和学会如何适应变化的人,只有意识到没有任何可靠的知识、只有寻求知识的过程才是可靠的人,才是真正有教养的人。在现代世界中,变化是唯一可以作为确立教育目标的依据,这种变化取决于过程而不是静止的知识。"因此,人本主义重视的是教学过程而不是教学内容,重视的是教学的方法而不是教学的结果。

(二) 有意义的自由学习观

罗杰斯认为,学生学习主要有两种类型——认知学习和经验学习,其学习方式也主要有两种——无意义学习和有意义学习,并且认为认知学习和无意义学习、经验学习和有意义学习是完全对应的。因为认知学习的很大一部分内容对学生自己是没有个人意义的,它只涉及心智而不涉及感情或者个人意义,是一种在颈部以上发生的学习,因而与全人无关,是一种无意义学习。而经验学习以学生的经验生长为中心,以学生的自发性和主动性为学习的动力,把学生与学生的愿望、兴趣和需要有机地结合起来,因而经验学习必然是有意义的学习,必然有效地促进个体的发展。因此,罗杰斯所倡导的学习原则之核心就是让学生自由学习。他认为,只要教师信任学生,信任学生的学习潜能,并愿意让学生自由学习,就会在与学生的交往中形成适应自己风格的、促进学习的最佳方法。

(三) 学生中心的教学观

罗杰斯从人本主义的学习观出发,认为凡是可以教给别人的知识,相对来说都是无用的;能够影响个体行为的知识,只能是他自己发现并加以同化的知识。因此,教学的结果是毫无意义的或者是有害的。教师的任务不是教学生知识,也不是教学生如何学习,而是为学生提供各种学习的资源,提供一种促进学习的气氛,让学生自己决定如何学习。那么,促进学生的心理气氛因素有哪些呢?

罗杰斯认为应该是:

(1) 真诚:学习的促进者表现真我,没有任何矫饰、虚伪和防御。

(2) 无条件积极关注:学习的促进者尊重学生的情感和意见,关心学生的方方面面,接纳作为一个个体的学生的价值观念和情感表现。

(3) 同理心:学习的促进者能够了解学生的内在反应,了解学生的学习过程。在这样一种气氛下进行学习,是以学生为中心的,教师只是学习的促进者、协作者或者伙伴、朋友,学生才是想学习的关键,学习的过程就是学习的目的之所在。

三、人本主义学习理论在教学中的应用

罗杰斯等人本主义心理学家从他们的自然人性论、自我实现论及以学生为中心出发,在教育实际中倡导以学生经验为中心的有意义的自由学习观,对传统的教育理论造成了冲击,推动了教育改革运动的发展,表现在:突出情感在教学活动中的地位和作用,形成了一种以知情协调活动为主线、以感情作为教学活动基本动力的新教学模式;以学生的自我完善为核心,强调人际关系在教学过程中的重要性,认为课程内容、教学方法、教学手段等都维系于课堂人际关系的形成和发展;把教学活动的重心从教师引向学生,把学生的思想、情感、体验和行为看作教学的主体,从而促进个别化教学运动的发展。

但是,人本主义学习理论也有其局限性。人本主义学习理论强调了学习的自然主义和非理性倾向,崇尚潜能发展论和自发论,把艰苦学习所需要的规范约束与自由选择对立起来,忽视系统科学知识技能的学习,片面强调情感动机的决定作用,主张教学完全以学生为中心,忽视教师的作用,显然是片面的,在实践中也是难以实行的。

第五节　建构主义学习理论

20世纪80年代，建构主义作为一个崭新学习理论在教育中产生重要的影响。建构主义的诞生不是偶然的，而是有着比较深厚的社会根源和科学技术背景。建构主义产生的科学背景是在自然科学中心主义问题下，提出要以一种有机体整体观、生态科学观和互助论，代替现在流行的机械论、还原论和竞争进化论，试图再现科学的魅力，进而构建起一种具有内在性的后现代世界观与科学观。建构主义者认为，自然科学是发明的，而不是发现的。学习是学习者主动建构知识意义的过程，知识的理解是学习者在自己经验背景的基础上建构起来的。建构既是对新信息意义的建构，同时又是对原有经验的改造和重组，因此，它是新旧经验之间双向的相互作用过程。这种强调学习主动建构的思想对当今教育改革产生了深远的影响。

建构主义是当代学习理论的一场革命，是学习理论中行为主义发展到认知主义以后的进一步发展。一般认为，建构主义观点是由皮亚杰于1966年提出的。在皮亚杰上述理论的基础上，许多专家、学者从各种不同角度丰富和完善了建构主义理论。

行为主义的基本主张是：其一，客观主义——分析人类行为的关键是对外部事件的考察，把知识和意义看成存在于个体之外的东西，是完全由客观事物本身决定的，学习就是把外在的、客观的内容转移到学习者身上。其二，环境主义——环境是决定人类行为的最重要因素。其三，强化——人们行动的结果影响着后继的行为。行为主义的客观主义反映在教学上，认为学习就是通过强化建立刺激与反应之间的联结；教育者的目标在于传递客观世界的知识，学习者的目标是在这种传递过程中达到教育者所确定的目标，得到与教育者完全相同的理解。行为主义者根本无视在这种传递过程中学生的理解及心理过程。

信息加工的认知主义者，基本上还是采取客观主义的传统。他们认为世界是由客观实体的特征以及客观事物之间的关系所构成。他们与行为主义者的不同之处在于强调学习者内部的认知过程，教学的目标在于帮助学习者习得这些事物及其特性，使外界客观事物（知识及其结构）内化为内部的认知结构。

建构主义是认知主义的进一步发展。在皮亚杰和早期布鲁纳的思想中已经有了建构的思想，但相对而言，他们的认知主义学习观主要在于解释如何使客观的知识结构通过个体与之交互作用而内化为认知结构。自20世纪70年代末，以布鲁纳为首的美国教育心理学家将苏联教育心理学家维果斯基的思想介绍到美国以后，对建构主义思想的发展起了极大的推动作用。维果斯基在心理发展上强调社会文化历史的作用，特别是强调活动和社会交往在人的高级心理机能发展中的突出作用。他认为，高级的心理机能来源于外部动作的内化，这种内化不仅通过教学，也通过日常生活、游戏和劳动等来实现。另外，内在智力动作也外化为实际动作，使主观见之于客观。内化和外化的桥梁便是人的活动，所有这些对当今的建构主义者有很大的影响。

建构主义的核心观点认为：第一，认识并非主体对于客观实在的简单的、被动的反映（镜面式反映），而是一个主动的建构过程，即所有的知识都是建构出来的。第二，在建构的过程中主体已有的认知结构发挥了特别重要的作用，而主体的认知结构亦处在不断的发展之中。

皮亚杰和维果斯基是建构主义的先驱者。尽管皮亚杰高度强调个体主动创造，而维果斯基更关心知识的工具即文化和语言的传递，但在基本方向上，皮亚杰和维果斯基都是建构主义者。

现代的建构主义又可以区分为极端建构主义和社会建构主义。极端建构主义有两个基本特征：首先是突出强调认识活动的建构性质，认为一切知识都是主体的建构，我们不可能具有对外部世界的直接认识，认识活动就是一个"意义赋予"的过程，即主体依据自身已有的知识和经验建构出对外部世界的意义；其次是对认识活动的"个体性质"的绝对肯定，认为各个主体必然地具有不同的知识背景和经验基础（或不同的认知结构），因此，即使就同一个对象的认识而言，相应的认识活动也不可能完全一致，而必然地存在个体的特殊性。在极端建构主义者看来，个人的建构有其充分的自主性，即是一种高度自主的活动，也就是说"一百个人就是一百个主体，并会有一百个不同的建构"。也正是在这样的意义上，极端建构主义也常常被称作"个人建构主义"。社会建构主义的核心在于对认识活动的社会性质的明确肯定，认为社会环境、社会共同体对于主体的认识活动有重要作用，个体的认识活动是在一定的社会环境中得以实现的，所谓的"意义赋予"包含有"文化继承"的含义，即经由个体的建构活动所产生的"个体意义"事实上包含了对于相应的"社会文化意义"的理解和继承。

一、建构主义学习理论的基本观点

（一）知识观

建构主义者一般强调知识并不是对现实和客观规律的唯一准确表征，它只是一种解释、一种假设，它并不是问题的最终答案，而且这种解释和假设不一定是正确的、确定的，而是猜测性的、可证伪的。一切知识包括科学知识在内，也只不过是一种假设或解释，不是问题的最终答案，它会随着人类的进步而不断地被革新，并随之出现新的知识假设。已有的知识、理论和假说，总是会被更新的理论和假说所代替。学生学习的书本知识就是一种对现实世界较可靠的假设，是以一定的社会现实为依据的。知识不可能以实体的形式存在于主体之外，它必须依赖于具体的认知个体，具有个体性。知识必须依赖于具体的情境，具有情境性。人们面临现实问题时，不可能仅靠提取已有的知识就能解决好问题，而是需要针对具体问题对已有知识进行改组、重建和创造。例如，在思维定势的实验中要求个体利用钳子将两条不可能同时抓住的绳子绑在一起。此时，个体就应在这一特殊问题情境中，重新组织有关钳子功能的知识，利用钳子的重锤功能，将两条绳子绑在一块。因此，知识的高度主观性和情境性决定了学生的学习更重要的是对知识的猜测、质疑、检验和批判。

建构主义者认为知识是个体对现实世界建构的结果。知识不是对现实的准确表征，不是问题的最终答案。知识是在人类社会范围里建构起来的，有的不断地被改造，以尽可能与世界的本来面目相一致，尽管永远达不到一致。因此，知识会随着人类的进步而不断地被删除，并随之出现新的假设；知识并不能精确地概括世界的法则，在具体问题中，我们需要对具体情境进行再创造；知识不可能以实体的形式存在于具体个体之外，它只能由个体基于自己的经验背景而建构起来，它取决于特定情境的学习历程。

（二）学习观

学习是个体建构自己的知识的过程，这意味着学习是主动的，学生不是被动的刺激接受者，他要对外部信息做主动的选择和加工。学习过程不是简单信息的输入、存储和提取，而是新旧经验之间的双向的相互作用过程。建构主义的学习观强调学习的主动建构性、社会互动性和情境性三个方面。

1. 学习的主动建构性

建构主义者认为，学习不是知识由教师向学生的传递，而是学生建构自己的知识的过程，学生不是被动的信息吸受者，而是信息意义的主动建构者，这种建构不可能由其他人代替。学习是学生运用自己的经验去积极地建构对自己富有意义的理解，而不是去理解那些用已经组织好的形式传递给他们的知识。建构主义认为，学生对外部世界的理解是他或她自己积极的建构的结果，而不是被动地接受别的什么人呈现给他们的东西。

建构主义者认为知识是个体对现实世界建构的结果。根据这种观点，学习发生于对规则和假设的不断创造，以解释发现观察到的现象。而当学生对现实世界的原有观念与新的观察之间出现不一致，原有观念失去平衡时，便产生了创造新的规则和假设的需要。可见，学习活动是一个创造性的理解过程。相对于一般的认识活动而言，学习主要是一个"顺应"的过程，即认知结构的不断变革或重组，而认知结构的变革或重组又正是新的学习活动与认知结构相互作用的直接结果。按照建构主义的观点，"顺应"或认知结构的变革或重组正是个体主动的建构活动。

建构主义强调学生的积极主动性、强调新知识与学生原有知识的联系、强调将知识应用于真实的情境中而获得理解。美国心理学家维特罗克提出的学生学习的生成过程模式较好地说明了学习的这种建构过程。维特罗克认为学习的生成过程是学生原有的认知结构，即已经储存在长时记忆中的事和脑的信息加工策略，与从环境中接收的感觉信息（新知识）相互作用，主动地选择信息和注意信息，以及主动地建构信息的意义的过程。

学习是个体建构自己的知识的过程，这意味着学习是主动的，学生不是被动的刺激接受者，他要对外部信息做主动的选择和加工，因而它不是行为主义所描述的S-R过程。而且，知识或意义也不是简单的由外部信息决定的，外部信息本身没有意义，意义是学生通过新旧知识经验间反复的、双向的相互作用过程而建构的。其中，每个学生都在以自己原有的经验系统为基础对新的信息进行编码，建构自己的理解，而且原有知识又因为新经验的进入而发生调整和改变，所以学习并不简单是信息的积累，它同时包含由于新旧经验的冲突而引发的观念转变和结构重组。学习过程并不是简单的信息输入、存储和提取，而是新旧经验之间双向的相互作用过程。

因此，学习是一种创造性理解的过程，学生作为学习活动的主人，需要对学习活动进行积极的自我管理反思。它需要学生对知识进行不断思考，对各种信息和观念进行加工转换，基于新旧知识进行分析、综合和概括，形成新的假设和推论，对自己的想法进行反思性的推敲和检验并灵活应用。

2. 学习的社会互动性

学习不是每个学生单独在头脑中进行的活动，学生是一个社会的人，因此，学习是在一定的社会文化环境中通过与他人的互动进行的。建构主义强调对知识的理解需要群体的

协调、对话，这一过程常常需要通过一个学习共同体的合作互动来完成。所以，它提倡合作学习和交互教学。由于经验背景的差异，学生对问题的理解常常各异，因此，合作学习可以使学生超越自己的认识，看到别人与自己不同的理解，看到事物的另外侧面，从而形成丰富而全面的理解。因此，教学就是要增进学生间的合作，使他看到不同的观点，从而促进学习的进行。

学生的学习是在学校这样一个特定的环境中，是在教师的直接指导下进行的，主要是一种文化继承的行为，即学习这一特殊的建构活动具有明显的社会性质，是一种高度的社会行为。学习并非一种孤立的个人行为，适当的环境不仅是学习的一个必要条件，而且也在很大程度上决定了智力的发展方向。

根据建构主义的基本立场，教师和学生以及学生和学生之间的相互作用对学习活动有重要影响。小组合作学习近年来受到普遍的重视，因为它为更充分地去实现"社会相互作用"提供了现实的可能性。正是基于这样的认识，人们提出了"学习共同体"的概念，即认为学习活动是由教师和学生所组成的共同体共同完成的。也就是说，学习不能被看作孤立的个人行为，而是"学习共同体"的共同行为，或者说共同行为与个人行为之间存在着一种相互依赖、相互促进的辩证关系。此外，我们还应看到整体性的社会环境和文化传统对于个人的学习活动亦有十分重要的影响。

3. 学习的情境性

传统教学观念对学习基本持"去情境"的观念，认为概括化的知识是学习的核心内容，这些知识可以从具体情境中抽象出来，让学生脱离具体情境而学习。然而知识是不可能脱离具体情境而存在的，学生应该与情境化的社会实践结合起来，在现实的情境中学习和发现问题。传统的认知派学习理论认为，学习的结果是形成认知结构，这是高度结构化的知识，是按概括水平的高低分层次排列的。建构主义认为学生学习的结果是建构围绕着关键概念的网络结构知识，包括事实、概念、概括化以及有关的价值、意向、过程知识、条件知识等。其中关键概念是结构性知识，而网络的其他方面含有非结构性知识。因此，建构主义学习理论认为学习的结果既包括结构性知识，也包括非结构性知识，而且认为这是高级学习的结果。

斯皮罗等人认为，学习可以分为初级学习和高级学习。初级学习是学习的低级阶段，在该阶段，学生知道一些重要的概念和事实，在测验中能将所学的东西按原样再生出来，这里所涉及的内容主要是结构良好的领域。高级学习要求学生把握概念的复杂性，并广泛而灵活地运用到具体情境中，这时所涉及的是大量结构不良领域的问题。概念的复杂性和概念实例间的差异性是结构不良领域的两个主要特点。斯皮罗认为，结构不良领域是普遍存在的，只要将知识运用到具体情境中去，就有大量的结构不良的特征，因此，在解决实际问题时，往往不能靠简单地提取出某一个概念原理，而是要通过多个概念原理以及大量的经验背景的共同作用而实现。在情境教学中，教师不是将已经准备好的内容教给学生，而是提供解决问题的原型，并指导学生探索。所以，他提倡师徒式教学、基于问题的教学、真实情境的学习等。

（三）教学观

建构主义者强调，学习是建构内在的心理表征的过程，学生并不是把知识从外界搬到记忆中，而是以已有的经验为基础，通过与外界的相互作用来建构新的理解。学生并不是空着脑袋走进教室的。学生在学习新知识时并不是一个经验的无产者，而是能够在已有知识经验的基础上，通过新旧知识经验间反复的、双向的相互作用过程建构起新的意义，从而充实、丰富和改造自己的知识经验，他们是自己知识的建构者。所以，教学不能无视学生的这些经验，另起炉灶，从外部装进新知识，而是要把学生现有的知识经验作为新知识的生长点，引导学生从原有的知识经验中生长出新知识、新经验。教学不是知识的传递，而是知识的处理和转换。教师不单是知识的呈现者，他应该重视学生自己对各种现象的理解，倾听他们的看法，洞察他们这些想法的由来，以此为根据，引导学生丰富或调整自己的理解。

综上所述，当今的建构主义者对学习和教学做了新的解释，强调知识的动态，强调学生经验世界的丰富性和差异性，强调学习的主动建构性、社会互动性和情境性。学生是自己知识的建构者，教学需要创设理想的学习环境，促进学生的自主建构活动。建构主义者以其对学习的理解为基础，对教学过程中的教学目标、教师的作用、促进教学的条件、教学方法、教学设计等问题提出了自己的观点，进而形成了建构主义的教学观。

第一，教学并非传递客观世界的知识，而是教育者根据明确的知识目标，指导和促进学生按自己的情况对新知识进行建构活动，最后建构起关于知识的意义。

第二，教师不应被看成"知识的传授者"，而应成为学生学习活动的促进者。在肯定学生的主体地位的前提下，教师应在教学活动中充分发挥主导作用。这种主导作用具体表现为教师对学生学习的促进，即教师应努力调动学生学习的积极性，激发学生学习的内外动机；教师要发挥教学活动组织者的作用，包括根据教学的具体情况在"小组学习""个人学习"和"全班讨论"等多种形式之中很好地加以组织，以及培养出一个好的"学习共同体"，创造一个良好的学习环境等；教师应当发挥"启发者""质疑者"和"示范者"的作用，教师要善于引起学生观念上的不平衡；教师应努力帮助学生获得必要的直接经验和先备知识；教师应充分注意各个学生在认识上的特殊性和差异性，以便因材施教。

第三，学生主体、实际情境、协作学习和充分的资源是促进教学的重要条件。建构主义认为：学习要以学生为中心，注意学生主体的作用，教师的作用只在于协助学生建构意义；学习情境要与实际情境相符合，因为只有在实际情境中，才能使学生接触结构不良领域的问题，才能使学生进行高级学习；学习要注重师生之间以及学生与学生之间的协作，强调讨论和合作学习；要注重教学环境的设计，为教育者提供充分的资源。

第四，强调自上而下的教学设计。传统的教学设计理论主要是以行为主义心理学，特别是斯金纳的学习理论为基础发展起来的，其基本指导思想是教学工作要通过适当的强化以控制相应的学习过程，从而获得所希望的教学结果。在教学设计上，斯金纳主张将知识分解为一个个小的单元，让学生按照一定的程序一步一步地学习，并通过这些单元知识的简单组合自下而上地获得较高层次的整体知识。加涅提出的学习的层级说也认为知识是有层次结构的，教学要从基本的子概念子技能的学习开始，逐级向上，逐渐学习到高级的知识技能。

建构主义认为，学习是学生以自身已有的知识和经验为基础的主动的建构活动，这与传统的教学设计理论中对学习的控制性原是相对立的。建构主义者批评传统的自下而上的教学设计，主张自上而下地展开教学进程，即在教学过程中，首先选择一些与学生生活经验有关的整体性的任务并呈现有关的问题，让学生尝试进行问题的解决，然后让学生独立或在小组中通过探索，自己发现完成整体任务所需首先完成的子任务，以及完成各级子任务所需的基本知识技能，在掌握这些知识技能的基础上，最终使问题得以解决。学生在教学活动中，在教师的帮助下，解决自己还不能独立解决的问题，理解"自上而下的知识"，并以自己已有的知识为基础，使之获得意义，从而把"最近发展区"变成现实的发展，这是学生学习知识经验发展的基本途径。

> **知识拓展 3-7**
>
> **建构主义指导下的课堂样例——丝绸之路**
>
> （1）教师提问：中国探索丝绸之路的起源是什么？由学生根据上网等方式查询到的材料进行分组讨论，各组代表回答。教师引出政治经济发展需求，并引出古代丝绸之路沿线的重要城市以及贸易中所传播的文化。
>
> （2）提问：丝绸之路传播了什么？通过图片、地图、文物等多媒体教学工具，学生能够直观地了解各个地区的特色文化。（小组讨论、部分代表发言、教师总结，丝绸之路不仅是一条贸易路线，更是东西方文化交流的桥梁）
>
> （3）提问：丝绸之路给中国带来了什么？让不同小组的学生扮演不同的角色，模拟古代商人的贸易活动，以加深对丝绸之路历史事件的理解，并从中体会中国通过丝绸之路获得了哪些方面的发展。
>
> （4）提问：中国通过丝绸之路给世界带来了什么？请不同组的学生分别代表中国和世界，分析自己通过丝绸之路得到了什么，并引导中国和世界应当怎样和平共处，发展经济。
>
> （5）提问：如今的"丝绸之路"是否还存在？由学生根据获取的信息分析曾经的丝绸之路和如今"丝绸之路"的相同点和不同点。
>
> （6）播放记录片《新丝绸之路》中"永远的长安"片段。京都长安是当时世界上最大的城市，也是丝绸之路的起点。由于中国文化的巨大包容性，这个城市在280多年的时间里，以大国的情怀接纳并融合了来自异域的多种文化和不同人群。

二、建构主义学习理论在教学中的应用

建构主义学习理论对学习和教学提出了自己的见解，认为知识的学习不只在于学生能够背诵多少概念、原理，更重要的是看所获得的知识的质量，看能否把知识灵活运用到各种相关的情境中。为此，在教学中，教师必须采用有效的教学策略促进高级知识的获得，其核心任务是深化学生对知识的理解。为此，建构主义学派的研究者提出许多可以运用于教育实践的理论和方法。

（一）随机通达教学

斯皮罗等人根据对高级学习的基本认识，提出了"随机通达教学"，认为对同一内容的学习要在不同时间多次进行，每次的情境都是经过改组的，而且目的不同，分别着眼于问题的不同侧面，以便学生从不同角度建构对所学知识的意义。这种教学避免抽象地谈概念的一般运用，而是把概念具体到一定的实例中，并与具体情境联系起来。每个概念的教学都要涵盖充分的实例，分别用于说明不同方面的含义，而且各实例都可能同时涉及其他概念。在这种学习中，学生可形成对概念的多角度理解，并与具体情境联系起来形成背景性经验。

(二) 支架式教学

建构主义者提出并强调支架式教学。在这种教学模式中，教师引导教学的进行，使学生掌握、建构和内化所学的知识技能，从而使他们进行更高水平的认知活动。所谓支架，就是教师的帮助。支架式教学包括三个环节。①预热：将学生引入一定的问题情境，并提供可能获得的工具。②探索：有教师为学生确立目标，用以引发情境的各种可能性，让学生进行探索尝试。在这个过程中，教师应该逐渐增加问题的探索成分，逐步让学生自己去探索。③独立探索：教师放手让学生自己决定自己探索的方向和问题，选择自己的方法，独立地进行探索。支架式教学是以维果斯基的最近发展区理论及"辅助学习"为基础而提出来的，强调通过教师的帮助（支架）将学习的任务逐渐由教师转移给学生自己，最后撤去支架，使学生达到独立学习。

(三) 认知学徒式教学

认知学徒式教学是指让学生像手工艺行业中的徒弟跟着师傅那样，在实践中进行学习，从多个角度观察、模仿专家在解决真实性问题时所外化出来的认知问题，从而获得可应用的知识和解决问题的能力。在认知学徒式教学中，教师应该经常给学生示范。然后，教师或者有经验的同辈支持学生努力地完成学习任务。最终，鼓励学生独立完成任务。

(四) 抛锚式教学

抛锚式教学也称实例式教学或基于问题的教学，要求教学内容建立在有感染力的真实事件或问题的基础上。确定这类真实事件或问题的过程被形象地比喻为"抛锚"，因为一旦这类事件或问题确定了，整个教学内容和教学过程也就确定了，整个教学内容和教学过程也就被确定了，就如同轮船被锚固定了一样。抛锚式教学环节由以下五个步骤组成：

1. 创设情境

创设有感染力的真实事件或问题情境，使学习能在与现实情况基本一致或类似的情境中发生。

2. 确定问题

在上述情境中，选择出与当前学习主题密切相关的真实事件或问题作为学习的中心内容。选择的事件或问题就是锚，这一环节的作用就是抛锚。

3. 自主学习

不是由教师直接告诉学生应如何去解决面临的问题，而是由教师提供解决该问题的有关线索，并要特别注意发展学生的自主学习能力。

4. 协作能力

开展师生间和学生彼此的讨论、交流，通过不同观点的交锋，补充、修正、加深每个学生对当前问题的理解。

5. 效果评价

抛锚式学习过程就是解决问题的过程，这一过程可以直接反映出学生的学习效果，教师可以在学习过程中随时观察并记录学生的表现。

(五) 情境性教学

建构主义者批评传统教学使学习去情境化，提倡情境性教学，认为学习应在与现实情境相类似的情境中发生，学习内容要选择真实性任务，以解决学生在现实生活中遇到的问题为目标，指导学生探索并解决问题。首先，这种教学应该使学习在与现实情境相类似的情境中发生，以解决学生在现实生活中遇到的问题为目标。学习的内容应该选择真实性的任务。他们主张弱化学科界限，强调学科间的交叉。其次，这种教学过程所需要的工具往往隐含在情境当中，教师要在课堂上展示出与现实中专家解决问题相类似的探索过程，提供解决问题的原型，并指导学生探索。最后，情境教学不要独立于教学过程中的测验，而是采用融合式测验，在学习中对具体问题的解决过程本身反映了学习的效果，也可以进行与学习过程一致的情境化的评估。

（六）教学中的社会性相互作用

建构主义者重视教学中教师与学生之间以及学生与学生之间的社会性的相互作用。他们认为，每个人都以自己的经验为背景建构对事物的理解，因此只理解到事物的不同方面，不存在对事物的唯一理解。教学要使学生超越自己的认识，看到那些与自己不同的理解，看到事物的另外侧面。应该通过合作和讨论，使他们了解彼此的见解，形成丰富的理解。在小组讨论中，学生要不断反思自己的思考过程，对各种观念加以组织和改造。通过教师与学生之间的相互作用，指导学生通过自我提问、总结、澄清和预言等步骤，监控学习过程，并建构起对所学知识的理解的教学方式。

知识拓展 3-8

建构主义在课堂中的应用实例

1. 提供具体经验以使学生建构起他们自己对概念意义的理解

（1）艺术课教师在透视画法课上，首先让学生观看各种滑道、滑坡，并展示其他学生及教师自己的作品。当学生交上自己的画后，教师将每幅画呈现在全体学生面前，并让学生讨论透视画法在每幅画中有怎样的贡献。

（2）为了帮助学生理解历史的"过程"，历史课教师让学生写下一段发生在当地的时间或现象的"历史"。他要求学生寻找各种基本的资源，与他人面谈，并将有关的结果写进作品中。

2. 在真实的学习任务中理解重要的概念

（1）二年级教师在教学生如何绘制图表时让学生绘出每天学生出勤率的图表。男生和女生的出勤情况分别记录，在图表被保留的几周里，让学生对绘图的模式进行讨论。

（2）学生在学习中学生物课时，采集当地的一条河流作为样本，进行一项生态学的研究。他们研究了河流的各种条件和有关的污染物质，并写信给当地的报纸和政治家以分享这些信息。

3. 设计课堂任务以鼓励学生相互作用

（1）当学生完成一个实验后，教师让他们口头描述他们的观察和结论。当学生出现不同意见时，教师鼓励学生对差异进行详细讨论，并指导他们作出有效的解释。

（2）英语课教师让学生通过合作学习小组讨论课堂上正在学习的文学作品。教师要求每个小组对事先准备好的问题作出回答，并与全班同学分享他们的结论。

建构主义学习理论是学习理论的一种新的发展。该理论强调学习过程中的积极主动性、对新知识的意义的建构性和创造性的理解，强调学习的社会性质，重视师生之间和学生与学生之间的社会相互作用对学习的影响，将学习分为初级学习和高级学习，强调学生通过高级学习建构网络结构知识，并在教学目标、教师作用、教学条件以及教学方法和设计等方面提出了一系列新颖而富有创见的主张，这些观点和主张对于进一步认识学习的本质，揭示学习的规律，深化教学改革都具有积极意义。建构主义学习理论是在吸收了各种学习理论观点基础上形成和发展起来的，其中一定观点的论述往往失之偏颇，甚至相互对立，这在一定程度上暴露了该理论的不足之处，有待于进一步的发展和完善。

本章提要

　　学习是个体在特定情境下由于练习或反复经验而产生的行为或行为潜能的比较持久的变化。根据学习方式、学习内容、学习内容和学生已有知识间的关系、学习水平、学习结果等维度可将学习进行不同的分类。

　　行为主义学习理论主要包括巴甫洛夫的经典性条件作用理论、华生的行为主义学习观、桑代克的尝试错误学习理论、斯金纳的操作性条件作用学习理论、班杜拉的社会学习理论。

　　巴甫洛夫认为学习就是暂时神经联系的形成。经典条件反射最著名的例子是巴甫洛夫的狗的唾液条件反射。经典条件反射的基本规律是习得（获得）、强化、消退、恢复、泛化、分化（辨别）。华生认为，有机体学习的实质就是通过建立经典性条件反射，形成刺激与反应之间联结的过程。华生的经典实验是恐惧情绪的形成实验，认为环境和教育是行为发展的唯一条件。桑代克认为，学习的实质是经过试误在刺激与反应之间形成联结，即形成 S-R 联结。桑代克的经典实验是猫的"迷笼实验"，并探索出三条学习规律：效果律、练习律和准备律。斯金纳认为，行为可以分为应答性行为和操作性行为，根据这两种行为区分出了两种条件作用，即应答性条件作用和操作性条件作用。斯金纳的经典实验是用"斯金纳箱"完成的。操作性条件作用的基本规律是正强化、负强化、逃避条件作用、回避条件作用、消退、惩罚。班杜拉认为儿童通过观察他们生活中重要人物的行为而学得社会行为，提出个体、环境和行为的交互作用观及参与性学习和替代性学习。班杜拉认为观察学习经历注意过程、保持过程、复制过程、动机过程等四个过程，这四个过程是紧密相连的。

　　认知主义学习理论主要包括格式塔学派的学习理论、托尔曼的符号学习理论、布鲁纳的发现学习理论、奥苏伯尔的认知-接受学习理论、加涅的信息加工学习理论。

　　格式塔学派强调经验和行为的整体性，其代表人物苛勒通过黑猩猩取香蕉的经典实验描述了学习过程，认为学习是对知觉经验的重新组织，是对情境关系的顿悟。格式塔学派的完形-顿悟学说的基本内容为：学习是通过顿悟过程实现的，学习的实质是在主体内部构造完形。托尔曼提出"中介变量"的概念，认为学习是有目的的、是期待的获得，是对完形的认知、是形成认知地图。托尔曼设计并进行了白鼠高架迷津方位实验。布鲁纳认为学习的实质是主动地形成认知结构，学习包括获得、转换和评价三个过程。布鲁纳指出，人类学习知识的过程就是形成表征系统并最终增长智慧的过程。个体的表征能力随着年龄而发展，表现为动作表征、形象表征、符号表征等三种不同的认知表征形式。知识学习的最佳方式是发现学习。布鲁纳认为"发现是教育儿童的主要手段"。奥苏伯尔提倡循序渐进、系统有意义的接受学习。奥苏伯尔将学习分为接受学习、发现学习及有意义学习、机械学习。提出了"先行组织者"的教学策略。加涅的学习信息加工模式认为，学习过程就是接收、编码、操作、提取和利用信息的过程，主张给学生以最充分的指导，使学习沿着仔细规定的程序进行。加涅认为，学生内部的学习过程一环接一环，形成一条链；与此相应的学习阶段，则把这些内部过程与构成教学外部事件联系起来了。

人本主义学习理论主要包括马斯洛的学习理论和罗杰斯的学习理论。马斯洛提出自我实现的需要是人格形成发展、扩充成熟的驱力。强调内在学习论，认为要依靠学生内在驱动，充分开发潜能，达到自我实现的学习。罗杰斯将"来访者中心疗法"移植到教育领域，创立了以学生为中心的教育和教学理论。他强调知情统一的教学目标、有意义的自由学习观及学生中心的教学观，认为促进学生的心理气氛的因素有真诚、无条件积极关注、同理心。

建构主义理论认为学习是学生主动建构知识意义的过程，知识的理解是学生在自己经验背景的基础上建构起来。知识是个体对现实世界建构的结果。学习是个体建构自己的知识的过程，强调学习的主动建构性、社会互动性和情境性。建构主义者以其对学习的理解为基础，对教学过程中的教学目标、教师作用、教学条件、教学方法、教学设计等问题提出了自己的观点，进而形成了建构主义的教学观。建构主义学派的研究者提出许多可以运用于教育实践的理论和方法，有随机通达教学、支架式教学、认知学徒式教学、抛锚式教学、情境性教学及教学中的社会性相互作用。

关键术语

1. 学习：是个体在特定情境下由于练习或反复经验而产生的行为或行为潜能的比较持久的变化。

2. 刺激泛化：有机体学会对某一特定的条件刺激做出条件反射以后，其他与该条件刺激相类似的刺激也能诱发相同的条件反射。

3. 刺激分化：通过选择性强化和消退使有机体学会对条件刺激、与条件刺激相类似的刺激做出不同的反应。

4. 先行组织者：是先于学习任务本身呈现的一种引导性材料，它的抽象、概括和综合水平高于学习任务，并且与认知结构中原有的观念和新的学习任务相关联。

5. 经典条件反射：一个刺激和另一个带有奖赏或惩罚的无条件刺激多次联结，可使个体学会在单独呈现该一刺激时，也能引发类似无条件反应的条件反应。

6. 习得：有机体对条件刺激和无条件刺激之间联系的获得。

7. 强化：条件刺激与无条件刺激在时间上的结合。

8. 消退：如果反应行为得不到无条件刺激的强化，即使重复条件刺激，有机体原先建立起条件反射也将会减弱并且消失。

9. 恢复：未经强化而条件反射自动重现的现象。

10. 高级条件反射：在经典性条件反射下，一旦中性刺激替代条件刺激与反应形成联结，则中性刺激可以作为条件刺激与另一个新的中性刺激反复结合，形成新的条件反射。

11. 观察学习：是指通过观察他人的行为及其后果而发生的替代性学习。

　　替代性强化：指观察者因看到榜样受强化而受到的强化。

12. 下位学习：又称为类属学习，是指将概括程度或包容范围较低的新概念或命题，归属到认知结构中原有的概括程度或包容范围较高的适当概念或命题之下，从而获得新概念或新命题的意义。

13. 上位学习：是指新概念、新命题具有较广的包容面或较高的概括水平，这时，新知识通过把一系列已有的观念包含于其下而获得意义，新学习的内容便与学生认知结构中已有观念产生了一种上位关系。

14. 组合学习：当学生新概念或新命题与认知结构中已有的观念既不产生下位关系，也不产生上位关系时，它们之间可能存在组合关系。

15. 有意义学习：是指在学习知识的过程中，符号所代表的新知识与学生认知结构中已有的适当观念建立实质性和非人为的联系的过程。

16. 接受学习：是在教师的指导下，学生接受事物意义的学习。

17. 随机通达教学：认为对同一内容的学习要在不同时间多次进行，每次的情境都是经过改组的，而且目的不同，分别着眼于问题的不同侧面，以便学生从不同角度建构对所学知识的意义。

18. 支架式教学：教师引导教学的进行，使学生掌握、建构和内化所学的知识技能，从而使他们进行更高水平的认知活动。

19. 认知学徒式教学：是指让学生像手工艺行业中的徒弟跟着师傅那样，在实践中进行学习，从多个角度观察、模仿专家在解决真实性问题时所外化出来的认知问题，从而获得可应用的知识和解决问题的能力。

20. 抛锚式教学：也称实例式教学或基于问题的教学，要求教学内容建立在有感染力的真实事件或问题的基础上，确定这类真实事件或问题的过程被形象地比喻为"抛锚"。

21. 情境性教学：认为学习应在与现实情境相类似的情境中发生，学习内容要选择真实性任务，以解决学生在现实生活中遇到的问题为目标，指导学生探索并解决问题。

习题自测：真题

一、单项选择题

1. 老师把班里的学生分为若干小组，每个小组中学生能力各异，要把他们以互助的方式开展学习活动，共同完成小组目标属于（　　）。（2024 上）

　　A. 合作学习　　　　　　　　　　B. 接受学习
　　C. 替代学习　　　　　　　　　　D. 直接学习

2. 强调教学重视学科基本结构和学生能力培养，提倡"发现学习"的教育家是（　　）。（2023 上）

　　A. 凯洛夫　　　　　　　　　　　B. 赞可夫
　　C. 布鲁纳　　　　　　　　　　　D. 罗杰斯

3. 鉴于何雷这学期各方面有明显进步，学校撤销了对他原有的警告处分。学校采用的行为矫正方法属于（　　）。（2022 下）

A. 正强化 B. 负强化
C. 正惩罚 D. 负惩罚

4. 张老师在教学中经常用奖励来激发学生动机，培养学生良好的学习习惯。张老师的这种做法符合（　　）。(2020 下)

A. 人本主义学习观 B. 行为主义学习观
C. 认知主义学习观 D. 建构主义学习观

5. 学习过程就是尝试错误的过程这一观点属于哪种学习理论？（　　）(2019 上)

A. 行为主义 B. 认知主义
C. 人本主义 D. 建构主义

6. 在心理学实验中，为了使小狗能够区分开圆形光圈和椭圆形光圈，研究者只在圆形光圈出现时才给予食物强化，而在呈现椭圆形光圈时不给予强化，那么小狗便可以学会只对圆形光圈做出反应而不理会椭圆形光圈，该过程称为（　　）。(2018 上)

A. 刺激分化 B. 刺激泛化
C. 刺激获得 D. 刺激消退

7. 小马上课时总害怕回答问题，他发现自己坐在教室后排时可减少被老师提问的次数，于是他总是坐在教室后排。下列哪种强化方式导致了小马愿意坐在教室的后排？（　　）(2017 上)

A. 正强化 B. 负强化
C. 延退强化 D. 替代强化

8. 英语老师先教学生蔬菜、水果、肉的英文单词，再教羊肉、猪肉、牛肉、胡萝卜、辣椒、西红柿、杜果、木瓜、香蕉等英文单词，并要求学生把后者放入前者的类中。这种知识学习属于（　　）。(2017 下)

A. 下位学习 B. 上位学习
C. 组合学习 D. 并列学习

9. 晓玲性格内向，平时不敢同老师讲话，遇到疑难问题也没有勇气求教。偶有一次，她向杨老师求教，杨老师耐心解答了问题，并对她的行为及时给予了表扬。经过多次这样的教学交往，晓玲学会了主动向老师请教问题。杨老师改变晓玲行为的方法属于（　　）。(2016 上)

A. 强化法 B. 自控法
C. 脱敏法 D. 放松法

10. 如果学生要学习的知识内容比较复杂，结构化程度很高，又必须在短时间内加以掌握，他们最宜采用的学习形式是（　　）。(2016 下)

A. 发现学习 B. 接受学习
C. 合作学习 D. 互动学习

11. 董老师总是希望在课堂上尽可能地满足学生爱与被爱的需要。董老师的做法体现了哪种课堂取向？（　　）(2015 下)

A. 建构取向 B. 行为取向
C. 认知取向 D. 人本取向

二、辨析题

1. 接受学习一定是有意义学习。(2017 上)

2. 负强化和惩罚在本质上是相同的。（2017 下）
3. 行为改变都是学习的结果。（2016 下）
4. 程序教学是合作学习的一种重要形式。（2015 下）

三、简答题

1. 人本主义学习理论的基本观点。（2024 上）
2. 简述布鲁纳认知结构学习说的主要观点。（2023 下）
3. 简述建构主义学习理论。（2021 上）
4. 加涅将学习结果分为哪几类？（2018 上）
5. 简述建构主义学习理论的知识观、学习观、学生观。（2017 下）
6. 简述维果斯基的心理发展理论。（2016 上）

第三章
真题参考答案

习题自测：练习题

一、单项选择题

1. 以下心理现象中，属于学习的是（　　）。
   A. 虫子飞进眼睛时，不停地眨眼　　B. 鹦鹉学舌
   C. 小明经常上课走神　　D. 喝完咖啡后精神好多了
2. 加涅按照学习结果把学习分为（　　）。
   A. 信号学习、概念学习、规则的学习、连锁学习、辨别学习
   B. 言语信息学习、智慧技能的学习、认知策略的学习、态度学习、运动技能的学习
   C. 认知学习、情感学习、动作技能学习
   D. 有意义学习、接受学习、机械学习、发现学习
3. 某教师对喜欢打小报告学生采取故意不理会方式，这是一种（　　）。
   A. 正强化　　B. 负强化
   C. 惩罚　　D. 消退
4. 小老鼠通过尝试和错误进行的"迷宫"问题解决属于（　　）。
   A. 独立的发现学习　　B. 有指导的发现学习
   C. 有意义学习　　D. 接受学习
5. 以下几位哪一个是联结派的代表人物（　　）。
   A. 斯金纳　　B. 托尔曼
   C. 皮亚杰　　D. 布鲁纳
6. 首先打出行为主义心理学旗帜的是（　　）。
   A. 巴甫洛夫　　B. 斯金纳
   C. 桑代克　　D. 华生
7. 观察学习理论是由（　　）提出来的。
   A. 桑代克　　B. 奥苏伯尔
   C. 苛勒　　D. 班杜拉
8. 以下哪一条学习规律不是巴甫洛夫提出的？（　　）
   A. 习得律　　B. 效果律

C. 消退律 D. 泛化律

9. 乘坐巴士会晕车的人，乘船、火车等也有类似反应，这是（　　）。
   A. 条件反射的消退 B. 条件反射的泛化
   C. 条件反射的分化 D. 条件反射的习得

10. 当条件反射形成后，对引起条件反射泛化的类似刺激不予强化，使类似的不同的刺激被辨别出来，这是条件作用的（　　）。
    A. 强化 B. 消退
    C. 分化 D. 习得

11. 以下哪一个不是桑代克总结的学习原则？（　　）
    A. 准备律 B. 习得律
    C. 练习律 D. 效果律

12. 孩子哭闹要买玩具，母亲对其不予理睬，这是（　　）。
    A. 正强化 B. 负强化
    C. 惩罚 D. 消退

13. 下大雨的时候，小王被雨淋到，他迅速跑回家，发现自己并没有淋得很湿，以后每当下雨小王都跑得很快。这是（　　）。
    A. 条件反射 B. 逃避条件作用
    C. 回避条件作用 D. 顿悟

14. 古时候对"戴罪立功"的犯人一般会"从轻发落"，这种"从轻发落"是（　　）。
    A. 消退 B. 惩罚
    C. 强化 D. 分化

15. 程序性教学实际上是（　　）理论在实践中的运用。
    A. 学习的操作性条件作用 B. 观察学习
    C. 认知学习 D. 认知同化

16. 班杜拉总结的学习过程的四个环节是（　　）。
    A. 注意—再现—模仿—练习 B. 注意—保持—再现—动机
    C. 观察—模仿—练习—巩固 D. 观察—练习—保持—动机

17. 班杜拉认为个体进行观察学习时，影响其注意的因素不包含（　　）。
    A. 观察者自身特点 B. 榜样行为的特征
    C. 榜样自身的外部特征 D. 个体与榜样的关系

18. 小陈会抽烟，周围的同学都觉得很神奇，于是小李也学会抽烟，但是回到家，小李在爸爸面前从来不抽烟。可见，小李学习中的动机过程属于（　　）。
    A. 正强化 B. 负强化
    C. 自我强化 D. 替代强化

19. 以下心理学家不属于认知心理学派的是（　　）。
    A. 苛勒 B. 魏特海默
    C. 布鲁纳 D. 斯特菲

20. 以下心理学家及其理论匹配不正确的一项是（　　）。
    A. 奥苏伯尔——认知发现说 B. 苛勒——完形顿悟说
    C. 托尔曼——认知目的说 D. 加涅——信息加工理论

21. 苛勒在研究黑猩猩的学习时采用的实验是（　　）。
    A. 迷箱实验　　　　　　　　　　B. 迷津实验
    C. 叠箱实验　　　　　　　　　　D. "三座山"实验

22. 格式塔派提出的学习的公式是（　　）。
    A. S-R　　　　　　　　　　　　B. S-O-R
    C. S-O-O-R　　　　　　　　　　D. S-S

23. "认知地图"的概念是由（　　）提出来的。
    A. 皮亚杰　　　　　　　　　　　B. 考夫卡
    C. 班杜拉　　　　　　　　　　　D. 托尔曼

24. 布鲁纳是（　　）学习观的代表人物。
    A. 结构主义　　　　　　　　　　B. 建构主义
    C. 行为主义　　　　　　　　　　D. 要素主义

25. 布鲁纳认为学生掌握学科的基本结构的最好方法是（　　）。
    A. 建构法　　　　　　　　　　　B. 发现法
    C. 顿悟法　　　　　　　　　　　D. 接受法

26. 加涅信息加工系统中的第二级是（　　）。
    A. 感受器　　　　　　　　　　　B. 感觉登记
    C. 短时记忆　　　　　　　　　　D. 长时记忆

27. 儿童有了改正错误行为的表现，家长取消限制其玩游戏的禁令，这属于（　　）。
    A. 消退　　　　　　　　　　　　B. 惩罚
    C. 泛化　　　　　　　　　　　　D. 负强化

28. 要使信息从短时记忆进入长时记忆，必须经过（　　）。
    A. 编码　　　　　　　　　　　　B. 检索
    C. 复述　　　　　　　　　　　　D. 提取

29. 桑代克后期把练习律看成效果律的附律的原因是（　　）。
    A. 练习只能为奖励提供机会　　　B. 光有练习而无奖励不能导致学习的进步
    C. 无休止的练习易产生疲劳　　　D. 缺乏正确指导的练习易形成错误习惯

30. 每一位学习者在面对新的信息时，总是在自己的先前经验的基础上，以其特殊的方式来获得对新信息、新问题的理解，从而形成个人的意义，这属于（　　）的主张。
    A. 人本主义学习观　　　　　　　B. 操作强化学习理论
    C. 观察学习理论　　　　　　　　D. 建构主义学生观

31. 建构主义的理论流派中，在皮亚杰的思想之上发展起来的是（　　）。
    A. 社会建构主义　　　　　　　　B. 激进建构主义
    C. 信息加工建构主义　　　　　　D. 社会文化建构主义

32. 社会学习理论认为人类学习的实质应当是（　　）。
    A. 操作性学习　　　　　　　　　B. 有意义学习
    C. "自我"的形成　　　　　　　　D. 观察学习

33. 建构主义学习观中，教师的角色是（　　）。
    A. 学生的指导者　　　　　　　　B. 学习的设计者
    C. 学生的合作者　　　　　　　　D. 教学的决策者

34. 奥苏伯尔根据学习进行的方式把学习分为（　　）。
   A. 知识学习和技能学习　　　　B. 接受学习和发现学习
   C. 概念学习和有意义学习　　　D. 机械学习和有意义学习

35. 有关建构主义和认知主义的区别，表述正确的一项是（　　）。
   A. 认知主义者把教师看成学生学习的设计者，而建构主义者把教师看成学生的帮助者
   B. 认知主义者强调知识的主观性，建构主义强调知识的客观恒久性
   C. 对于知识的运用，认知主义者强调其应用的普遍性，建构主义强调其情景性
   D. 对于学习，认知主义强调学生的个体经验，建构主义强调知识本身的权威

36. 以下选项不属于学习现象的是（　　）。
   A. 模仿　　　　　　　　　　　B. 视觉适应
   C. 经典条件反射　　　　　　　D. 操作条件反射

37. 美国心理学家（　　）根据学习的结果，把教育目标分为三类：认知、情感和动作技能。
   A. 奥苏伯尔　　　　　　　　　B. 布卢姆
   C. 加涅　　　　　　　　　　　D. 桑代克

38. 在实际的教育和教学过程中，引导学生分辨勇敢和鲁莽、谦让和退缩，要求学生区别重力和压力、质量和重量等，需要对刺激进行（　　）。
   A. 分化　　　　　　　　　　　B. 消退
   C. 泛化　　　　　　　　　　　D. 撤销

39. 根据学习的定义，属于学习现象的是（　　）。
   ①膝跳反射　②谈梅生津　③蜘蛛织网　④儿童模仿成人的行为
   A. ①②　　　　　　　　　　　B. ①④
   C. ②③　　　　　　　　　　　D. ②④

40. 下列属于学习现象的是（　　）。
   A. 婴儿吸奶　　　　　　　　　B. 鸭子游水
   C. 学生每天做广播操　　　　　D. 猴子骑自行车

41. 下列关于学习的实质表述正确的是（　　）。
   A. 学习的结果仅表现为个体行为的变化
   B. 广义的学习，专指人的学习
   C. 学习是在意识水平上进行的，不存在无意识水平的学习
   D. 学习是一种适应性活动

42. 认知心理学划分机械学习与有意义学习的主要依据是（　　）。
   A. 新旧知识间是否建立非人为的实质性联系
   B. 学生是否主动学习，反复练习
   C. 要学习的主要内容是教师呈现还是由学生发现
   D. 学习的目的是解决问题还是获得知识

43. 学习者利用原有知识经验进行新的学习，建立新旧知识的联系，这种学习是（　　）。
   A. 有意义学习　　　　　　　　B. 机械学习
   C. 信号学习　　　　　　　　　D. 发现学习

44. 学生借助于教师提供的结构图来弄清概念之间的关系。按照奥苏伯尔的学习分类理论，这种学习属于（　　）。

  A. 机械的接受学习　　　　　　　　B. 有意义的接受学习

  C. 机械的发现学习　　　　　　　　D. 有意义的发现学习

45. "知识并不是对现实世界的绝对正确的表征，而只是一种关于各种现象的较为可靠的解释或假设。"持这种知识观的是（　　）。

  A. 建构主义学习理论　　　　　　　B. 信息加工学习理论

  C. 符号学习理论　　　　　　　　　D. 生成学习理论

46. 教师不是传递客观而确定的现成知识，而是激发出学生原有的知识经验，促进知识经验的"生长"，促进学生的知识建构活动，以促成知识经验的重新组织、转换和改造。持上述教学观的理论流派是（　　）。

  A. 行为主义　　　　　　　　　　　B. 存在主义

  C. 建构主义　　　　　　　　　　　D. 人本主义

47. 教学并不是把知识经验从外部装到学生的头脑中，而是要引导学生从原有的经验出发，"生长"起新的经验。持这种观点的是（　　）。

  A. 认知学习理论　　　　　　　　　B. 折中主义学习理论

  C. 人本主义学习理论　　　　　　　D. 建构主义学习理论

48. 乘校车时，系好安全带可中止提示噪声，这种强化属于（　　）。

  A. 负强化　　　　　　　　　　　　B. 正强化

  C. 替代强化　　　　　　　　　　　D. 自我强化

49. 强调知识的动态性、学生经验世界的丰富性和差异性、学习的情景性，实现知识经验的重新转换、改造。这些观点符合（　　）。

  A. 建构主义理论　　　　　　　　　B. 人本主义理论

  C. 精神分析理论　　　　　　　　　D. 行为主义理论

50. 以下不属于联结学习理论的观点是（　　）。

  A. 学习的实质是形成刺激与反应的联结

  B. 联结需要通过试误而建立

  C. 原有知识结构对学习十分重要

  D. 学习的成效影响后继学习

二、辨析题

1. 负强化就是运用惩罚排除不良行为的过程。

2. 在有意义学习中，学生认知结构中原有的适当观念起着关键作用。

3. 接受学习不可能是有意义学习。

4. 只要个体行为或行为潜能发生了变化，就可以认为个体进行了学习。

5. 学生学习的根本特点在于它是接受前人经验，是一种接受学习。

6. 认知学习理论认为，一切学习都是通过条件作用，在刺激 S 和反应 R 之间建立直接联结的过程。

7. 桑代克认为刺激 S 和反应 R 之间联结的增强和削弱取决于学习者的心理调节和心理准备。

8. 斯金纳把人和动物的行为分为两大类：应答性行为和操作性行为。

9. 斯金纳认为学生听到上课铃声后迅速安静坐好的行为是操作行为。
10. 刺激泛化与刺激分化是互补过程。
11. 按照操作条件反射的观点，行为之所以发生变化的条件是模仿。
12. 正强化与负强化的作用都是降低同类反应在将来发生的概率。
13. 孩子每次按时上课均表扬的效果优于偶尔对孩子表扬的效果。
14. 惩罚是通过消除厌恶刺激来增加反应在将来发生的频率。
15. 当学生为了引起教师注意而表现不当行为时，教师可采用不理睬的方式处理。
16. 作为教师，应该慎重使用惩罚，因为惩罚只能让学生明白什么不能做，但并不能让学生知道什么能做，应该怎么做。
17. 负强化的实质就是惩罚。
18. 负强化是运用惩罚排除不良行为的过程。
19. "上行下效，耳濡目染"是班杜拉所强调的观察学习的具体体现。
20. 小李看到同学小周努力学习取得好成绩得到老师表扬，因此暗地决定要好好学习，这是个自我强化的过程。
21. 社会学习理论认为，人类学习的实质应当是操作性学习。
22. 在学习过程中，学生并没有学到的直接的外在强化，可通过观察他人而受到某种强化，从而在自己身上也产生了类似于强化的结果，这种现象为自我强化。
23. 提出学习"顿悟说"的学者是罗杰斯。
24. 顿悟学习的实质是在主体内部构建一种心理完形。
25. 美国教育心理学家奥苏伯尔认为学习主要是有意义的接受学习。
26. 学生学习是一种有意义的学习，它不仅是再现、继承知识，更是向未知领域进军、不断探索的过程。

三、简答题

1. 简述桑代克的学习理论。
2. 简述建构主义学习观的主要观点。
3. 结合教学实际，论述建构主义的学生观。
4. 试述加涅关于学习结果的划分与新课改三维目标的关系。

四、材料分析题

这一周，唐老师想在他的初一数学课上尝试一种新的教学方法。上课开始时，他让班级数学成绩一贯很好的李娜在黑板上解一道比较难的数学题，以给同学们演示她是如何解决问题的。李娜不负众望，认真解题。但与此同时，张强同学一直在和他邻座的同学说话，破坏班级秩序，而且越来越多的同学开始讲话。唐老师已经警告过张强一次，可是他仍然与别人说笑。唐老师为了不让他打扰李娜的演示和同学们的思考，就把他带到楼道进行隔离，让他反思一下自己的行为。一会儿，李娜解完题，唐老师表扬了她。当唐老师问还有没有其他同学愿意在黑板上解题时，许多同学都举起了手。

（1）试用行为主义学习理论分析评价唐老师对张强同学课堂不良行为的处理。

（2）请用社会学习理论分析唐老师尝试的新的教学方法。

（3）用所学的相关学习理论分析为什么有许多同学都愿意在黑板上解题。

第三章
练习题参考答案

第四章

学习动机

知识框架

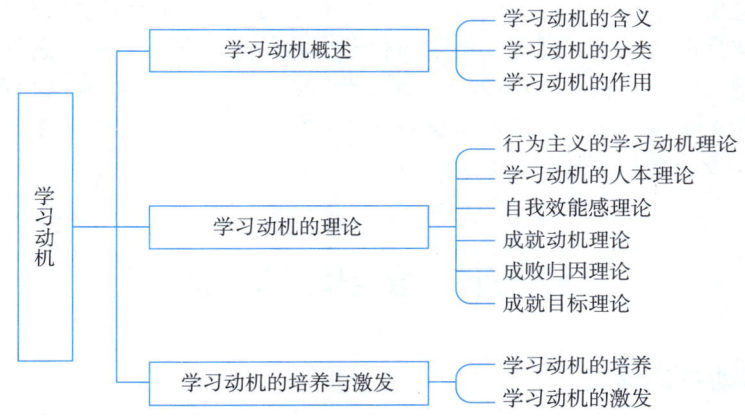

学习目标

1. 理解学习动机的含义、分类、作用，以及行为主义学习理论、人本主义学习理论、成就动机理论。
2. 说出学习动机与学习效果的关系。
3. 理解学习动机的自我效能理论、成败归因理论、成就目标理论。
4. 说出激发与培养学习动机的方法。

案例导学

刘月是一个争强好胜的学生。她在学习上很努力，每次老师宣布成绩后她都希望自己的成绩比其他同学好。她常常和其他同学比，总想超过他们。如果哪次别人比她考得好，她心里就会不舒服。当她比别人考得好时，她就会非常兴奋。李刚和刘月不同，他的学习成绩也不错，但是他对课程中的内容更感兴趣，希望自己能够真正掌握老师所讲授的知识。课下他会主动找老师问问题，也会自己找一些书籍来阅读。尤其是对于数学，他经常找一些深奥的题目去做，在解决的过程中体验到一种成就感。

班主任李老师鼓励学生之间相互竞争，要求每个同学都要树立一个竞争对手或学习的榜样，并努力赶超别人。的确，同学之间的竞争对学习成绩的提高有促进作用。这个班的学生之间你追我赶，尤其是一些学习成绩不错的学生，对成绩就看得十分重要，每次考试后都唯恐自己输给了别人。但是，李老师也发现，一些好学生为了取得高分开始对分数斤斤计较，有时候买了有价值的参考资料藏起来不想让别人知道，考试前也总担心自己失败。

动机过大会造成反效应，学习动机过强是不是也会造成反效应呢？什么类型的学习动机更合理？学完本章内容，确定符合自己实际的学习动机。

为什么考试临近，一些学生不专心复习功课而跑去参加聚会？为什么很多学生要把功课拖到最后一刻？为什么有些学生明知学习关系到自己的未来，却仍然沉迷于网络、游戏而浪费宝贵的学习时间，而有些学生则总是孜孜不倦地学习，让教师和家长深感欣慰？是什么造成了这两类学生的不同呢？学生学习动机、兴趣以及学习时的注意状态是影响学生学习效果的最直接因素。学生必须先有志于学，有学习愿望，决心把愿望付诸行动，形成一种激励、驱策自己的力量，然后才有学习行动，开始确定学习目的，选择学习途径、方法，进而执行学习行动，在学习中克服外部困难和内心障碍，有效地控制自己的注意力、情绪和心境，端正学习态度，才能取得良好的学习效果。因此，研究学生学习的动机，是教育心理学的任务，也是教师的任务。

第一节 学习动机概述

一、学习动机的含义

所谓动机，是一种由需要推动的达到一定目标的行为动力。它是用来说明有机体为什么做出这样或那样行为的原因，即活动的内部动力，而不是解释怎样完成行为的问题。从动机和行为的关系来看，动机的作用包括：唤起个体的行为；引导行为朝向一定的目标；维持、增强或减弱行为的强度。例如，饥饿会引起个体寻求食物的行为，如果找不到食物，从寻求食物的行为就会持续下去，食物是所要追求的目标，动机作用体现在从寻求食物的"需要"到"需要"得到满足的过程中，推动寻求食物行为进而达到目标的内部动力。

人的各种活动，都是由一定的动机所引起的。学生的学习也总是为一定的学习动机所支配的。学习动机是指激发个体进行学习活动，维持已经引起的学习活动，并致使个体的学习活动朝向一定的学习目标的一种内部启动机制。学习动机是直接推动学生学习的一种内部动力。它是一种学习的需要，这种需要是社会和教育对学生学习的客观要求在学生头脑里的反映；它表现为学习的意向、愿望或兴趣等形式，对学习起着推动作用。

学习动机作为一种内在的心理历程，无法直接观测，我们只能通过可观测的一些外显行为作为评价学生学习动机的指标。通常用来评价学习动机的指标有任务选择、努力、坚持性以及学习成绩。

1. 任务选择

如果我们给学生自主选择的权力，让他们可以自由决定从事何种活动，那么从学生选择的活动就可以看出其兴趣所在,因而可以了解其内在动机的指向性。通过任务选择来了解学生的兴趣与动机看起来是一个简便易行的方法,但在实际的课堂教学中却不容易推行,因为在大多数课堂里,学生通常是没什么选择机会的。

2. 努力

我们常听到教师和家长报怨学生不够努力,意在批评他们缺乏动机。一个受动机激励的学生,会很努力地学习。由于学习活动具有一定的难度,学生需要付出很大的努力才能取得成功,因此努力对学生的学习具有重要影响。但是什么是努力?对大多数教师和家长来说,如果看到学生一直埋头学习,就会认为学生很努力并因此而感到满意。事实上,努力不仅仅是时间的投入,如果出工不出力,时间的投入就是一种浪费。对不同的活动来说,努力的形式也是不一样的,对于体育技能的学习来说,努力是身体上的,通过不断地训练提高运动水平。对于学术性学习活动来说,努力是认知上的,是学生是否乐于运用各种认知资源和学习策略来解决问题。但是也应该注意到,用努力作为评价学生的学习动机指标时,会受到学生自身能力水平的限制。能力水平很高的学生只要付出很少的努力就可以完成学习任务,我们不能因此而认为其学习动机水平较低。

3. 坚持性

当学生在学习过程中遇到困难时,是轻易放弃还是锲而不舍反映了学生学习动机的强弱。一般来说,缺乏学习动机的学生遇到困难时较容易放弃,而受动机激励的学生则会坚持下去,因此坚持性被认为是值得提倡的重要学习品质。但我们也要注意到盲目坚持的弊端,如果思考或解决问题时出现了方向性错误,此时再坚持下去,无疑是有害而无益的,因此学生必须懂得适时地放弃。

4. 学习成绩

学生的学习成绩也可以看作动机的一个间接指标。当一个学生对学习活动很投入,花很多时间和精力去钻研,遇到困难时能够坚持下去,可以想见,他应该取得不错的学习成绩。事实也是如此,许多研究表明,学生的学习成绩与任务选择、努力以及坚持性有显著的正相关。

二、学习动机的分类

学习中的动机是复杂而多样的。根据心理学研究材料和调查材料,学生的学习动机大致有如下的内容:实现家长的要求,为了报答父母,履行教师的要求,为了将来好工作,对学习活动或对某一学科感兴趣,希望受到别人的鼓励或避免责备,对集体的责任感、荣誉感和对社会建设的向往,为了个人的前途、名誉、地位等。对教师来说,对学生学习动机进行了解和分类,有利于进一步培养和激发学生的学习动机,以提高其学习的积极性。因此,有必要也必须对学生的学习动机进行分类。根据国内外心理学家的研究,学习动机可以从以下几方面进行分类:

(一) 根据学习动机的内外维度分类

根据学习动机的动力来源分类,可分为内部动机和外部动机。内部动机是指人们对学习本身的兴趣所引起的动机,动机的满足在活动之内,不在活动之外,它不需要外界的诱因、惩罚来使行动指向目标,行动本身就是一种动力。学习需要、求知欲、学习兴趣等内

在心理因素是诱发内部动机的主要成分，学习活动本身就能使其获得满足，不需要外部的报酬，如有的学生喜爱数学，他课上认真听讲，课下刻苦钻研。外部动机是指由学习活动或学习者以外的客观因素激发下所引起的动机。它是由外部的一些刺激，人为地影响学习者产生的一种学习动力。表扬、奖赏、评分、竞赛等都是教育工作中常用的激起外部动机的诱因。

内部动机和外部动机影响学生是否去持续掌握他们学习知识的行为。具有内部动机的学生能在学习活动中得到满足，他们积极地参与学习过程，而且在教师评估之前能对自己的学业表现有所了解，他们具有好奇心，喜欢挑战，在解决问题时具有独立性；而具有外部动机的学生一旦达到了目的，学习动机便会下降。另外，为了达到目标，他们往往采取避免失败的做法，或者选择没有挑战性的任务，或者一旦失败便一蹶不振。

（二）根据动机行为与目标的远近关系分类

根据动机行为与目标的远近关系划分，可把学习动机区分为间接的远景动机和直接的近景动机。所谓近景动机，是指与近期目标相联系的一类动机。这类学习动机与学习活动直接联系，是由对学习的直接兴趣、对学习活动的直接结果的追求所引起的。比如，有的学生认为"数学课能训练人多动脑筋"而爱学数学；有的学生感到"祖国语言的丰富多彩"而愿意学语文；有的学生为了应付教师的检查提问而努力学习，等等。这类动机比较具体，且有实际效能，但作用较为短暂而不稳定，容易随情境的变化而改变。

所谓远景动机，是指动机行为与长远目标相联系的一类动机。这是与学生对学习意义的认识，与学生有无远大志向（如崇高的理想，或个人主义的目的），与他们的世界观有密切关系的动机。这类动机一旦形成，就具有较大的稳定性和持久性，不易为情境中的偶然因素所改变，能在较长时间内起作用。

上述两类动机是相互联系、互为补充的。两者有机的结合，才能成为推动学生努力学习的巨大动力。这种分类法，对于开展学习动机的研究、对于分析学生各种形式学习动机的作用，以及对调动学生学习的积极性都是有帮助的。但是切忌把这两类动机的划分绝对化，因为很难说直接的近景动机一定与学生的社会意识或社会要求不发生联系，也不能说间接的远景动机不需要直接动机的补充和支持。

（三）根据学习动机的成分分类

在学校情境中，学生的学习动机集中反映为成就动机。成就动机指个人愿意去做、去完成自认为重要或有价值的工作，并力求达到完美地步的一种内在推动力量，也就是个体追求成就、希望获得成功的动机。成就动机主要由三方面的内驱力组成，即认知内驱力、自我提高的内驱力和附属内驱力。这三种内驱力就是学习需要的三个组成因素，也就是说，个体内部至少有这三种需要是指向学习的。

1. 认知内驱力

认知内驱力是一种要求理解事物、掌握知识、系统地阐述并解决问题的需要。它以求知为目标，以获得知识为满足。这种内驱力主要是从人类原始的好奇心和探究欲中派生而来的。这种内驱力是最稳定的一种学习需要，是一种内部学习动机。

2. 自我提高的内驱力

自我提高的内驱力指个体通过自己的能力或学业成就而获得相应地位和威望的需要。

它使学生把学习行为指向当前学校学习中可能取得的成就,以及在此基础上将自己的行为指向未来的成就和地位。这种内驱力不是直接指向学习任务本身,而是把学业成就看作赢得地位和自尊的根源。成就的大小决定自己所赢得地位的高低,同时又决定着自尊需要的满足与否。这是一种间接的学习需要,属于外部动机。在学习过程中,认知内驱力(即内部动机)固然重要,但自我提高的内驱力(即外部动机)也是必不可少的。

3. 附属内驱力

附属内驱力又称交往的内驱力,指个体为了获得长者(如教师、家长等)的赞许和同伴的接纳而表现出来的把工作、学习搞好的一种需要。它既不直接指向学习任务本身,也不把学业成就看作赢得地位的手段,而是为了从长者或同伴那里获得赞许和接纳。这说明学生对长者和同伴在感情上具有依赖性。这也是一种外部动机。

成就动机的三个组成部分在动机结构中所占的比重不是一成不变的,而是随着年龄、性别、个性特征、社会地位和文化背景等因素的变化而变化。在儿童早期,附属内驱力最为突出,他们努力学习获得学业成就,主要是为了实现家长的期待,并得到家长的赞许。到儿童后期和少年期,附属内驱力的强度有所减弱,而来自同伴、集体的赞许和认可逐渐替代了对长者的依附。在这期间,为赢得同伴的赞许就成了一个强有力的动机因素。到了青年期,认知内驱力和自我提高内驱力成为学生学习的主要动机,学生学习的主要目的在于满足自己的求知需要,并从中获得相应的地位和威望。

> **知识拓展 4-1**
>
> **为中华之崛起而读书**
>
> 12岁那年,周恩来离开家乡,来到了东北。当时的东北,是帝国主义列强在华争夺的焦点。他在沈阳下了车,前来接他的伯父指着一片繁华、热闹的地方,对他说:"没事可不要到那个地方去玩啊!""为什么?"周恩来不解地问。"那是外国租界地,惹出麻烦来可就糟了,没处说理去!""那又是为什么呢?"周恩来打破砂锅问到底。"为什么?中华不振啊!"伯父叹了口气,没有再说什么。
>
> 不久,周恩来进了东关模范学校读书。他始终忘不了大伯接他时说的话,经常想:"租界地是什么样的?为什么中国人不能去那儿,而外国人却可以住在那里?这不是中国的土地吗……"一连串的问题使周恩来迷惑不解,好奇心驱使着他,一定要亲自去探个究竟。
>
> 一个风和日丽的星期天,周恩来背着大伯,约了一个要好的同学闯进了租界。嘿!这一带果真和别处大不相同:一条条街道灯红酒绿,热闹非凡,街道两旁行走的大多是黄头发、白皮肤、大鼻子的外国人和耀武扬威的巡警。
>
> 正当周恩来和同学左顾右盼时,忽然发现巡警局门前围着一群人,正大声吵嚷着什么。他们急忙奔了过去,只见人群中有个衣衫褴褛的妇女正在哭诉着什么,一个大个子洋人则得意扬扬地站在一旁。一问才知道,这个妇女的亲人被洋人的汽车轧死了,她原指望中国的巡警局能给她撑腰,惩处这个洋人,谁知中国巡警不但不惩处肇事的洋人,反而把她训斥了一通。围观的中国人都紧握着拳头,但是,在外国租界地里,谁又敢怎么样呢?只能劝劝那个不幸的妇女。这时周恩来才真正体会到伯父说的"中华不振"的含义。

从租界地回来以后，同学们常常看到周恩来一个人在沉思，谁也不清楚他究竟在想什么。直到在一次修身课上，听了周恩来的发言才解开了这个谜。

那天修身课上，魏校长向同学们提出一个问题："请问诸生为什么而读书？"同学们踊跃回答。有的说："为明理而读书。"有的说："为做官而读书。"也有的说："为挣钱而读书。""为吃饭而读书"……周恩来一直静静地坐在那里，没有抢着发言。魏校长注意到了，打手势让大家静下来，点名让他回答。周恩来站了起来，清晰而坚定地回答道："为中华之崛起而读书！"魏校长听了为之一振！他怎么也没想到，一个十二三岁的孩子，竟有如此抱负和胸怀！他睁大眼睛又追问了一句："你再说一遍，为什么而读书？"

"为中华之崛起而读书！"

周恩来铿锵有力的话语，博得了魏校长的喝彩："好哇！为中华之崛起！有志者当效周生啊！"是的，少年周恩来在那时就已经认识到，中国人要想不受帝国主义欺凌，就要振兴中华。读书，就要以此为目标。

由于学生的学习动机是在不同的生活条件和教育影响下形成的，因而不同的学生有不同的学习动机；甚至同一个学生，支配其学习活动的动机也不止一个。了解学生的学习动机是一项不很容易的工作，困难不仅在于学习动机的内容与表现形式复杂多样，也在于学生自己意识到的学习动机和他所说出来的动机，跟实际上在起作用的动机有时是不一致的。因此，应当采用多种方法与途径，特别要根据学生对学习任务的认识、学习的积极性以及各种行动表现来作出判断。

三、学习动机的作用

学习动机的作用是指在学习活动的开始、进行和完成的全过程中，与学习动机有关的各因素的作用及其相互关系，以及学习效果对学习动机、学习活动的反馈作用。

（一）学习动机成为直接推动学生学习行为的内部动力

研究表明，在中小学学生中，具有强烈而自觉的学习动机的学生，一般都能专心听讲，认真而仔细地完成作业或做笔记（中学生），遇到困难时表现出极大的自制力和顽强精神；而学习动机不端正、动机水平低的学生，对待学习的态度比较被动，遇到困难与障碍时不能坚持学习，克服困难的信心与决心较差。所以在某种意义上说，学习的态度（即对学习是否持有认真、紧张、主动而顽强的态度）和学习的积极性是学习动机的具体表现。当然，同一种动机可能会产生不同的行为及结果，而相同的行为与结果也可能源于不同的动机。

（二）动机与学习之间的关系通常是互为因果关系

学习动机可以促进学习，而学到的知识反过来可以增强学习动机。因此，在某些学生还没有学习愿望和学习兴趣（动机）之前，教师不必组织专门的活动进行学习动机的教育和培养，可以通过改进教学方法，帮助学生获得良好的学习成绩，依靠学习成功的结果增强学生的学习动机，以成功来培养成功。

（三）动机强度影响学习的效果

学习动机是学习活动得以发动、维持、完成的重要条件，并由此影响学习效果，然而学习动机作用的强度与学习效率的关系并不是完全一致的简单联系。一般来讲，学习动机的作用越强烈，学习积极性越高，学习的潜能越能发挥，学习的效率也越高，但当学习动机达到一定程度后，学习动机越强效果反而下降。那么，动机作用处在何种强度才能使学习效率达到最佳水平呢？耶克斯-多德森定律表明了两者之间的关系（见图4-1）：总体而言，学习效率和学习动机之间的关系呈倒U形，即在动机水平不是特别高的时候，随着学习动机水平的提高，学习效率越好；而当达到一定程度的学习动机时，随着动机的继续加强学习效率反而降低。另外，不同难度的任务需要的动机水平不同。容易的任务，学习效率随着动机作用的增强而提高；增加任务的难度，动机强度越大，学习效率越低。

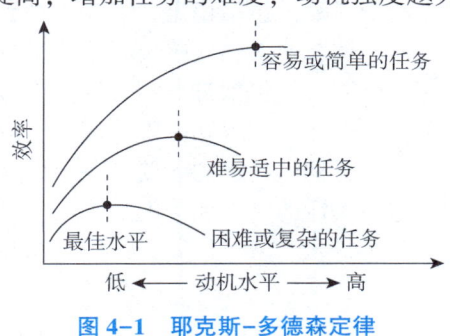

图4-1　耶克斯-多德森定律

第二节　学习动机的理论

一、行为主义的学习动机理论

行为主义学习心理学家主要研究条件反射，包括巴甫洛夫的经典条件反射和斯金纳的操作条件反射，桑代克的尝试错误学习实际上是斯金纳的操作条件反射的一种形式。在条件反射理论中暗含了两种动机理论，即驱力说和强化说。

在巴甫洛夫经典条件反应实验中，研究人员为了让从事学习的动物（如狗）增强学习的动机，必须让动物处于某种程度的饥饿状态，如在24小时内剥夺狗的进食。饥饿使动物保持对外界环境刺激变化的警觉，注视预示着食物即将到来的信号（条件刺激）。这样，条件反射易于形成。

在经典条件反射理论中，暗含的动机理论是驱力说，也称内驱力说。这一理论假定，机体需要的剥夺产生内部刺激，这种内部刺激形成驱力（drive，也译成内驱力），驱使有机体产生并维持降低驱力的活动。该活动导致需要满足，立即便停止。这一理论可以解释动物的训练，但是很难解释人类的学习。

在操作条件反射理论中暗含的动机理论是强化说。斯金纳认为，有机体有两种行为：一是应答行为，如在经典条件反射中，有机体对条件刺激所作的应答反应。另一种行为是操作行为，这些行为是有机体自发产生的，强化可以使人在学习过程中增强某种反应重复可能性的力量，即通过强化可以增强刺激与反应之间的联结。因此，任何学习行为都是为了获得某种奖赏。因此，在学习活动中，采取各种外部手段如奖赏、赞扬、评分、等级、竞赛等，都可以激发学生的学习动机。

二、学习动机的人本理论

(一) 马斯洛需要层次理论

众多的动机理论中,马斯洛的需要层次说(或自我实现理论)有广泛的影响。他在解释动机时,特别强调需要的作用,认为人类所有的行为都是起源于我们的需要。马斯洛认为,人类有七种基本的需要。它们由低到高依次排列成一定的层次(见图4-2),即:①生理需要,这是人的需要层次中最基本的需要,如对食物、水、空气、睡眠等的需要;②安全需要,指避免危险和生活有保障,包括稳定、安全、受到保护、免除恐惧和焦虑等的需要;③归属和爱的需要,即个体与他人建立感情联系,受到接纳,有所归依,如结交朋友、追求爱情等的需要;④尊重需要,包括自尊和受到他人尊重,如胜任工作,得到赞许和认可的需要;⑤认知需要,指求知、理解和探索等需要;⑥审美需要,指对秩序和美的需要;⑦自我实现的需要,这是一种最高级的需要,一个人变成他能变成的样子就是自我实现。它有两方面的含义:完整人性的实现和个人潜能的实现。因此,自我实现是一种重要的学习动机。

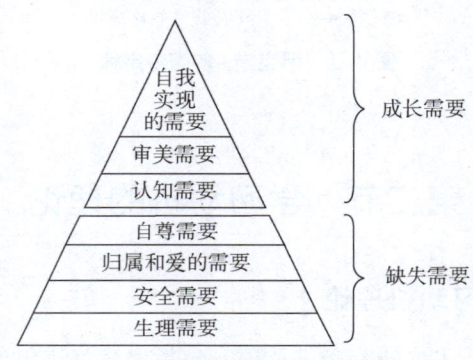

图4-2 马斯洛需要层次理论

他认为各种需要不仅有层次高低之分,而且有前后顺序之别,只有低层次的需要得到基本满足后,才能产生高层次的需要。他又把这七种需要分为基本需要和成长的需要。其中前四种属于基本需要,它们的产生是因为身心的缺失,因此也称缺失性需要,一旦满足其强度就会降低。后三种属于成长的需要,其特点在于永不满足。

马斯洛的需要层次说,应用到学校工作上来,对我们是具有启发意义的。如从第一个层次的生理需要出发,就要注意校舍的建筑、教室的采光与通风、饮水的供应、伙食的改善、课桌椅高低的适度、黑板是否反光,以及上课不要"拖堂"、对小学生不要要求一直把手放在背后来听课等。从第二层安全需要出发,就要注意校舍的维修,有毒和易燃、易爆化学药品的管理,食堂卫生消毒,传染病的预防,体育运动中的安全保护工作,以及不要在思想情绪上给学生造成压力,坚决严禁任何形式的体罚与变相体罚等。就学校教育来说,最重要的缺失需要就是第三层归属和爱以及第四层自尊。如果学生感到没有被人爱,或认为自己无能,他们就不可能有强烈的动机去实现较高的目标。那些不能确定自己是否受人(特别是教师)喜欢或不知道自己能力高低的学生,往往会作出较为"安全"的选择,随大流,为测验而学习,而不是对学习本身感兴趣。能够使学生感到很自在、被理解并受到尊重的教师,有可能使学生渴望学习,并愿意为创造性的和开放性的新观点承担些风险。所以，要使学生具有创造性，首先要使学生感到，教师是公正的、爱护并尊重自己的，不会因为自己出差错遭到嘲笑和惩罚。从第五层认知需要出发，教师更是责无旁贷。帮助学生理解知识、求得知识，是每个教师义不容辞的责任。如果学生暂时还没有认知需要，教师更应进行深入细致的工作，加以启发和培养。从第六层审美需要出发，教师就要按照学校审美教育的要求对学生进行陶冶，让学生感受到知识的美和精神的美，努力去美化自己的心灵。从第七层自我实现的需要出发，教师最好的做法就是帮助学生在学习上取得优良的学习成绩，帮助学生实现其在学习上所预期的目标；还要帮助学生实现入团、入队的愿望，高年级年满18岁的学生提出了入党要求时，也应对他进行帮助；毕业班学生的升学就业，教师也要加以指导，帮助学生作出恰当的选择，为将来的学习和工作打下良好的基础。

（二）罗杰斯的自由学习理论

罗杰斯的自由学习理论强调学习动机是学习过程中的一个核心因素，尤其是内在动机的作用。他认为，学习动机不仅仅是外部奖励或惩罚的驱动，更重要的是来自学生自身的兴趣、需求和愿望。自由学习理论中的学习动机，主要体现在以下几个方面：

1. 内在动机

罗杰斯认为，学习的真正动力来自学生内在的动机，而不是外部强迫或奖励。他强调，学生学习的动机应当是自发的和内在的，来源于对知识的好奇心、对理解的渴望以及对自我发展的需求。只有当学习内容与学生的个人兴趣、需求和目标紧密相连时，学习才能变得有意义和有效。

2. 自我实现的需求

罗杰斯的人本主义心理学观点认为，每个人都有追求自我实现的内在需求。学习动机源于个体想要成长、发展和实现自己的潜力。自由学习理论认为，教育应当帮助学生发现自己的兴趣和潜能，激发他们对自我实现的追求，进而增强学习的动力。

3. 学生的自主性和选择性

在罗杰斯的自由学习理论中，学习动机与学生的自主性密切相关。学习动机强的学生通常能够主动选择学习内容和方式，而不是被迫接受外界的规定。自由学习强调学生对学习内容和学习进程的控制，学习动机在很大程度上取决于学生是否能够在学习过程中作出自己的选择和决策。

4. 情感因素对动机的影响

罗杰斯认为，学习不仅是一个认知的过程，还深受情感因素的影响。学生的情感体验，如对学习内容的兴趣、对教师的信任以及学习环境的舒适度等，都会直接影响他们的学习动机。如果学生在学习过程中感到愉悦、被尊重和支持，他们的学习动机会更加积极和持久。

5. 与外部奖励的关系

虽然罗杰斯强调内在动机的重要性，但他也承认外部奖励和反馈在某些情况下可以增强学习动机。然而，他认为外部奖励不应是唯一的激励因素，因为长期依赖外部奖励可能会削弱学生的内在动机。理想的情况是，外部奖励能够补充和支持学生的内在动机，而不是替代它。

6. 自我决定理论

罗杰斯的自由学习理论与自我决定理论（Self-Determination Theory，SDT）有很多相似之处，后者由 Deci 和 Ryan 提出，强调自主性、胜任感和归属感在激发学习动机中的作用。罗杰斯的理论认为，当学生感受到自我决定、参与和控制时，他们的学习动机会得到增强。因此，提供支持性、非控制性的学习环境对于激发学生的内在动机至关重要。

三、自我效能感理论

自我效能感这一概念是班杜拉于 20 世纪 70 年代提出的，是指个体对自己是否有能力完成某一行为所进行的推测与判断。

自我效能感是指个体对自己完成某项任务或实现某个目标的能力的信心或信念。自我效能感对学习动机具有重要影响，特别是在学生的学习过程中，它的高低决定了学生是否愿意投入学习、克服困难以及坚持努力。

当学生对自己的能力充满信心时，他们通常会表现出更强的学习动机。这是因为他们相信自己有能力完成任务，能够应对挑战和解决问题。高自我效能感会激发学生积极的学习态度，使他们在遇到困难时不轻易放弃，反而会更加努力去寻找解决方案。因此，具备高自我效能感的学生往往更愿意参与学习任务，并且能够坚持到最后，尽管面临挫折。

相反，低自我效能感的学生往往缺乏自信，认为自己无法完成任务或达成目标，这种负面情绪会削弱他们的学习动机。这样的学生可能会因为害怕失败而回避挑战，甚至在遇到困难时提前放弃，导致学习表现较差。

因此，教师可以通过提供适当的支持、积极的反馈和逐步增加学习任务的挑战性，帮助学生建立自信，提升其自我效能感。增强学生的自我效能感能够有效提高其学习动机，促进他们更好地投入学习中，最终取得更好的学习成果。

自我效能感直接影响到个体在执行某项活动的心理过程中的功能发挥，它的功能有以下四个方面：

（一）影响人对行为的选择性和坚持性

当个体面对一个新的任务时，他首先会对该任务的价值进行估计，确定是有价值的任务才会有下一步行为。那么是不是任何有价值的行为个体都会采取行动呢？这还会有另一个选择过程。当个体对自己完成该任务的能力评价很低时，他可能不会采取行动或者选择一个较容易的目标。正如在高考填报考志愿一样，当一个学生感到报考清华大学成功的可能性很低时，他是不会报考的，会换一个容易报考的。一个学生如果认为自己没有数学细胞，数学方面的自我效能感很低时，很容易便会向困难屈服；而自我效能感高的学生，就会想出各种办法去解决问题，而不会轻易放弃。自我效能感高的人所付出的努力与任务难度成正比，自我效能感低的人则相反。

（二）影响人们在困难任务前的思维过程

当人们遇到困难和挫折时，思考过程有可能是自助性的，也可能是自我阻碍性的。那些自我效能感高的人，一般都会在脑海中勾勒出成功者的剧情，使他们采取更加积极主动的行动，他们所注意的焦点是怎样更好地解决问题；相反，那些自我效能感低的人，总是在担心所有可能会出错的地方，脑海中总是构造失败者的剧情，这样必然会降低其努力水平。

（三）影响新行为的习得及习得行为的表现

自我效能感不同的人对新行为的获得类型、获得速度有所不同，对于习得行为的表现方式也有所不同。我们在做事情时都会选择一种最有成功可能性的方式。在生活中，人都有自己做事情的方式，而且很难改变，原因之一可能是熟悉的行为方式最具有自我效能感。在行动的过程中，人会根据行为结果的反馈，相应地改变自我效能感，从而不断地调整自己的行为目标与行为方式。自我效能感高的人在面对新任务的时候，因为比较自信，所以能够很快地习得新的行为，并且在新的行为表现中有更出色的表现，而自我效能感低的人则恰恰相反。

（四）影响完成任务的情绪

当人们认为做某件事成功的可能性很大时，往往会有一个乐观积极的心态，情绪饱满，主动性也更高。能力与兴趣是可以相互影响的一对概念，在某一方面能力强的人，往往也会表现出更大的兴趣，这在学习方面表现得很突出。学生对某一学科感兴趣，十有八九是因为在这一学科上取得了很好的成绩。而兴趣又可以使人更加投入，获得更好的成绩，从而促进能力的增长。这便形成了一个良性循环。与此相似，自我效能感高的人，会更有兴趣从事某一活动。在行动的过程中他们会更加主动地去寻找解决问题的方式，对外界的信息会更加积极地进行加工，从而更有可能获得好的结果，好的结果又能起到强化作用，提高个体的自我效能感。自我效能感高的人在解决问题之前，往往会从积极的方面去考虑问题，形成正向预期；遇到问题时，也会以一个乐观的心态看待它，较少产生焦虑。

四、成就动机理论

成就动机这一概念源于20世纪30年代美国心理学家默里，他通过主题统觉测验（Thematic Apperception Test，TAT）发现，不同的人对成就的需要不同。他把成就动机定义为一种努力克服障碍、施展才能、力求又快又好地解决某种问题的愿望或趋势。到20世纪40—50年代，麦克利兰和阿特金森等接受默里的思想，认为人的许多行为能够用单一的需要即成就需要来解释，并发展为成就动机理论。

> **知识拓展 4-2**
>
> **主题统觉测验**
>
> 主题统觉测验是投射测验中的人格评估技术，是了解被试人格结构深层内容的较好的心理测验，是评估客体关系和社会认知的优秀工具。因TAT图片所呈现的模糊社会情境，使被试不得不依据过去的社会经验和当前的觉知而构建一个情景。因此被试内部的客体关系被无意中描绘出来，而被试却不知道这一点。TAT的测验材料由一系列黑白图片组成，描绘不同背景和情景中的人物，其中有的图片适用于所有的被试，有的图片只适用于特定的年龄和性别的被试。在测验时根据被试的不同年龄和性别，分别使用不同的图片。

1. TAT 的原理

与所有投射测验一样，TAT 的理论基础与背景是精神分析理论、人格的刺激-反应学说和知觉理论。Murray 整合上述理论观点，提出了著名的需要-动机理论。Murray 认为，个人面对图画所编造的情境与其生活经验有密切的关系。情境中有一部分固然受当时知觉的影响，但其想象部分却包含着个人有意识及潜意识的反应，即把个人的内心世界投射于情境中。通过对被试陈述内容的分析，从而了解其需求。

2. TAT 的实施

TAT 的施测过程采用的是个别施测。进行测试时，让被试坐在一张非常舒适的椅子上，背对着主试。主试向被试说出以下指导语："这是一个测你创造性想象的测验，我将呈现给你一幅图片，希望你根据这幅图片编一个情节或一个故事。图中人物的关系是什么？发生了什么事？他们当前的想法和感受是什么？结果如何？尽你最大可能去做好它，尽量发挥你的文学想象力，你想怎么编都行，故事长度和细节都由你来定。"对于空白图片，要求被试首先想象一幅图，描述这幅图的形象，然后再编一个故事。主试依次向被试呈现图片并记录被试对每幅图片的描述。

3. 测验结果的解释与评价

Murray 设计的评分手册，对图片的呈现顺序、测试时间和次数、指导语、评分和解释都做了严格的规定。Murray 的解释以精神分析的动力机制作为理论基础，主要以人格理论中"需要和压力的平衡原则"进行解释，对人格的解释具有深刻性、动力性和整体性的特点。通过测验得到被试的故事后，可以发现这些材料，有的来自被试对画面的描述，是一种客观的知觉反映，有的则是被试内心意识的反映。要通过故事的主人公，故事的情境，主人公的动机倾向、情感、兴趣以及情绪，事件发展的结果等来确定和分析被试的人格发展状况。

4. TAT 的优缺点

作为一种经典的投射测验，TAT 一度受到人们的肯定和褒奖。TAT 的优势：①在一定程度上避免了直接测量的缺陷；②是测量人格的深层结构或无意识的有效工具，对临床心理诊断、心理治疗等都具有良好的使用价值；③不受文化背景的影响，可以在跨文化研究中广泛应用；④经济实用，费时较少。同时，与其他投射测验相比，它又具有自己独特的优点。与罗夏墨迹测验相比，TAT 结构性更强，更加简洁，更易于操作，且 TAT 的信度、效度有更多的证据支持。但是，TAT 也有明显的不足：①由于测验是开放的、非结构的，属于半结构化的访谈，因此结果就非常繁杂，很难做全面客观的分析；②与大部分投射测验一样，TAT 没有常模，较难对测验结果作出解释；③由于对测试结果的解释没有统一的计分标准，所以主观性较强，并且测试在使用时缺乏标准化，因此，TAT 在实际运用上推广缓慢；④测验对主试的要求很高，主试必须具有丰富的临床经验和有关的理论知识；⑤虽然已有一些研究证实了 TAT 的信度、效度，但对于 TAT 究竟能揭示被试多少心理活动，仍存在争议。虽然如此，但是 TAT 还在不断的完善之中，结合 TAT 的优势，可以预见它在未来的心理学研究与应用中所起的作用将不容忽视。

(摘自：石霞. 主题统觉测验的研究与应用现状 [J]. 校园心理，2011（5）：333-334)

成就动机是在人的成就需要的基础上产生的，它是激励个体乐于从事自己认为重要的或有价值的工作，并力求获得成功的一种内驱力。如学生想获得优良的成绩，便是成就动机作用的表现。这种动机是人类所独有的，是后天获得的具有社会意义的动机。在学习活动中，成就动机是一种主要的学习动机。

前面提到，任务选择是评价动机的一个重要指标，通过学生选择任务的情况我们可以间接了解学生的动机。通常我们在作出决定之前，要考虑的一个问题就是我们能否胜任该项工作。阿特金森认为个体的成就动机可以分为两类：一类是力求成功的动机，另一类是避免失败的动机。力求成功的动机是人们追求成功和由成功带来的积极情感的倾向性；避免失败的动机是人们避免失败和由失败带来的消极情感的倾向性。根据这两类动机在个体的动机系统中所占的强度，可以将个体分为力求成功者和避免失败者。在力求成功者的动机成分中，力求成功的成分比避免失败的成分多一些；在避免失败者的动机成分中，避免失败的成分比力求成功的成分多一些。力求成功者的目的是获取成就，他们会选择有所成就的任务，且成功概率为50%的任务是他们最有可能选择的，因为这种任务能给他们提供最大的现实挑战。当他们面对完全不可能成功或稳操胜券的任务时，动机水平反而会下降。相反，避免失败者倾向于选择非常容易或非常困难的任务，如果成功的概率大约是50%时，他们会回避这种任务。因为选择容易的任务可以保证成功，使自己免遭失败；而选择极其困难的任务，即使失败，也可以找到适当的借口，得到自己和他人的原谅，从而减少失败感。

针对这种情况，在教育实践中对力求成功者，应采取给予新颖且有一定难度的任务，安排具有竞争性的情境，严格评定分数等方式激起他们的学习动机；对于避免失败者，要安排少竞争性或竞争性不强的情境。如果取得成功，要及时表扬，给予强化。确定分数时，要求要稍稍放宽，尽量避免在公众场合指责其错误。

研究表明，个体害怕失败有很多原因，其中三个重要的原因是：自尊心受到伤害，社会形象降低以及失败后失去奖赏。儿童通常都具有较强的成就动机，为此，教师在课堂教学的设计方面要制定出符合每个儿童的学习目标，以确保他们有成功的机会。

五、成败归因理论

人们做完一项工作之后，往往倾向于寻找自己或他人之所以取得成功或遭受失败的原因，这就是心理学家探讨归因问题的客观依据。归因是指对某人成功或失败原因的看法、解释。归因理论就是用于解释自己或他人的态度、行为因果关系的理论。

最早提出归因理论的是海德。他认为，人们具有理解世界和控制环境这样两种需要，使这两种需要得到满足的最根本手段就是了解人们的行为原因，并预言人们将如何行为。他认为，行为的原因或者在于环境，或者在于个人。他人的影响、奖励、运气、工作难易等都是环境原因。如果把行为的原因归因于环境，则个人对其行为的结果可以承担较小的责任。人格、动机、情绪、态度、能力、努力等都是个人原因。如果把行为的原因归于个人，则个人对其行为结果应当负责。

海德还指出，在归因的时候，人们经常使用两个原则：一是共变原则，它是指某个特定的原因在许多不同的情境下和某个特定结果相联系，该原因不存在时，结果也不出现，我们就可以把结果归于该原因。比如一个人老是在考试前闹别扭、抱怨世界，其他时候却很愉快，我们就会把闹别扭和考试连在一起，把别扭归于考试而非人格。二是排除原则，它是指如果内外因某一方面的原因足以解释事件，就可以排除另一方面的归因。比如一个凶残的罪犯又杀了一个人，我们在对他的行为进行归因的时候就会排除外部归因，而归于他的本性等内在因素。

维纳把归因理论扩展到成就领域。归因理论认为人是天生的科学家，会试图理解自己与他人行为的决定因素，当一件事情发生后，人们自然会去探寻其背后的原因。例如，为什么某运动员在本次比赛中发挥出色？为什么一个平时成绩出色的学生在高考中表现失常？人们对这些问题的回答就是归因。就成就领域来说，个体在失败时会比成功时更倾向于进行归因，因为人们希望从失利中总结经验教训，避免重蹈覆辙。

维纳提出了一个成就归因模型。从该模型可以看出，个体将事件归为何种原因受环境（外部因素）和个体（内部因素）两方面影响。环境因素包括具体信息，如教师告诉学生考试成绩不好的原因是他们不够努力，也包括社会规范信息，如别人考得怎么样。个人因素包括个体关于考试和自己的各种图式和信念，如学生根据以往的经验对自己能力的知觉。这两大因素影响个体所做的实际的归因。从其他角度来看，还包括稳定性归因和非稳定性归因，即行为结果是由稳定因素还是不稳定因素决定的；可控性归因和不可控性归因，即行为结果的产生是由可控制因素还是不可控制因素决定的。他进一步把人们活动成败的原因（即行为责任）主要归结为六个因素：能力高低、努力程度、任务难度、运气（机遇）好坏、身心状态、外部环境。能力高低指的是个体对自己在某项任务或工作中所表现出的能力的评估；努力程度是个人反省检讨在工作过程中曾否尽力而为；任务难度是凭个人经验判定该项任务的困难程度；运气好坏指个人认为此次各种成败是否与运气有关；身心状态是工作过程中个人当时身体及心情状况是否影响工作成效；外部环境是个人自觉此次成败因素中，除上述五项外，尚有何其他事关人与事的影响因素（如别人帮助或评分不公等）。将三个维度和六个因素结合起来，就可组成如表4-1所示的维纳归因模式。

表4-1 维纳归因模式

项目	稳定性		内/外在性		可控性	
	稳定	不稳定	内在	外在	可控	不可控
能力高低	+		+			+
努力程度		+	+		+	
任务难度	+			+		+
运气好坏		+		+		+
身心状况		+	+			+
外部环境		+		+		+

个体对事件所做的归因是知觉到的原因，并不一定是事件发生的真正原因，但对个体心理和行为产生影响的正是知觉到的原因而不是真正的原因。以稳定性归因为例，如果个体将自己的成功归因于稳定因素（能力高低、任务难度），则对自己充满信心，并对未来有充分把握；如果归因于不稳定因素（努力程度、运气好坏等），则对自己的行为结果没有把握，并抱有侥幸心理，希望以后自己仍能碰上好运气和好环境。

> **知识拓展 4-3**
>
> 习得性无助
>
> "习得性无助"是美国心理学家塞利格曼在 1967 年研究动物时发现的,指因为重复的失败或惩罚而造成的听任摆布的行为。他起初把狗关在笼子里,只要蜂音器一响,就给狗施加难以忍受的电击。狗关在笼子里逃避不了电击,于是在笼子里狂奔,屎滚尿流,惊恐哀叫。多次实验后,蜂音器一响,狗就趴在地上,惊恐哀叫,也不狂奔。后来实验者在给狗电击前,把笼门打开,此时狗不但不逃,而是不等电击出现,就倒地呻吟和颤抖。它本来可以主动逃避,却绝望地等待痛苦的来临,这就是"习得性无助"。为什么它会这样,连"狂奔,屎滚尿流,惊恐哀叫"这些本能都没有了呢?因为它已经知道,那些是无用的。这项研究显示,反复对动物施以无可逃避的强烈电击会造成无助和绝望情绪。正如实验中那条绝望的狗一样,如果一个人总是在一项工作上失败,他就会在这项工作上放弃努力,甚至还会因此对自身产生怀疑,觉得自己"这也不行,那也不行",无可救药。而事实上,此时此刻的我们并不是"真的不行",而是陷入了"习得性无助"的心理状态中。这种心理让人们自设樊篱,把失败的原因归结为自身不可改变的因素,放弃继续尝试的勇气和信心,破罐子破摔,比如,认为学习成绩差是因为自己智力不好,失恋是因为自己本身就令人讨厌等。所以要想让自己远离绝望,我们必须学会客观理性地为我们的成功和失败找到正确的归因。
>
> (摘自:https://baike.baidu.com/item)

归因理论是从结果来阐述行为动机,它的理论价值与实际作用主要表现在三个方面:一是有助于了解心理活动发生的因果关系;二是有助于根据学习行为及其结果来推断个体的心理特征;三是有助于从特定的学习行为及其结果来预测个体在某种情况下可能产生的学习行为。因此,在学校教育中,运用归因理论对了解学习动机、改善学生的学习行为、提高学习效果具有一定的指导作用。

六、成就目标理论

20 世纪 80 年代末期,德韦克及其同事在能力理论的基础上,结合社会认知的最新研究成果,提出了较为完善的成就目标理论。成就目标理论认为学生的动机和相关的成就行为可以理解为当他们进行学业活动时所采取行动的原因或意图,是能力信念、成败归因和情感三者的整合。

在研究学龄儿童对于学业的态度时,德韦克等人发现,面临失败时,被试中出现了两种显著不同的反应模式。一部分被试表现出失助反应:他们很快变得沮丧,没有兴趣去继续解决这个任务,对自己的能力失去信心,问题解决策略也变得很随机,甚至根本达不到预期目的。但另一部分被试似乎很喜欢挑战,仍然相信自己能够最终解决问题,并致力于探求更有效的问题解决策略。通过分析,德韦克等人认为,在每个人的头脑中,都有一个关于能力的本质及特性的潜在理论。有些人认为能力是一种不稳定的、可控制的品质,可

以通过努力得到增长提高，是一种能力的增长观；有些人则认为能力是一种固定的、不可控的特质，学习和努力只能使个体获取新知识，却无法提高一个人的聪明程度，是一种能力的实体观。被试出现退避或进取的不同倾向很大程度上是由于个体追求的目标不同，即学习（掌握）目标和成绩目标。成就目标定向的差异影响着个体在成就情境中的认知、情感和行为，两种成就目标分别对应着两种动机模式。学习（掌握）目标的学生从事学习活动的目的是获得新技能，提高自身能力，掌握新知识，目的指向活动本身；成绩目标的学生成就行为的目的是向他人表现自己的能力，得到他人对自己能力的认可，获得对自己能力有力的评价，避免消极评价，目的指向他人。

之后埃利奥特等人提出成就目标理论四分法，即把成就目标分成学习（掌握）接近目标、学习（掌握）回避目标、成绩接近目标、成绩回避目标四类。学习（掌握）接近目标的学生从事学习活动的目的是获得新技能，提高自身能力，掌握新知识，目的指向活动本身。学习回避目标是指学生专注于避免失误或未能掌握任务的情况。这类学生通常具有完美主义倾向，他们并不关心与他人相比是否有错误（这与成绩回避目标有关），而是更愿意依据自己的标准，确保在任务中不犯任何错误。成绩接近目标关心的是在完成任务中胜过别人，比别人聪明，使用的标准是获得最好或最高分数，在班上是最优的学生；成绩回避目标的特点是回避次等，防止使别人觉得自己愚蠢，使用的标准是避免获得最坏的分数，避免自己是班上最差的学生。

第三节　学习动机的培养与激发

在学习活动中，学习动机具有动力作用，是学习过程中的动力源。因此，教师的一项重要任务就是培养和激发学生的学习动机。学生只有在认知、情感和行为上更好地投入学习活动中时，才能取得良好的学习效果。学生学习动机的培养与激发既有区别又有联系。学习动机的培养是使学生把社会和教育向他提出的客观要求变为自己内在的学习需要，是指学生从没有学习需要或很少有学习需要，到产生学习需要的过程。学习动机的激发是把已经形成的潜在的学习需要充分调动起来，成为学生学习活动中的积极因素。同时，学习动机的培养和激发是密不可分的，培养是激发的前提，学习动机激发的结果又加强了原有的学习需要。

一、学习动机的培养

（一）利用学习目的性教育培养学习需要

进行学习目的性教育是教师和家长的一项经常的、重要的工作，通过对学生的学习目的性教育，帮助学生正确认识学习的社会意义，把当前的学习和国家的需要、未来的建设、个人的远大理想联系起来，形成长远而持久的学习动机，从而明确学习方向，端正学习态度，激发学习热情，提高学习的自觉性和积极性，并培养坚强的意志力。

为使学习目的性教育卓有成效，教师和家长必须从学生的实际出发，根据学生的年龄特征，采取生动活泼富有感染力的方式，努力把思想性与知识性、情感性、形象性结合起来，寓学习目的性教育于丰富多彩的活动之中，这样才能使教育要求真正转化为学生的学习需要，从而成功地激发和维持学生的学习动机。如讲故事、召开主题班会、组织参观访问、成立科技小组等形式，都有助于加强学习目的性教育。另外，进行学习目的性教育，应该贯穿在日常的教学活动中。例如，教师在开始讲授一门新课时，可先说明学习该课程的目的以及应达到的教学目标。在讲授每节课时，让学生知道具体的目标和要求，它在整个体系中的地位及实际意义，以满足学生的求知欲和探求知识的需要，从而调动起学习积极性。

（二）利用学习动机与学习效果的互动关系培养学习需要

学习动机可以影响学习效果，学习效果也可以反作用于学习动机。要想使学习上学习动机与学习效果的恶性循环转变成良性循环，关键在于：第一，改变学生的成败体验，使他获得学习上的成就感。如：设置具体目标及达到的方法。不能只给学生一些如努力学习等抽象的建议，而是要给学生提供明确而具体的目标以及达到目标的方法。第二，改善学生的知识技能掌握情况，弥补其基础知识和基本技能方面的欠缺。在实际教学中，为保持学生在学习上的成功感，教师评分应注意：首先，学生的成败感与他们的自我标准有关，教师应注意这种个别差异，使每个学生都体验到成功。其次，课题难度要适当，经过努力可以完成，否则，总不能正确完成，就会丧失信心，产生失败感。再次，课题应由易到难呈现，以使学生不断获得成功感。最后，在某一课题失败时，可先完成有关基础课题，使学生下次在原来失败的课题上获得成功感。但成功体验的获得最终必须依赖有效地掌握知识和技能，找出学习上的关键问题，填补知识技能掌握方面的空缺，这是取得好的学习效果，使恶性循环变成良性循环的关键，也是获得真正成功感的先决条件。

（三）利用直接发生途径和间接转化途径培养学习需要

新的学习需要可以通过两条途径来形成。一是直接发生途径，即因原有学习需要不断得到满足而直接产生新的更稳定更分化的学习需要。利用直接发生途径，主要应考虑的就是如何使学生原有学习需要得到满足。可以培养学生对学习的兴趣，使他们在从事学习活动或探求知识的过程中伴随愉快的情绪体验，从而产生进一步学习的需要。

二是间接转化途径，利用原有动机的迁移，即新的学习需要由原来满足某种需要的手段或工具转化而来。利用这条途径，主要是通过各种活动提供各种机会，满足学生其他方面的兴趣和爱好，将学生对其他活动的积极性迁移到学习活动中。例如，对于爱劳动的学生，可以吸收他们参加生物小组，饲养动物，栽培植物，激起他们学好动植物课的需要。从这里入手，使他们在该学科的学习中取得成绩，激起求知的欲望，把学习植物的积极性逐渐迁移到有关的学科，如生物、化学、语文等，培养、发展他们的兴趣，使他们产生学好各门功课的动机。

教师可以帮助学生了解自己的优点和缺点，并为他们制定切实可行的目标，教学生学会如何完成他们的计划；并且注意学生的归因倾向，让他们将失败归因于缺乏努力，而不是缺乏能力，使他们明白，只要付出努力便会成功的道理。

二、学习动机的激发

（一）创设问题情境，实施启发式教学

启发式教学与传统的"填鸭式"教学相比具有极大的优越性。实施启发式教学的关键

在于创设问题情境。所谓问题情境,指的是具有一定难度、需要学生努力克服而又力所能及的学习情境。简言之,问题情境就是一种适度的疑难情境。在教学中,作业难度是构成问题情境的重要因素。

要创设问题情境,首先,教师要熟悉教材内容,精通教材内容的结构,明了新旧知识之间的内在联系。其次,教师要充分了解学生已有的认知结构状态,使新的学习内容与学生的已有水平构成一个适当的跨度,由此才能创设出问题情境。具体创设问题情境的方式多种多样,既可以用教师设问的方式提出,也可以用作业的方式提出;既可以从新旧教材内容的联系方面引进,也可以从学生的日常经验引进;既可以在教学的开始阶段,也可以在教学过程和教学结束时进行。

(二)根据作业难度,恰当控制动机水平

根据耶克斯-多德森定律,教师在教学时,要根据学习任务的不同难度,恰当控制学生学习动机的激起程度。在学习较容易、较简单的课题时,应尽量使学生集中注意力,紧张一点;而在学习较复杂、较困难的课题时,则应尽量创造轻松自由的课堂气氛,在学生遇到困难或出现问题时,要尽量心平气和地慢慢引导,以免学生过度紧张和焦虑。因此,在学生中流传的"大考大玩,小考小玩,不考不玩"的俏皮话,在一定程度上是有积极意义的。

(三)充分利用反馈信息,给予恰当的评价

心理学研究表明,来自学习结果的种种反馈信息,对学习效果有明显的影响。这是因为,一方面学生可以根据反馈信息调整学习活动,改进学习策略;另一方面学生为了取得更好的成绩或避免再犯错误而增强了学习动机,从而保持了学习的主动性和积极性。

罗斯等人做过一个很有说服力的实验。他们把一个班级的学生分成三组,每组给予不同的反馈。对第一组,学习后每日告诉其学习结果;对第二组,每周告诉其学习结果;对第三组,则不告诉学习结果;如此进行 8 周后,罗杰斯对反馈方式进行了调整。三个组 16 周的学习成绩如图 4-3 所示。

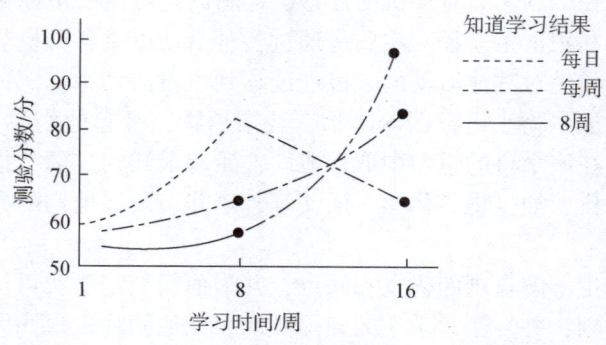

图 4-3 不同反馈的动机作用

实验结果表明:在第 8 周后,除第二组显示出稳步的前进以外,第一组与第三组情况则变化很大,第一组成绩逐步下降,而第三组成绩迅速上升。由此可见,反馈在学习上的效果是很明显的,尤其是每日及时反馈,较之每周反馈效果更佳。如果没有反馈,不知道自己的学习结果,则缺乏学习的激励,很少进步。所以,教师应尽可能让学生及时准确具

体地了解自己学业的进展情况及取得的成就,对学生作业(练习、试卷等)的批改切忌拖延,也不能过于笼统,只给"对错",尤其是对错误的批改分析,越具体,越有针对性,效果越好。

评价是指用于评估学生学习的方法。教师应该强调学生个体的进步与掌握情况,减少社会比较,淡化分数和等级,减少公开评价,多运用无威胁的、掌握取向的评价方式。评价贯穿于每日活动中,任何的评价实践都以无威胁的方式进行,语气平和且不带批评的意味,把学生出现的错误变成改善学习的机会。通过强调自我参照标准,为学生创设一种掌握取向的学习环境。同时,也可采用多种评估方式并举的形式,让学生从多方面了解自己,培养学生自我评价及相互评价的能力。

(四)妥善进行奖惩,维护内部学习动机

1. 奖励和惩罚对学习的影响

在对学生进行评价时,奖励和惩罚对于学生动机的激发具有不同的作用。一般而言,表扬与奖励比批评与指责更能有效地激发学生的学习动机;因为前者能使学生获得成就感,增强自信心,而后者却有相反的作用。心理学家赫洛克曾于 1925 年做过一个实验,他把 106 名四、五年级的学生分为四个等组,各组内的能力相当,在四种不同的情况下进行难度相等的加法练习,每天 15 分钟,共练习 5 天。控制组单独练习,不给任何评价,而且与其他三个组学生隔离。受表扬组、受训斥组和静听组在一起练习,每次练习之后,不管成绩如何,受表扬组始终受到表扬和鼓励,受训斥组始终受到批评和指责,静听组则不给予任何评价,只静听其他两组受到表扬或批评。然后探讨不同的奖惩后果对学习成绩的影响,结果如图 4-4 所示。

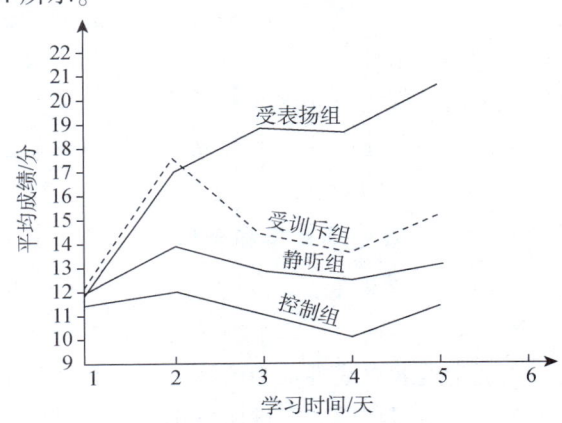

图 4-4 奖励与惩罚对学习结果的影响

从练习的平均成绩来看,三个实验组的成绩优于控制组,这是因为控制组未受到任何信息作用。静听组虽然未受到直接的评价,但与受表扬组和受训斥组在一起,受到间接的评价,所以对动机的唤醒程度较低,平均成绩劣于受训斥组。受表扬组的成绩优于其他组,而且一直不断地直线上升。这表明,对学习结果进行评价,能激发学生的学习动机,对学习有促进作用;适当表扬的效果优于批评。所以在教学中要给予学生表扬而非批评。

2. 有效地进行表扬和奖励

虽然表扬和奖励对学习具有推进作用，但使用过多或者使用不当，也会产生消极作用。许多研究表明，如果滥用外部奖励，不仅不能促进学习，而且可能破坏学生的内部动机。

但班杜拉认为，如果任务能提高个体的自我效能感或自我价值感，则外在奖励不会影响内部动机。外部强化物究竟是提高还是降低内部动机，这取决于个体对该强化物的感受与看法。摩根认为个体如何看待奖励非常重要：当个体把奖励视为目标，而任务仅是达到目标的手段时，内部动机就会受损；当奖励被看作提供有关成功或自我效能的信息时，内部动机则会提高。

布洛菲总结了有关表扬的文献，提出了怎样使表扬具有最佳效果的建议。他认为有效的表扬应具备下列关键特征：一是表扬应针对学生的良性行为；二是教师应明确学生的何种行为值得表扬，应强调导致表扬的那种行为；三是表扬应真诚，体现教师对学生成就的关心；四是表扬应具有这样的意义，即如果学生投入适当的努力，则将来还有可能成功；五是表扬应传递这样的信息，即学生努力并受到表扬，是因为他们喜欢这项任务，并想形成有关的能力。

但事实上，有效地进行表扬也确实不是一件容易的事。在课堂上有大量的表扬没有针对学生的正确行为，而经常给予了那些不值得表扬的行为，或者当学生有进步、值得表扬时，却未能得到表扬。有时，在竞争情境中，一些学生似乎永远得不到表扬，久而久之就会失去对学习的兴趣。另外，表扬是否具有内在价值，即是否为学生所期望、所看重，会影响表扬的效用。因此，如何适时地、恰当地给予表扬应引起高度重视。教师应根据学生的具体情况进行奖励，把奖励看成某种隐含着成功的信息，其本身并无价值，只是用它来吸引学生的注意力，促使学生由外部动机向内部动机转换，对信息任务本身产生兴趣。同时，对于那些在竞争中处于劣势的个体而言，教师应给予更多的关注与鼓励，设置情境使其有成功的体验，以免产生自暴自弃的心理。

（五）合理设置课堂环境，妥善处理竞争和合作

每个人在活动中都会表现出一定程度的好胜心，希望自己比别人强，自己能胜过别人。教师可以利用学生的这一心理，通过合理组织学习竞赛来激发学生的学习动机。心理学研究表明，学习竞赛以竞赛中的名次或胜负为诱因，可以满足学生附属的和自我提高的需要，从而在一定程度上提高其学习积极性，进而影响学习效果。现以惠特谟耳的实验材料为例来证实竞赛者的成绩优于无竞赛者的结论。惠特谟耳把十二名男女大学生分为两组，让他们做机械工作和心理工作。对甲组说明须同他人竞赛，而对乙组只说须尽力而行，并不要求胜过他人。结果在量的方面，"竞赛者"的效率比"不竞赛者"增加了26%；而在质的方面，则"不竞赛者"较好。研究也表明，学习竞赛对不同水平的学习者有不同的影响。对于成绩中上的学生影响最大，因为这些学生通过努力可以不断提高名次。对成绩优异或极差者，其影响甚微。因为优等生每次都能取得好名次，认为自己无需努力也能成功，故激励作用不大；相反，差生从来没取得过好名次，认为自己根本没有成功的希望，故竞赛对他们也没有什么作用。另外，学习竞赛往往是对不合作的一种无形的

鼓励，不利于团结协作的集体主义精神的建立。

学习竞赛既有积极作用，也有消极影响，既不能简单地全盘肯定，也不能全盘否定。如果在竞赛中不注意思想教育，只把竞赛作为激励学生个人自尊心与荣誉感的措施，就会产生消极影响。因此，学校教育中，运用个人竞赛或团体竞赛时，必须注意以下几点：

（1）个人竞赛和团体竞赛虽然有助于提高学生的学习积极性，但运用必须适当，切不可多用滥用。因为频繁地运用个人竞赛与团体竞赛，会造成过度紧张的学习气氛，加重学生的学习负担。同时，一贯胜利者会养成目中无人的骄气，而一贯失败者又会养成低人一等的心理压力，这同样都会使个人竞赛或团体竞赛失去其应有的激励作用。

（2）团体竞赛的效果虽不如个人竞赛，但仍应适当地倡导团体竞赛，以培养学生的团体合作、互相关心的集体主义精神。团体竞赛更需要有领导地合理组织，否则会事倍功半。

（3）要多提倡个人的自我竞赛和团体的自身竞赛，如鼓励学生个人或班级，力求"今天要比昨天好，明天更比今天强"。

（4）增多获胜的机会，尽可能使更多的学生获得成功，以提高其自尊心和自信心。如有的地方几所学校联合起来，让某学科一贯不及格的学生参加竞赛（包括个人和团体），便是一个值得借鉴的办法。

培养具有与他人合作和团队精神的人是教育的目标之一，为此，小组合作学习已经越来越流行。研究表明，让不同种族、性别、能力水平的学生组成小组共同学习，不仅对学习成绩有积极的影响，而且对于提升学生的自尊、学习自信、班级荣誉感，增进同学之间的相互喜爱都有积极的作用。

（六）适当进行归因训练，促使学生继续努力

在归因理论模式的指导下，心理学家进行了大量研究，结果表明，通过指导学生对学习结果的归因，不仅解释了以往学习结果产生的原因，更重要的是对以后的学习行为会产生积极影响。

> **知识拓展 4-4**
>
> 学生与教师的归因
>
> 1. 学生的归因
>
> 研究表明，在多种归因中，只有努力、能力、任务难度、运气和心境是学生常用来解释学习成败的主要原因。从大量的资料分析得知，儿童（也包括成人）通常都有一个自我保护系统。他们一般把成功归因于内因（努力、能力），把失败归因于外因（任务难度、运气不好）。但也有些学生不能运用这种自我保护策略，把自己的学习成绩不良归因于自己缺乏能力，常常避开以成就定向的活动，或者在这种活动中不愿努力。有一项研究分析了自小学五年级到高中三年级743名被试的归因模式，结果表明，学生的归因模式能有效地预测他们将是否选择要求技能、努力或运气的任务。除了把失败归因于内部原因之外，还有一些学生把成功归因于外部原因，如考试容易或运气好等，他们在成功之后找不到进一步努力的方向。这两种归因模式都是消极的，在成绩不良的学生、残疾儿童以及某些女生中有较普遍的表现。

2. 教师的归因

根据心理学家的分析，在评论学生的测验时，教师常常把学生的成功归因于学生的家庭条件、努力、兴趣和教师好的教学技能。但当学生考得不好时，教师常指责学生准备不充分、能力低、家庭条件差和考题难。也就是说，教师倾向于与学生共享考试成功的荣誉，但把失败的责任归因于外部（非教师）。这虽然可以用自我保护机制来解释，但它不是一种良好的敬业精神。教师越愿意为学生的失败承担个人的责任，他们将更加努力为避免学生的失败作出奉献。

3. 控制源与人格特征

控制源（locus of control），又称控制点，是指导致成败的原因在自身之内还是自身之外。归因研究发现，人们对决定自己的活动与命运力量的稳定看法将成为他们的人格特征。心理学已区分出内部控制与外部控制两种不同的人格特征。具有内部控制特征的人认为，自己从事的活动和活动的结果是由自身具有的因素（如能力或努力）决定的。具有外部控制特征的人则认为自己的活动及其结果受命运、机遇和他人的摆布。在现实生活中，极端的内部控制者和外部控制者是不多的。一般来说，内部控制者具有较高的成就动机，外部控制者的成就动机相对要低些。内部控制者把学业上的成功归因于能力和勤奋，把失败归因于努力不够。因此，成功将会给他们带来更多的鼓励，使学习信心进一步提高，失败则是需要付出更大努力的标志。不论学习成败，他们都会促使自己投入更多的精力，显示出更高的学习积极性。相反，外部控制者把学习的成败归因于外界因素，如把学业成功归因于猜对了答案、碰到好运气等；把失败归因于教师教得不好、题目太难等客观因素。不论学习成败，他们的反应都是消极的。他们对自己的能力和努力都失去信心，对学习缺乏兴趣，不愿投入更多的精力和作出更多的努力。可见，要改变一个人的稳定的归因看法涉及改变一个人的人格特征，通过改变人格特征来影响其行为动机。

4. 教师情感与学生的归因

一系列研究表明，教师的情感影响学生的归因。古勒姆的研究发现，学生测验成绩不良，教师生气，这意味着教师相信学生未作充分努力。同样，教师对学生的不良成绩表示同情，意味着他相信学生缺乏能力。教师把学生失败归因于学生缺乏努力且表示愤怒，会造成学生内疚感，这种内疚感常常是一种积极的激励力量；把失败归因于低能并表示同情，会造成羞愧感，而羞愧感不是一种积极的激励力量，反而会导致学生退缩、回避。此外，对完成容易的任务的表扬，对未完成这种任务不给批评，以及过多不必要的帮助，也会像教师的同情一样，导致事与愿违的结果。教师和家长都必须恰如其分地对儿童进行批评、表扬，表示同情和给予帮助。

（摘自：皮连生.教育心理学［M］.上海：上海教育出版社，2004）

就稳定性维度而言，如果学生把成功或失败归因于稳定因素（能力高低、任务难度），则学生对未来的学习结果也会抱有成功或失败的预期，并会增强他们的自豪感、自信心，或产生羞耻感、自卑感；相反，如果学生把成功或失败归因于不稳定因素（努力程度、运气好坏、身心状态、外部环境），则不会影响他们对未来成功或失败的期望，其成败体验也不会影响到将来的学习行为。

就内在维度而言，如果学生将成功或失败归因于自身内在的因素（能力高低、努力程度、身心状态），学生或者会产生积极的自我价值感，进而投入未来的学习活动中，或者会形成消极的自我形象，对成就性任务产生逃避心理；相反，如果学生将成功或失败归因于外在因素（任务难度、运气好坏、外部环境），则学习结果不会对其自我意象产生什么影响。

本章提要

学习动机是指激发个体进行学习活动，维持已引起的学习活动，并致使个体的学习活动朝向一定的学习目标的一种内部启动机制。学习动机可分为内部动机和外部动机，近景的直接性动机和远景的间接性动机，认知内驱力、自我提高内驱力和附属内驱力。动机强度影响学习效果，是学习活动得以发动、维持、完成的重要条件，并由此影响学习效果。

行为主义学习心理学家主要研究条件反射，认为在条件反射理论中暗含了两种动机理论，即驱力说和强化说。学习动机的人本理论主要包括需要层次理论，在解释动机时，特别强调需要的作用，认为人类所有的行为都是起源于人类的需要。自我效能感理论认为，当人确信自己有能力进行某一活动时，就会产生高度的"自我效能感"，并会去进行那一活动。成就动机理论认为，个体分为力求成功者和避免失败者。力求成功者的目的是获取成就，他们会选择有所成就的任务且成功概率为50%的任务；避免失败者倾向于选择非常容易或非常困难的任务。归因理论认为，人们做完一项工作之后，往往倾向于寻找自己或他人之所以取得成功或遭受失败的原因，包括能力高低、努力程度、任务难度、运气好坏、身心状态和外部环境。成就目标理论把成就目标分成学习（掌握）接近目标、学习（掌握）回避目标、成绩接近目标、成绩回避目标四类。

学习动机的培养可以利用学习目的性教育培养学习需要，利用学习动机与学习效果的互动关系培养学习需要，利用直接发生途径和直接转化途径培养学习需要。学习动机的激发可以通过创设问题情境，实施启发式教学；根据作业难度，恰当控制动机水平；充分利用反馈信息，给予恰当的评价；妥善进行奖惩，维护内部学习动机；合理设置课堂环境，妥善处理竞争和合作；适当进行归因训练，促使学生继续努力。

关键术语

1. 学习动机：是指激发个体进行学习活动，维持已经引起的学习活动，并致使个体的学习活动朝向一定的学习目标的一种内部启动机制。

2. 内部动机：是指人们对学习本身的兴趣所引起的动机，动机的满足在活动之内，不在活动之外，它不需要外界的诱因、惩罚来使行动指向目标，行动本身就是一种动力。

3. 外部动机：是指由学习活动或学习者以外的客观因素激发的动机。这些因素包括外部环境的刺激，如奖励和惩罚，也包括他人的有意识影响，如教师或家长的期望和激励，从而激发学生产生学习动力。

4. 近景动机：是指与近期目标相联系的一类动机。这类学习动机与学习活动直接联系，是由对学习的直接兴趣、对学习活动的直接结果的追求所引起的。

5. 远景动机：是指动机行为与长远目标相联系的一类动机。这类动机与学生对学习意义的认识，与学生有无远大志向（如崇高的理想，或个人主义的目的），与他们的世界观有密切关系。

6. 认知内驱力：这是一种要求理解事物、掌握知识、系统地阐述并解决问题的需要。

7. 自我提高内驱力：指个体通过自己的能力或学业成就而获得相应地位和威望的需要。

8. 附属内驱力：又称交往的内驱力，指个体为了获得长者（如教师、家长等）的赞许和同伴的接纳而表现出来的把工作、学习搞好的一种需要。

9. 成就动机：指个人愿意去做、去完成自认为重要或有价值的工作，并力求达到完美地步的一种内在推动力量，也就是个体追求成就、希望获得成功的动机。

10. 自我效能感：这一概念是美国著名心理学家班杜拉于 20 世纪 70 年代提出的，是指个体对自己是否有能力完成某一行为所进行的推测与判断。

11. 问题情境：指的是具有一定难度，需要学生努力克服，而又力所能及的学习情境。

习题自测：真题

一、单项选择题

1. 张老师在班会上引导学生要为中华民族伟大复兴而努力学习。张老师激发的是学生的哪一种学习动机？（　　）。(2024 上)

　　A. 直接的、近景性动机　　　　　　B. 直接的、远景性动机
　　C. 间接的、近景性动机　　　　　　D. 间接的、远景性动机

2. 杨莉做任何事都以目标为导向，并力求成功。根据成就动机理论，她最有可能选择的任务成功概率大约为（　　）。(2023 下)

　　A. 25%　　　　　　　　　　　　　B. 50%
　　C. 75%　　　　　　　　　　　　　D. 100%

3. 方义的各门功课学习成绩优异，他认为主要取决于自己的能力，根据韦纳的成败归因理论，能力属于（　　）。(2023 下)

　　A. 内部的、不稳定的、可控的因素　　B. 内部的、不稳定的、不可控的因素
　　C. 内部的、稳定的、可控的因素　　　D. 内部的、稳定的、不可控的因素

4. 吴水即将高中毕业，他既想读国外的大学，又想读国内高校，迟迟不能作出选择，他的这种动机冲突属于（　　）。(2022 下)

　　A. 双避型　　　　　　　　　　　　B. 趋避型
　　C. 双趋型　　　　　　　　　　　　D. 多重趋避型

5. 李红看到王强经常帮助同学而受老师的表扬，因此她也愿意帮助同学，这种现象主要体现了哪种强化方式？（　　）(2022 上)

　　A. 负向强化　　　　　　　　　　　B. 间隔强化
　　C. 自我强化　　　　　　　　　　　D. 替代强化

6. 晓东期中考试成绩不理想，其父母承诺如果期末考试成绩优异，就奖励一部华为手机，于是他学习更加努力。晓东的这种学习动机属于（　　）。(2021 上)

A. 近景、外部动机 B. 近景、内部动机
C. 远景、外部动机 D. 远景、内部动机

7. 晓磊为了获得老师或家长的表扬而努力学习。根据奥苏伯尔的理论，晓磊的学习动机属于（　　）。（2020下）

A. 认知内驱力 B. 自我提高内驱力
C. 附属内驱力 D. 生理性内驱力

8. 晓斌认为自己学习成绩好全是刻苦努力的结果。根据韦纳的归因理论，晓斌的归因属于（　　）。（2019下）

A. 稳定的内部归因 B. 稳定的外部归因
C. 可控的内部归因 D. 可控的外部归因

9. 根据耶克斯-多德森定律，学生解决困难和复杂的任务时，哪种动机水平最有利？（　　）（2019下）

A. 中等偏下水平 B. 中等水平
C. 中等偏上水平 D. 高水平

10. 初一学生许明努力学习就是想获得亲朋好友的赞扬。根据奥苏伯尔的相关理论，驱动许明行为的是（　　）。（2018上）

A. 认知内驱力 B. 附属内驱力
C. 自我提高内驱力 D. 成就内驱力

11. 陈冬看到自己最好的朋友因为学习成绩优异收到校长的亲自嘉奖后，也开始加倍努力学习，力争获得优异成绩。这种强化属于（　　）。（2018下）

A. 直接强化 B. 间接强化
C. 自我强化 D. 内部强化

12. 小黄在学习时关注的是知识的内容和价值，而不是为了获得分数和奖赏。根据成就目标理论，小黄的目标导向属于（　　）。（2016上）

A. 成绩趋近 B. 成绩回避
C. 掌握趋近 D. 掌握回避

13. 在归因训练中，老师要求学生尽量尝试"努力归因"，以增强他们的自信心，因为在维纳的成败归因理论中，努力属于（　　）。（2016下）

A. 内部的，不稳定的，可控的因素 B. 内部的，不稳定的，不可控的
C. 内部的，稳定的，可控的 D. 内部的，稳定的，不可控的

14. 进入初中后，小磊为了赢得在班级的地位和满足自尊需要而刻苦学习，根据奥苏伯尔的理论，小磊的学习动机属于（　　）。（2015上）

A. 认识内驱力 B. 自我提高内驱力
C. 附属内驱力 D. 生理内驱力

二、辨析题

1. 动机强度与学习效果成正比。（2022上）
2. 学习动机与学习效果成正比。（2019上）
3. 焦虑不利于学生的学习。（2016下）
4. 学习动机是学生进行学习活动的内部动力，学习动机越强，学习效率越好。（2015上）

三、简答题

1. 学习动机的定义与功能是什么？（2018 上）
2. 简述自我效能感及其功能。（2016 下）

四、材料题

1. 某中学班主任张老师收到家长的一封来信，信中说："我的孩子晓奇在小学阶段喜欢学习，各科学习成绩优异，进入初中后，第一次数学考试考了80分，属于班级中下水平，他感到很失望、很沮丧，开始对自己的学习能力产生了怀疑。与此同时，晓奇小学时特别感兴趣的，也是他的强项英语，现在考试成绩也很不理想。晓奇对自己的学习能力更不自信了，认为自己不是学习的材料。近期他的学习劲头明显下降，作业拖拉，只要家长一离开，就放下作业。我很着急也很纳闷，不知道他为什么会这样，请老师帮我出主意。"

（1）请用动机归因理论分析案例中晓奇出现的问题及其原因。

（2）张老师应该向家长提出哪些教育建议？（2022 下）

2. 中学生晓雯是一个品学兼优的学生，老师与同学都很喜欢她。但她要进行选择与决策时，总是拿不定主意，处于矛盾中。例如，有同学建议晓雯竞选班长，她也有此想法，但又担心班级事务繁多影响自己的学习；学校举行数学竞赛，她渴望参加，但又担心无法完成老师交给她的创建班级环境规划的任务。日常生活中，晓雯也常常为参加集体活动还是温习功课拿不定主意；在专业选择问题上，她既想成为一名音乐家，又想成为一名心理学家。

（1）请运用动机冲突相关知识分析晓雯的问题。

（2）假如你是晓雯的班主任教师，你如何帮助她？（2016 上）

3. 小美很喜欢唱歌，从小就希望自己在音乐方面有所成就。在她还没有确定是否报考音乐学院前，她在众人面前能很好地展示自己的歌声。她确定报考音乐学院后，学习更加勤奋努力，希望实现自己的目标，但是在音乐学院的专业课面试过程中，由于她极度渴望有完美的表现，结果事与愿违，不但没有发挥出应有的水平，而且比平时更差，导致面试失利。这个结果让大家很诧异，她自己也无法接受。

（1）请运用动机相关知识解释小美专业课面试失利的原因。

（2）假设你是班主任，你如何帮助小美在下次面试中发挥正常水平？（2015 下）

习题自测：练习题

一、单项选择题

1. 当学习任务比较简单时，要想学习效果达到最佳水平，则合适的学习动机强度应当（ ）。

A. 很高 B. 较高
C. 较低 D. 以上都不对

2. 在动机的作用下，个体由静止状态转化为活动状态，产生各种相应的行为。这就是动机的（ ）。

A. 激活功能 B. 指向功能

C. 调节功能　　　　　　　　　　　　D. 维持功能

3. 在小学教育阶段，教师应当特别重视保护学生的好奇心，激发学生的学习兴趣，促使其产生（　　）。

　　A. 成就动机　　　　　　　　　　　　B. 认知内驱力
　　C. 自我提高内驱力　　　　　　　　　D. 附属内驱力

4. 学生学习是为了赢得地位和自尊，这种学习动机属于（　　）。

　　A. 附属内驱力　　　　　　　　　　　B. 自我提高内驱力
　　C. 认知内驱力　　　　　　　　　　　D. 内部求知欲

5. 有的小学生为了得到老师的鼓励而努力学习，有的小学生为了得到家长的奖励而努力学习，有的小学生为了让同学瞧得起自己而努力学习，这类学习动机属于（　　）。

　　A. 近景的直接性动机　　　　　　　　B. 远景的间接性动机
　　C. 近景的间接性动机　　　　　　　　D. 远景的直接性动机

6. 心理学研究表明，动机强度与问题解决效果的关系可以成（　　）。

　　A. 波浪线　　　　　　　　　　　　　B. 斜线
　　C. U形曲线　　　　　　　　　　　　D. 倒U形曲线

7. 最近，王华为了通过下个月的出国考试而刻苦学习外语，这种学习动机是（　　）。

　　A. 外在远景动机　　　　　　　　　　B. 内在远景动机
　　C. 外在近景动机　　　　　　　　　　D. 内在近景动机

二、辨析题

成就动机高的人只对中等难度的任务感兴趣，而成就动机低的人则仅对容易的工作有兴趣。

三、简答题

简述激发与维持内在学习动机的措施。

四、材料分析题

李铭是一个十分聪明的学生，他的最大特点就是贪玩，学习不用功。每次考试他都有侥幸心理，希望能够靠运气过关。这次期末考试他考得不理想，他认为这次是自己的运气太差了。

请运用韦纳的归因理论来分析：

（1）他的这种归因是否正确？这种归因对他以后的学习会产生怎样的影响？

（2）如不正确，正确的归因应是怎样的？

（3）对教师来讲，正确掌握韦纳归因理论有何意义？

第四章 练习题参考答案

第五章

学习迁移

知识框架

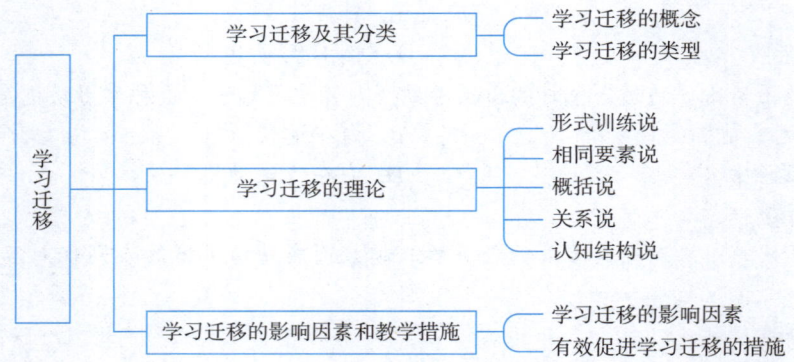

学习目标

1. 说出学习迁移的含义与作用。
2. 了解学习迁移的分类，可以说出形式训练说、共同要素说、概括化理论、关系转换理论、认知结构迁移等学习迁移的理论。
3. 理解影响迁移的主要因素。
4. 掌握有效促进学习迁移的措施。

案例导学

小玲在必修一、必修二的地理学习中，觉得在课堂上着重学习的是基本的地理原理，在考试中考查的也是基本的简单图表，着重考查对课本知识的记忆和简单应用问题，难度并不是很大。但自从学习必修三《区域地理》后，书中繁杂的内容刚开始确实吓到了她。文理分科后的课堂上，老师教授的便是典型的区域案例分析，可小玲仍是将重点放在了记忆上，打算一个一个记住，反正考试也不会偏离这些内容。但在期末地理试卷上竟然出现了小玲从来没有学过的知识，只能勉强写上几个术语，晕晕乎乎地下了考场。下考场后小玲询问老师该怎么学习地理，老师和她说："其实地理的许多内容有时考查的都是一个知识点，就看你是否能举一反三，你可以将这些相关或相同的内容放在一处，这样你以后看到就会联想到这个知识点。"听了老师的建议，小玲将知识点进行了总结及归纳，慢慢地小玲的成绩上来了。

第一节 学习迁移及其分类

迁移是学习的一种普遍现象。通过迁移，新旧经验得以概括化、系统化，形成整合的心理结构，并不断得到发展，从而稳定地调节个体行为。人们很早就认识到了学习迁移现象的存在，只不过没有对其进行深入研究而形成系统的理论。如孔子曰："举一隅不以三隅反，则不复也。"这句话就生动地描述了学习的迁移现象。但对学习迁移的研究仅停留在现象描述的阶段是远远不够的。为了使人们能够从本质上认识学习迁移的实质及规律，教育心理学一直将其作为一个重要课题在研究。

一、学习迁移的概念

学习迁移也称训练迁移，就是一种学习对另一种学习的影响，或习得的经验对完成其他活动的影响。即学生获得的知识经验、认知结构、动作技能、学习策略和方法等对新知识、新技能所产生的影响。

个体目前的学习一定要以先前的学习为基础，而且又不可避免地会对将来的学习产生影响。因而，教育的目的不仅在于使学生获得知识、技能和行为方式，更重要的是要促使学生能将已经掌握的知识、技能和行为方式应用到新问题解决过程中去。从这个层面的意义上说，学习迁移能否流畅、广泛地发生，应该是检验教师教学和学生学习效果的一个重要指标。正因为有学习迁移的存在，人类才能实现"举一反三""触类旁通"之类事半而功倍的学习理想。

在日常学习和生活中，我们还可以随时发现学习迁移的踪迹。比如，掌握了英语，有助于学习法语、德语、日语等另一门外语；学会了骑自行车，有助于学习骑摩托车；数学学得好，有助于物理、化学的学习；个人卫生习惯好的人，也注意保持环境卫生；在学校人缘好的学生，到社会中人际关系也不错。这些俯拾皆是的例子，让我们体会到学习迁移无处不在。学习是伴随人一生的一件平常却重要的事情，学习迁移又是伴随学习过程中的，只要人类学习，就会有学习迁移发生。除了知识、技能的迁移，兴趣、情感、意志、态度等都可以发生迁移。

学习迁移一直是教育心理学的核心课题，对这一课题进行研究具有重要的理论意义和实践价值。

（一）从理论方面来看，对学习迁移研究的意义

（1）学习迁移理论是学习理论的必要组成部分，对其进行研究可以丰富学习理论。科学的学习理论，不仅要揭示学习现象发生发展的机制和规律，还要说明学习的结果（知识、技能、行为方式、态度、策略等）在新的情境中是如何影响新的学习的。而对学习迁移的研究恰好能解释上述问题。

（2）学习迁移机制正是知识、技能向智力、能力转化的心理机制，对其进行研究有助

于人们理解教育的最终目的。教育教学并没有教给学生智力和能力，只教给学生知识和技能，然而，教育教学却能在潜移默化中提高学生的智力和能力。这正是因为有迁移的存在。学生掌握的知识、技能通过广泛的迁移，不断地应用到新情境中去，在这个过程中，学生分析问题的能力不断提高，已习得的经验不断概括化、系统化。因而，能否发生学习迁移就成为检验教学效果的一个重要标准。

（3）学习迁移是有意义学习得以进行的基础，有助于揭示有意义学习的心理机制。奥苏伯尔把学生的学习分为机械学习和有意义学习，其中有意义学习的效果往往比机械学习的效果好。其实有意义学习就是一种理解学习，在学习过程中，学生必须在新旧知识之间建立起实质的联系，这实际上就是一个已有知识经验对新学习的影响，是一种迁移。如果没有先前已有的知识经验对学习的这种迁移，就无法形成新旧信息间的实质性联系，学生就不可能进行有意义学习了。

（二）从实践方面来看，对学习迁移研究的价值

（1）促使教育者"为迁移而教"，提高教育教学的效果。教师在教学组织中要充分运用促进学习迁移的条件来选取教学方法、合理组织例子并适当安排学习。例如，在讲平行四边形、梯形等几何图形的特点时，可以采取列举多种变式，并进行恰当、充分的比较分析的办法，使学生牢记这些图形的特征，在新情境中可以快速识别并运用这些特征解决具体问题。

另外，在学校其他有关教学的工作中，学习迁移的规律也有指导作用。比如，教材的选择、教学进度的安排等都要以有助于学生产生学习迁移的要求来部署。

（2）促使学生"为迁移而学"，增强学习的主动性，提高学习效率。学生懂得了学习迁移的道理后，会更主动地学习。当学生意识到在学校中习得的对学习的态度、对同学关系的把握能力会影响其将来的工作态度，甚至是对待人生的态度、人际交往能力后，就会在学习中自觉端正学习态度，积极主动地参加活动。

总之，在实践中，只有"为迁移而教""为迁移而学"成为教与学双方共同追求的目标，才能达到教学活动的理想境界。

二、学习迁移的类型

迁移现象在学习中是普遍存在、广泛发生的，为了更好地研究这一现象，有必要对迁移做一下分类。迁移的分类可以从不同的角度来划分，大致有以下几种分类方法：

（一）按迁移发生的领域分类

按迁移发生的领域，可以将迁移分为知识的迁移、动作技能的迁移、习惯的迁移、态度的迁移等。如掌握了加、减法的学生，容易学好乘法运算，这就是一种知识的迁移；学会在走路中掌握身体平衡的孩子，会将这种保持身体平衡及移动的技能运用到跑步中去，这就是一种技能的迁移；而一个受到了老师不公正对待的孩子，一提到学习就很厌烦，甚至连游戏也不想参加，这就是一种情感和态度的迁移了。

在获得知识的过程中，学生的知识、技能、情感和态度是并行不悖的，因而由学习产生的迁移也是多方面的。布鲁纳认为，原理和态度的迁移是教育过程的核心。而在教育实践中，我们看重的大多是属于知识方面的迁移，而忽略了情感和态度方面的迁移，这对于激发和增强学生的学业成就动机是不利的。

（二）按迁移产生的效果分类

按迁移产生的效果，可将迁移分为正迁移和负迁移。

所谓正迁移，又可称积极迁移，指的是一种学习对另一种学习的积极影响或促进。如已有的知识、技能在学习新知识和解决新问题的过程中，能够很好地得到利用，产生触类旁通的学习效果。孔子要求自己的学生要做到"由此以知彼"，就是要求学生在学习中要多利用正迁移。

所谓负迁移，又称消极迁移，是一种学习阻碍和干扰了另一种学习，即一种学习对另一种学习产生了消极影响。如学生在学习新概念时，与原有的概念混淆，产生干扰现象，加大了新概念获得的难度，或者歪曲了原有概念。这种迁移给学生带来的消极影响是很严重的。比如掌握了汉语语法的学生，在初学英语语法时，总会因汉语的语法习惯影响对英语语法的学习，度过这个困难时期，英语学习才能柳暗花明。而一部分学生要花费很长时间、很大精力才能摆脱这种消极干扰，严重影响了学习效率，甚至影响了自信心。因而，学校的教育教学要促进正迁移，预防负迁移。

（三）按迁移产生的方向分类

按迁移产生的方向，可将迁移分为顺向迁移和逆向迁移。顺向迁移是指先前学习对后继学习的影响；反之，后继学习对先前学习的影响则称为逆向迁移。

当学生面临新的学习情境和问题时，如果利用原来的知识和技能获得了新知识和解决了新问题，这种迁移就是顺向迁移。顺向迁移是把已有的知识经验运用到同类事物中去，以揭示新事物的意义和作用，从而把新事物纳入已有的认知结构中去。相反，学生通过后面的学习，对原有的知识进行补充、改组或修正，这种迁移就是逆向迁移。逆向迁移是把已有知识经验用到新的异类事物中，对已有的知识经验进行重新改组，以形成能包含新事物的新的认知结构的过程。

顺向迁移有助于新知识的理解和掌握，逆向迁移有助于已有知识的巩固和完善，因而在教育教学实践中要充分利用这两种迁移，促进学生的学习行为，增强其学习效果。

（四）按迁移产生的情境分类

按迁移产生的情境，可将迁移分为横向迁移和纵向迁移。横向迁移又称水平迁移，是指处于同一概括水平的经验之间的相互影响。例如，数学课上学习了三角方程式，能够促进物理课学习计算斜面上下滑物体的加速度。

纵向迁移又称垂直迁移，是指处于不同概括水平的经验之间的相互影响，包括较容易、较具体化的学习对难度较高、较抽象的学习的影响，和较高层次的学习原则对较低层次的、具体学习情境的影响。在学习中，我们常有这样的经历：遇到一部分较难的内容，怎么学都觉得没有学透，但出于时间的原因，只能往下学习新的更难的内容；出人意料的是，学完了更难的内容回头一看，豁然开朗，原来没学透的内容现在变得一点都不难了。这就是难度较高的学习对难度较低的学习所产生的一种纵向迁移。

（五）按迁移发生的方式分类

按迁移发生的方式，可将迁移分为一般迁移和具体迁移。

一般迁移，也称普遍迁移、非特殊迁移，是将一种学习中习得的一般原理、方法、策略和态度等迁移到另一种学习中去，其迁移范围大。如：数学学习中形成的认真审题的态

度及其审题的方法，也将影响到化学、物理等学科中的审题活动。

一般迁移常常表现为原则的迁移或者态度的迁移等。这种迁移可能由学习的动机、注意的因素引起，也可以由学习的其他准备活动和方法、学习策略引起。传统的一些研究者认为，一般技巧、策略的方法有广泛迁移的可能性。因此，一般性迁移具有重要的作用。

具体迁移也称特殊迁移，是指一种学习中习得的具体的、特殊的经验直接迁移到另一种学习中去，或经过某种要素的重新组合，以迁移到新情境中去，其迁移范围小。如：英语学习中，当学完单词 eye 再学习 eyeball。

（六）按迁移过程中所需的内在心理机制分类

按迁移过程中所需的内在心理机制的不同，可将迁移分为同化性迁移、顺应性迁移和重组性迁移。

同化性迁移是指不改变原有的认知结构，直接将原有的认知经验应用到本质特征相同的一类事物中去。原有的认知结构在迁移过程中不会发生实质性改变，只是得到了某种程度的充实。例如，我们平常所说的举一反三、闻一知十等就是这种迁移的表观。

顺应性迁移是指原有认知经验应用于新情境中时，需调整原有的经验或对新旧经验加以概括，形成一种能包容新旧经验的更高一级的认知结构，以适应外界的变化。例如，个体原有的认知结构里有一些概念，当这些概念不能解释遇到的新事物时，就需要调整原有的认知结构或对新旧经验加以整合，建立一个概括水平更高的科学概念来解释这一新事物。

重组性迁移是指重新组合原有认知系统中某些构成要素或成分，调整各成分之间的关系或建立新的联系，从而应用于新情境。例如，对已经掌握的字母进行组合，形成新的单词；在排练舞蹈时，将多个已经掌握的动作重新组合、排列，形成一套新的舞蹈动作。

（七）按迁移发生的自动化程度分类

按迁移发生的自动化程度，可将迁移分为低路迁移和高路迁移。这种分类是由美国心理学家所罗门和帕金斯所提出的。

低路迁移指的是经过充分练习的技能自动迁移，不需要反省性思维。产生这种迁移的主要条件是在各种情境和条件下过度练习。当一种很熟练的技能从一个情境迁移到另一个情境中时，往往不需要或很少需要个体意识的参与。例如，个体学会了驾驶某种汽车，当他驾驶其他类型的汽车时，也能很熟练地操作，这就是低路迁移。越熟练的、越能够在多种情境下使用的技能，就越有可能发生低路迁移。

高路迁移是指个体有意识地将某一情境中习得的抽象知识运用到新情境中的迁移。这种迁移需要意识和思维的参与。高路迁移要求个体从情境中抽象出规则、核心概念或程序，以用于新情境中。例如，运用做笔记的策略来阅读书籍，利用数学知识来设计校报的版式等。

（八）按迁移的程度分类

按迁移的程度，可将迁移分为近迁移和远迁移。近迁移是指已习得的知识或技能在与原先学习情境相似的情境中得到应用。例如，骑自行车的技能可以迁移到骑摩托车的学习情境中。在自习的情境中，也可以体现近迁移。远迁移是指已习得的知识或技能在与原先情境不相似的情境中的运用。例如，将数学中学到的逻辑推理规则运用到物理、化学等学科中去解决问题，便是远迁移。远迁移的形成过程和心理机制比近迁移复杂得多。

随着迁移研究的深入，研究者们还对迁移的种类提出了一些新的划分方法，对迁移不同的分类方法体现了人们对迁移理解的深度与研究角度的不同。但在具体的活动中，一种迁移可能既是正迁移又是顺向迁移和一般性迁移，同时也可能是横向迁移。当然这种复杂局面也正说明只有从不同角度进行研究，才有利于我们剥开迁移纷繁复杂的表象，能够真正地去了解和解释迁移的本质和规律。

第二节 学习迁移的理论

尽管人们早就注意到了迁移现象的存在，但真正对迁移现象的研究则是近一二百年的事。其间，研究者们对迁移的本质及过程进行了不懈的探索，并形成了以下学习迁移理论。

一、形式训练说

最古老的迁移理论应首推"形式训练说"。形式训练，是以官能心理学为基础的。认为心理固有的官能只有通过训练才能发展，迁移就是官能得到训练而发展的结果。也就是说，它主张迁移是要经过一个"形式训练"的过程才能产生。这一理论认为，心智是由许多不同的官能组成的整体，这些官能包括注意、意志、记忆、知觉、想象、推理、判断等，每一种官能都是独立的实体，分别从事不同的活动。各种官能可以像肌肉一样，通过练习增强力量和发展。因而形式训练说认为，若两种学习涉及相同的官能，则前次学习会使官能得到提高，并对后来的也涉及该官能的学习产生促进作用，从而表现出迁移效果。

按照形式训练说的这种观点，某个学科可能对训练某种或某些官能特别有价值。因此，这种学说主张学校应把难记的古典语法（如拉丁语等）、深奥的数学及自然科学中的难题作为训练的主要内容，认为这些内容能够训练记忆、推理等心理官能，一旦新的官能在这些学科中得到训练，就可以迁移到其他类似问题的解决中。因此，不必重视实用知识的学习，学习的具体内容是会忘记的，其作用是有限的；重要的在于形式的训练，只有通过形式的训练提高各种官能，才会促进迁移的产生。因而，教育的目的仅在于训练和改进心理的官能，而学习内容不甚重要，重要的是所学内容的难度和训练价值。

形式训练说的观点曾在欧美盛行了二百多年之久，后来受到实验研究的挑战。詹姆斯的实验是对形式训练说的初次挑战。他做的是关于诗歌的记忆迁移实验，想了解记忆一个作家的材料是否能促进对另一作家材料的记忆。但其结论与形式训练说相悖，即记忆能力并未因形式训练而得到改善，记忆能力的迁移也不是无条件的、自动的。后来的一些研究也对形式训练说提出了怀疑，其中以桑代克和伍德沃斯的研究最为著名。

这些早期的关于迁移的实验研究虽然略显粗糙，不能作为定论，但为此后的严密实验研究开辟了道路。形式训练说关于迁移的解释是从唯心主义的观点出发的，缺乏足够的实验依据，因而必将被更进步的学说所代替。但形式训练说对学校教学课程的确立、教材的选择的影响直到目前仍未完全消除。

二、相同要素说

形式训练说受到了许多心理学家的实验的挑战。詹姆斯的实验表明,记忆能力不受训练的影响,记忆的改善主要在于记忆方法的改进。桑代克根据自己的实验结果,提出了相同要素说,又称共同要素说,来解释学习的迁移。

1901年,桑代克提出了"形状知觉"实验。他以大学生为被试,训练他们判断各种形状、各种大小的图形的面积。在训练前对他们进行了预测,让他们估计127个矩形、三角形、圆形和不规则图形的面积,使他们判断形状面积的能力达到一定的水平。接着,对被试进行充分的训练,训练所用的是90个10~100平方厘米大小的平行四边形。最后,对被试进行这样两个实验:第一个实验是要求他们判断13个与训练图形相似的长方形的面积;第二个实验是要求他们判断27个三角形、圆形和不规则图形的面积,这27个图形是预测中使用过的。其研究结果为:通过平行四边形面积判断训练,被试对矩形面积的判断成绩提高了,而对三角形、圆形等不规则图形的面积判断的成绩却没有提高。

后来,桑代克也做了进一步的长度和重量的估计实验。如让被试估计3.3~4.5厘米的线段,经过练习,取得相当的进步;但要求他们对18~36厘米的线段进行估计时,其估计能力并不因为先前的训练而有所改进。

桑代克的实验结果证明形式训练说的迁移理论显然与实际情况不相符。他的实验结果证明,特殊的训练确实存在着一定的迁移,但只是特殊经验的事实、技能、方法乃至态度的迁移,并不能提高一般的观察力、记忆力、注意力等。

在这些实验的基础上,桑代克提出了迁移的相同要素说。他认为,只有当两种训练机能具有相同的要素时,一种机能的变化才能改变另一种机能的习得。也就是说,只有当两种学习在某些方面有相同之处时,才有可能进行迁移。并且,两种情境相同的因素越多,迁移的可能性就越大。后来,伍德沃斯又将桑代克的相同要素说修改成共同成分说。这种理论认为,前后两次学习只有在内容上有共同元素或共同成分时,迁移才能发生,否则,无论它们所涉及的官能如何相同,也是不能发生迁移的。

桑代克的相同要素说解释了迁移现象中的一些事实,对迁移理论作出了重要贡献。并且,对当时的教育界也起过积极的作用,使学校脱离了形式训练说的影响,在课程设置上开始重视应用学科,教学内容也开始与实际应用相结合。但是,相同要素说事实上是从联结主义的观点出发的,所谓相同要素也就是相同联结,那么学习的迁移不过是相同联结的转移而已。这种未能充分考虑学生的内在训练的观点,仍然具有一定的局限性:用来解释动物学习和人的机械学习有一定的正确性,但用来解释有意义学习,就很困难了。

三、概括说

心理学家贾德经过实验强调原理、原则的概括对迁移的作用。贾德并不否认两种学习活动之间存在的共同成分对迁移的影响,但不同于共同要素说那样将共同成分看作迁移产生的决定性条件。他认为,两种活动之间存在共同成分只是产生迁移的必要前提,而迁移产生的关键在于学习者能够概括出两组活动之间的共同原理。而且,概括化的知识是迁移的本质,知识的概括化水平越高,迁移的范围和可能性越大。概括说又称概括原理说。

为了证明他的观点,1908年贾德进行了一个著名的"水下击靶"实验。该实验以小学五、六年级的学生为被试,根据教师的评定把他们分为能力相等的甲、乙两组,训练他们射击水中的靶子。其中甲组在练习射击之前学习了光的折射原理，乙组则不学习该原理。在射击潜于水下 3.05 厘米的靶子时这两组的成绩基本相同，这说明理论并不能代替实地的练习；但当情境改变，把靶子置于水下 10.16 厘米时，学习过光的折射原理的甲组同学不论在速度上还是在准确度上，都大大超过了没有学过光的折射原理的乙组同学。贾德认为，掌握了光的折射原理，并不一定马上产生效果，还需要领会和实际练习，即理论不能代替实际，所以两组学生第一次的成绩并未因学习了光的折射原理而有所差异；但当有了实际经验后，概括化的原理就可以应用于不同情境中，能随情境的变化而加以调整，即根据水下靶子的不同深度进行调整。贾德认为，概括化的原理和经验是迁移得以产生的关键，对原理学习得越透彻，对新情境的适应性就越强，迁移就越好。

后来，亨得瑞克森等人在贾德"水下击靶"实验的基础上，进行了更为严格的控制实验，进一步证明了概括化理论的正确性，并进一步指出：概括化不是一个自动化的过程，它的发生与教学方法有密切的关系。

概括说（概括原理说）这一理论解释了原理、法则等概念化知识在迁移中的作用，已涉及较高级的认知领域中的迁移问题，为迁移理论的发展作出了重要的贡献。但概括化经验只是影响迁移成功与否的条件之一，并不是迁移的全部。

根据概括化理论，在课堂中讲授教材时，最主要的是鼓励学生对基本概念、基本原理进行概括。而同样的教材内容，由于教学方法不同，会使教学结果大相径庭，学生的迁移效果也不尽相同。

四、关系说

在迁移概括说的基础上，格式塔心理学家们对迁移理论做了进一步发展。他们认为，迁移的发生不在于有多少共同因素或掌握了多少原则，而在于能否突然发现两种学习情境中的关系，这才是实现迁移的根本条件。也就是说，关系说强调个体对关系的"顿悟"是获得迁移的真正本质，迁移的产生主要是对两次学习情境中原理、原则之间关系的"顿悟"，所迁移的不是两个情境的共同成分，而是两个情境中的共同关系。迁移的关系说又称迁移的关系转换理论。

格式塔心理学家苛勒用"小鸡啄米"实验论证了这一假说。他用小鸡和一个三岁小孩为被试，训练他们在两张颜色深浅不同的纸上找食物吃。这两张纸一张是浅灰色，另一张是深灰色，食物总是放在深灰色的纸上。先让被试对深灰色纸和浅灰色纸形成分化性条件反射，即对深灰色纸产生食物条件反射，对浅灰色纸不发生食物条件反射。小鸡需 400~600 次练习，小孩需 45 次练习能形成这种条件反射。然后，用一张比原来的两张纸颜色都深的黑灰色纸来代替那张浅灰色纸，以此来观察小鸡是到过去总放着食物的那张深灰色纸上觅食，还是到新放的黑灰色纸上觅食。如果被试到过去总放着食物的那张纸上觅食，就证明迁移是因两种情境中存在相同要素产生的；如果被试到两张纸中颜色较深的一张纸上觅食，那就证明迁移的产生不是由于相同要素的存在而是因为事物间相同关系的存在。结果，小鸡对新纸的反应为 70%，对原来深灰色纸的反应为 30%；而小孩 100% 对两张纸中颜色较深的那张纸产生反应。这表明，被试的反应并不是根据刺激物的绝对性质做出的，即迁移的产生并不是因为相同要素的存在，而是因为他们顿悟了事物之间的关系。也就是说，在第一个情境中获得了选择颜色较深的地方觅食经验的小鸡，在第二个情境中迁移的是颜色相对关系的经验。据此，格式塔心理学家们提出了迁移的"关系转换理论"。

苛勒认为，个体越能发现事物之间的关系，则越能加以概括和推广，迁移的产生也就越普遍。而对事物间的关系的发现是建立在对事物理解后的顿悟的基础上的。对事物的理解力越强，概括的可能性越大，越容易顿悟事物间的关系。

五、认知结构说

认知结构说，或称认知结构的迁移理论，是奥苏伯尔根据他的有意义言语学习理论（同化理论）发展而来的。奥苏伯尔对认知因素及其影响新的学习（迁移）的主要变量，以及如何操作认知结构变量来影响新的学习的技术进行过长期的理论和实践方面的研究，提出了下列一些关于学习迁移的观点。

（一）迁移的产生

奥苏伯尔认为，所谓认知结构就是学生头脑内的知识结构。广义地说，它是学生已有的观念的全部内容及其组织；狭义地说，它是学生在某一学科的特殊知识领域内的观念的全部内容及其组织。奥苏伯尔认为，学生原有的认知结构是实现学习迁移的"最关键的因素"。当学生已有的认知结构对新知识的学习发生影响时，就产生了迁移。

（二）影响迁移的因素

一切有意义的学习都是在原有学习的基础上产生的，而过去经验对当前学习的影响不是直接发生的，而是通过认知结构的特征发生影响的。这些特征是指学生在一定知识领域内认知的组织特征，如清晰性、稳定性、概括性和包容性等。如果学生在某一领域的认知结构清晰度、稳定性、概括性和包容性越高，迁移发生的可能性就越大。这说明迁移的发生不仅取决于前后两种学习在刺激和反应方面的相似程度，还取决于学生的认知结构和组织特征。

认知结构的组织特征和内容方面的特征合起来，称为认知结构变量。奥苏伯尔认为，认知结构有三个变量会影响新的学习，它们是：可利用性、可辨别性和稳定性。可利用性是指在认知结构中是否有适当的起固定作用的观念可以利用。在认知结构中处于较高抽象概括水平的、起固定作用的观念，能给新的学习提供最佳关系和固定点。可辨性是指新的有潜在意义的学习任务与同化他们的原有观念系统可以辨别的程度。稳定性是指原有的、起固定作用的观念的稳定性和清晰性。

（三）设计"先行组织者"促进学习迁移

根据影响迁移的因素，奥苏伯尔提出，设计适当的"先行组织者"来影响认知结构变量，这样就可以促进学习迁移，这是一种重要的教学策略。

所谓先行组织者，就是先于学习任务本身呈现的一种引导性材料。它要比学习任务本身有较高的抽象、概括和综合水平，并能清晰的与认知结构中原有的观念和新的学习任务相联系。也就是说，先行组织者能充当新旧知识联系的"知识桥梁"。

"先行组织者"可分为两类，一类是"陈述性组织者"，其目的在于同新的学习产生一种上位关系，为新的学习提供一个适当的类属关系。另一类叫"比较性组织者"，它的目的是增强新旧知识间的可辨别性。它一般是以比较新材料和已有认知结构中相似材料间的异同的形式呈现的。

通过设计适当的"先行组织者"，可以提高学生原有认知结构的可利用性、可辨别性和稳定性，从而促进学习迁移的实现。具体说来"先行组织者"的作用主要有：

1. 对认知结构可利用性的影响

奥苏伯尔做了一项实验，比较两组被试在学习有关钢的性质的材料时的成绩。实验组在学习新材料前，学习了一个"陈述性组织者"，其中强调了金属与合金的异同、各自的利弊和冶炼合金的理由。控制组被试在学习有关钢的性质的材料之前，先学习了一个关于炼钢和炼铁方法的历史说明材料。虽然这个材料可以提高被试的学习兴趣，但没有提供可以作为理解钢的性质的观念框架。结果两组在学习钢的性质的材料之后，其学习成绩差异显著，见表5-1。

表5-1 "陈述性组织者"对学习成绩的影响

组别	先学习的材料类别	平均成绩
实验组	陈述性组织者	16.7
控制组	历史介绍	14.1

该研究表明，"陈述性组织者"通过加强认知结构的可利用性变量，促进了知识学习的迁移。对言语分析能力较低的学习者，其效果尤为明显，因为这些学习者自身不能发展一种适当的图式将新旧材料关联起来。

巴恩斯（H. L. Barnes）在博士论文中指出，"组织者"不仅对学习施加了一种有统计意义的影响，而且产生了实质性的影响。98%的研究中，被试的学习平均分数增加了10%~18%；同未使用"先行组织者"的组相比，利用了"先行组织者"的被试，概念迁移所增加的百分数，按不同的材料性质，分别达到16%~50%不等。

梅耶（R. E. Mayer）的研究认为，"陈述性组织者"影响知识的获得及保持阶段，而不是知识的再现阶段。

2. 认知结构可辨别性的影响

奥苏伯尔和约瑟夫（M. Youself）利用"比较性组织者"促进了被试对虽相似但有矛盾的材料的学习。他们在实验中把被试分为实验组和控制组两个等组，实验组和控制组都是先学习一般佛教材料，后学习一个禅宗佛教材料。实验组在学习一般的佛教材料前，先学习一个"比较性组织者"，它指出了佛教与基督教的异同。实验组在学习禅宗佛教材料之前，也先学习了一个"比较性组织者"，它指出了佛教与禅宗佛教的异同。控制组在学习第一个材料之前先学习一个历史材料，在学习第二个材料之前先学习一个传记材料。实验结果见表5-2。

表5-2 "比较性组织者"对学习成绩的影响

组别	平均测验分数	
	佛教	禅宗佛教
实验组	19.4	14.8
控制组	17.6	14.2
差异显著性水平	显著	不显著

研究者认为，前一个"比较性组织者"对佛教知识的学习与保持起到显著的促进作用；后一个"比较性组织者"对禅宗佛教的学习与保持未起显著作用，其原因可能是

先前学习过的佛教知识的巩固本身为后继的禅宗佛教学习起到了"组织者"的作用，从而部分抵消了外加的"比较性组织者"的作用。后来，心理学家们又通过大量实验进一步发现：当先学的知识不稳定和不清晰时，采用一个"比较性组织者"，能有效提高新旧知识的可辨别性；当原有的知识本身已清晰并巩固时，提高可辨别性的唯一方法就是过度学习新知识；在概念学习中呈现一系列刺激，以便连续地比较概念特征，有利于促进概念的形成；形成一种比较新旧知识的心向，而未实际呈现"比较性组织者"也可以促进学习与保持。另外，"先行组织者"的运用对促进认知结构的稳定性也能起到积极作用。

第三节 学习迁移的影响因素与教学措施

一、学习迁移的影响因素

学习迁移是学习过程中普遍存在的一种现象，学习过程中许多因素都会直接或间接地影响学习迁移，如果要对这些因素进行归纳的话，可以分为客观因素和主观因素。由于这些因素很难穷尽，下面只好依据学习迁移的部分理论对其中一些因素加以强调说明。

（一）学习材料的特点

学习材料作为学生学习的对象和知识的主要来源，对学习迁移有着重要的影响。从早期桑代克的相同要素说，到产生式迁移理论，都从不同角度说明了学习材料对迁移的影响。不同的学习材料，其迁移的过程甚至结果都是不一样的。

学习材料的相似性影响学习迁移的产生。相似性的大小主要取决于两任务中含有的共同成分，较多的共同成分将产生较大的相似性，并导致迁移的发生。共同成分既可以是学习材料（如刺激）、学习中的环境线索、学习结果（如反应）、学习过程、学习目标等方面的，也受主观相似性的影响。

1. 学习材料的相似性

桑代克认为，学习对象之间的相同要素越多，迁移的量也就越大，迁移是由于两种学习情境之间存在着共同的要素。产生式迁移理论在阐明技能迁移的原因时，指出迁移的发生是因为两项技能之间存在产生式规则的重叠，同时认为迁移的程度取决于学习情境和材料之间的相关性。不同的学习材料（陈述性的、程序性的），其迁移的类型和过程也是不同的。

> **知识拓展 5-1**
>
> **"旧""新"间的相似性促进知识的迁移**
>
> 当两个情形在某种程度上有重叠时，往往会发生从一个情形到另一个情形的迁移。想想埃琳娜，那名能讲流利西班牙语的学生如今掌握了法语。埃琳娜应该很容易就学会了用法语数数，因为数字一、二、三、四、五（un、deux、trois、quatre、cinq）和她已经懂的西班牙语非常接近（uno、dos、tres、cuatro、cinco）。当原来的学

习任务和迁移任务在内容上有重叠,而且发生了迁移时,我就有了一个"特定迁移"(specifictransfer)的例子。

两种情况的相似性通常促进的是从一个到另一个的正迁移,然而,偶尔它也会导致负迁移。举个例子,试试下面的练习。

很快地估算一下这道除法题的答案:20÷0.38,你的答案是大于还是小于20?

如果你把整数的知识应用到这里,毫无疑问你的答案是小于20。事实上,答案约等于52.63,是一个大于20的数字。很多学生,不论是什么年级水平的,甚至是大学生,都会表现出把整数原理迁移到和小数有关的情形中。对小数的学习表面上与整数的学习有相似性。唯一的差异,也是很重要的一个,事实上就是一个小小的小数点。

(资料来源:Jeanne Ellis Ormrod. 教育心理学精要[M]. 雷雳,柳铭心,郭菲,等译. 北京:中国人民大学出版社,2013)

2. 学习目标与学习过程的相似性

不同学习任务的目标要求是否一致、相似,将在一定程度上决定不同任务间的加工过程是否相似,进而决定它们之间能否产生迁移。

在学习中,意识到学习材料之间的相同点和不同点,对它们进行辨别,是促进迁移的重要条件。这样,既有助于正迁移的发生,也能克服由于学习材料的相似可能带来的负迁移。

(二)经验的概括程度

根据概括化理论,产生学习迁移的关键因素是学习者概括出了学习中的共同原理并能有效地迁移到新的学习中去,从而有效地指导实践。奥苏伯尔在关于"先行组织者"的研究中也认为,抽象、概括程度较高的材料更能促进学生对新知识的掌握。加强对自己的知识经验的概括,或者通过学习、教学不断掌握基本概念和原理是学生概括化原理获得的两条重要渠道。学生对学得的知识经验进行概括,越能反映同类事物、问题的共同特点和规律性的联系,因而,对具体事物、问题的联系就越普遍。概括的程度越高,越有利于学习迁移的发生。要实现对知识经验的概括,就是要加强学习中理解的作用,理解得越深入,概括的程度就越高,就越有利于新知识的掌握、问题的解决和知识的运用。

心理学家奥弗曼(Overman)曾对小学二年级学生进行实验。他把学生分为四个组,每组112人,采用四种不同的方法训练他们学习两个两位数相加、三个两位数连加,以及两个两位数与一个一位数相加。

第一组:不概括,教师只告诉学生怎样写、怎样加;

第二组:要求概括,教师不但告诉学生怎样写、怎样加,而且帮助学生概括出"写数字要使右行对齐"的规则;

第三组:只说理,即只告诉学生个位数只能与个位数相加,十位数只能与十位数相加的原理,不告诉"写数字要使右行对齐"的原则;

第四组:兼用第一、二组的方法。

训练15天后,用未教过的题目进行测试,结果第二组和第四组产生了较大的正迁移,第三组和第一组没有很大的差异。可见,学生对经验的概括以及概括的程度与水平直接影响着学习的迁移。当然，教师的指导和教学对学生概括的水平和概括能力的提高起着重要的作用。

（三）对学习情境的理解

不论是早期的格式塔心理学，还是今天的建构主义心理学，都强调情境在迁移中的重要作用。任何知识经验的获得和应用都和一定的情境有着密切的关系。环境学习论者认为：学习既是个体性建构意义的心理过程，也是社会性的、工具中介的知识合作建构过程。有意义的学习是有意图的、复杂的，是处于它所发生的情境脉络之中的。因此，要特别注意学校情境下的学习要达到的特定学习目标和特定内容，重点研究真实学习活动中的情境化内容。其中心问题就是以学习者为中心，创建实习场，在这个实习场中学生遇到的问题和进行的实践与今后校外所遇到的问题是一致的。从学习迁移角度讲，知识经验获得的情境与知识应用的情境在许多方面都密切相关，如情境中事物之间的关系、问题呈现的方式与空间位置、两种情境的类似情况等。注意对情境中各种关系的理解，创设对知识应用有利的情境，引导学生运用所学的知识原理去解决各式各样的问题等，在促进迁移过程中应该受到重视。在关于策略迁移的研究中也发现，经过训练掌握的策略、方法之所以往往不能有效地运用于随后所遇到的问题，除了训练本身的问题，问题及问题情境的变化也是影响学生不能成功应用的一个重要原因。

（四）学习的心理准备状态

心理准备状态是在过去学习或活动过程中形成的，又对未来的学习或活动产生影响，这种影响既可能是积极的，也可能是消极的。心理准备状态在关于迁移的研究中讨论比较多的是学习定势。哈洛的研究发现，当以由易到难的次序安排学习任务时，被试就能较容易解决这些问题，即更容易形成有利于问题解决的学习定势，学会学习，并且经过训练所形成的这种学习定势能迁移到其他情境中去。邓肯（C. P. Duncan）通过实验还发现，学习定势对学习慢的学生比学习快（或学习较优秀）的学生更有促进作用。卢钦斯的"量杯取水"实验除了证明定势的存在，还主要说明了已经形成的定势对随后解决问题的消极影响。以后，奈特（K. J. Kmight）设计了类似的实验，对产生僵化行为的原因进行了分析。研究发现，被试在较难的问题中用惯了一个公式，他们以后就有坚持运用这一公式的倾向且很难改变。若被试在较易的问题解决中用惯了一个公式，则在解决新问题时能较灵活地适应。就是说，在学习时对某法则或方法付出的代价越大，则定势导致的僵化行为越难改变。

学习的心理准备状态还应包括学习的心向和态度。按照奥苏伯尔的观点，面对一种具有逻辑意义的材料，能否产生有意义学习首先取决于学习者有没有有意义学习的心向，具有利用已有知识去学习新知识的心理准备状态更有利于已有知识对新的学习的迁移。

态度是一种习得的、决定个人行为选择的内部状态。布鲁纳认为，过去学习所形成的态度和概念、原理及方法一样也是可以迁移的。

（五）认知结构的特点

认知结构是人们过去对外界事物进行感知、概括的一般方式或经验所构成的观念结构，其特征，如知识经验的准确性、知识经验的丰富性、知识经验间联系的组织特点等，都会影响学生对新知识的学习，影响解决问题时提取已有知识经验的速度和准确性，影响学习迁移。奥苏伯尔主要从认知结构的可利用性、辨别性和巩固性三个特征出发，较为详细地讨论了已经形成的认知结构对迁移的影响，并结合教学通过设计对新知识的学习和迁移问题进行了探讨。

（六）学习策略的水平

尽管教育心理学关于学习策略和方法对学习迁移的影响很早就有研究，但真正受到重视则是在20世纪80年代以后。学习策略对迁移的影响是相当广泛的，其主要表现为认知策略与元认知策略对迁移的影响。从当前来看，儿童学习策略可分为三个时期：学前期的儿童尚不能自发地掌握学习策略，即使自发地运用了某种策略，常常也是无意识的；小学期的儿童已经能自发地掌握许多策略，但常常仅限于比较简单的策略，且不能有效地运用这些策略来提高学习效率，如果教师能在策略运用上给予学生清晰指导，则有利于他们对策略的运用；初、高中时期的学生，在自己熟悉的知识领域，可以自发地形成策略，自觉地运用适当策略改进自己的学习，并能根据任务需要来调整策略。

因此，不同时期学生策略发展的水平不可避免地会影响知识学习、问题解决和迁移。策略对迁移的影响主要表现在发展水平、策略的丰富程度以及依据情境的变化灵活地运用等方面，因此，许多心理学家和教育家都主张应该通过训练和教学来提高学生的策略水平，只是在如何训练和教学上还存在争议。

二、有效促进学习迁移的措施

迁移贯穿在人一生中各种形式的学习中，因此"为迁移而教"已成为今天学者们的共识。如何通过教学促进学习迁移成为心理学家、教育家和教师们共同关心的课题，而这一课题所包含的范围是非常广泛的，下面围绕教学从几个方面予以简要叙述。

（一）注意教学材料和内容的编排

在教材的编排和教学内容的安排上，必须兼顾科学知识本身的性质、特点、逻辑结构和学生的知识经验水平、智力状况、年龄特征等，还要考虑教学时间和教法上的要求，力求把最佳的教材结构展示给学生。奥苏伯尔认为，学生的认知结构是从教材的知识结构转化而来的，好的教材结构能够简化知识，促进知识的良好组织，促进更好的迁移。

（二）改进教材呈现方式

奥苏伯尔认为，"不断分化"和"综合贯通"是认知组织的基本原则，这两条原则在教材的组织和呈现方面同样是适用的。

人们关于某一学科的知识在头脑中是按层次组织的一种网络结构，最具包容性的观念处于这个层次结构的顶端，下面依次是包容范围较小的、越来越分化的观念。因此，在教材的呈现上也应该遵循由整体到细节的顺序，使学生的知识在组织过程中纳入这一层次结构当中。除了从纵的方面遵循由一般到具体不断分化的原则，教材呈现还要在横的方面加强概念、原理乃至各章节之间的联系，使知识融会贯通。

（三）加强教学方法的选择，促进学生学习方式的转变

在教学内容确定之后，以什么方法进行教学就成为教师在教学尤其是课堂教学中重点要考虑的问题。面对不同的教学内容、不同的学生，教学方法也应该是灵活多样的，要采用不同的方法把不同的内容教给学生，这不仅对学生的知识学习是重要的，而且有助于学

生学习能力和迁移能力的发展。要改变简单地将讲授法作为教学的主要方法的做法，建构主义的研究在这方面对我们有较大的启发。

教师教学方法运用得如何会直接影响到学生的学习方式，要落实"以学生为中心"的思想，首先要改变学生被动学习的状况，要让学生通过各种方式的学习，学会学习。学会了如何学习就可以实现最普遍的迁移。

（四）改进对学生的评价

在应试教育的条件下，我们对学生的评价主要依据的是学习成绩，这对学生来说是不公平的。教学条件下的评价作为教学活动的组成部分，同样应该具有教育性，有效地运用评价手段对学生形成积极的学习态度，对学习迁移具有积极的作用。布朗等人在一个阅读理解实验中，用矫正性反馈训练法教给学生元认知策略，结果不仅使学生对阅读理解问题的正确反应的百分数明显提高，而且使其学到的元认知策略迁移到了常规课堂的其他学习中。提供反馈，进一步促进学习是教学评价的重要目标之一。

"为迁移而教"对教学来说其内涵是十分丰富的，除了上面提到的，还应该有许多，如要加强策略性知识的教学，要注意对学生知识应用过程的指导，加强课堂所学知识与实践的联系等。

总之，教师要在充分理解迁移的发生规律及影响因素的基础上，在每项教学活动中，在与学生每一次正规与非正规的接触中，都注意创设和利用有利于积极迁移的条件和教育契机，把"为迁移而教"的思想渗透到每一项教育活动中去。

本章提要

学习迁移，也称训练迁移，指一种学习对另一种学习的影响，或习得的经验对完成其他活动的影响。迁移广泛存在于各种知识、技能和社会规范的学习中，是能力与品德得以形成的关键环节。迁移有多种类型：按迁移发生的领域，可以将迁移分为知识的迁移、动作技能的迁移、习惯的迁移、态度的迁移；按迁移产生的效果，可将迁移分为正迁移和负迁移，或称为积极迁移和消极迁移；按迁移产生的方向，可将迁移分为顺向迁移和逆向迁移；按迁移产生的情境，可将迁移分为横向迁移和纵向迁移；按迁移发生的方式，可将迁移分为特殊性迁移和一般性迁移（非特殊性迁移）；按迁移过程中所需的内在心理机制的不同，可将迁移分为同化性迁移、顺应性迁移和重组性迁移；按迁移发生的自动化程度，可将迁移分为低路迁移和高路迁移；按迁移的程度，可将迁移分为近迁移和远迁移。

有关迁移的机制代表性理论有形式训练说、相同要素说、概括说、关系说、认知结构说。

以沃尔夫为代表的官能心理学提出了迁移的形式训练说。这种理论假定，人的心智是由许多不同的官能组成的。不同的官能活动相互配合就构成各种各样的心理活动。各种官能可以像训练肌肉一样通过练习增加力量。形式训练说认为训练和改善心的各种官能是教学的重要目标。官能通过学科学习得到训练和改善，就可以迁移到其他学习中，从而使学生终生受用。迁移的发生是自动的。学习的项目越困难，官能得到的训练越多。

以桑代克为代表的联结主义的相同要素说认为，只有当两个心理机能之间有相同要素时，一种心理机能的改善才能引起另一种心理机能的改善。美国心理学家伍德沃斯把相同要素说改为共同成分说，即在两种活动中有共同的成分才能发生迁移。

以贾德为代表的机能主义的概括化理论认为，在经验中学到的原理、原则是迁移发生的主要原因。对原理了解、概括得越好，对新情境中学习的迁移就越好。亨德里克森的实验发现，概括化不是一个自动的过程，它与教学方法有着密不可分的关系。如果在教学方法上注意引导学生如何概括、如何思维，就会增加正迁移出现的可能性。

格式塔心理学家认为，学到的迁移经验能否迁移到新的经验的获得中，关键不在于情境中有多少共同的因素，也不在于是否掌握了原理，而在于能否理解情境之间的关系，即情境中所有的要素是否组成了一种整体关系。

以奥苏伯尔为代表的认知结构迁移理论认为，认知结构对新知识获得和保持的影响因素主要有三个：认知结构中对新知识起固定作用的旧知识的可利用性；新知识与同化它的原有旧知识之间的可辨别性程度；认知结构中起固定作用的旧知识的稳定性和清晰性程度。将这三个因素称为认知结构的三个变量。正是认知结构的这三个变量影响着新知识的获得和保持，同时也影响着知识学习的迁移。"先行组织者"的教学策略是促进学习迁移的一种有效策略。先行组织者教学策略就是在向学生传授新知识之前，给学生呈现一个短暂的具有概括性和引导性的说明。

影响迁移的主要因素有学习材料的特点、经验的概括程度、对学习情境的理解、学习的心理准备状态、认知结构的特点和学习策略的水平。有效促进学习迁移要注意教学材料和内容的编排、改进教材呈现方式、促进学生学习方式的转变和改进对学生的评价。

关键术语

1. 学习迁移：也称训练迁移，就是一种学习对另一种学习的影响，或习得的经验对完成其他活动的影响。即学生获得的知识经验、认知结构、动作技能、学习策略和方法等与新知识、新技能之间所发生的影响。

2. 正迁移：又称积极迁移，指的是一种学习对另一种学习的积极影响或促进。如已有的知识、技能在学习新知识和解决新问题的过程中，能够很好地得到利用，产生触类旁通的学习效果。

3. 负迁移：又称消极迁移，是一种学习阻碍和干扰了另一种学习，即一种学习对另一种学习产生了消极影响。

4. 顺向迁移：先前学习对后来学习的影响。

5. 逆向迁移：后继学习对先前学习的影响。

6. 水平迁移：也称横向迁移，是指处于同一概括水平的经验之间的相互影响。

7. 纵向迁移：也称垂直迁移，是指处于不同概括水平的经验之间的相互影响。

8. 一般迁移：也称普遍迁移、非特殊迁移，是将一种学习中习得的一般原理、方法、策略和态度等迁移到另一种学习中去，其迁移范围大。

9. 具体迁移：也称特殊迁移，指一种学习中习得的具体的、特殊的经验直接迁移到另一种学习中去，或经过某种要素的重新组合，以迁移到新情境中去，其迁移范围小。

10. 同化性迁移：是指不改变原有的认知结构，直接将原有的认知经验应用到本质特征相同的一类事物中去。如，举一反三、闻一知十等。

11. 顺应性迁移：是指原有认知经验应用于新情境中时，需调整原有的经验或对新旧经验加以概括，形成一种能包容新旧经验的更高一级的认知结构，以适应外界的变化。

12. 重组性迁移：指重新组合原有认知系统中某些构成要素或成分，调整各成分之间的关系或建立新的联系，从而应用于新情境。

13. 低路迁移：经过充分练习的技能自动迁移，不需要反省性思维。

14. 高路迁移：有意识地将先前习得的抽象知识应用于新的情境。

习题自测：真题

一、单项选择题

1. 刘杰学过物理平衡的概念，促进了他对化学平衡概念的理解。这种迁移属于（　　）（2022 上）
   A. 负向迁移　　　　　　　　B. 顺向迁移
   C. 垂直迁移　　　　　　　　D. 逆向迁移

2. 学习了三角形和长方形的面积公式之后，再学习梯形的面积公式就比较顺利。这种迁移属于（　　）。(2018 上)
   A. 零迁移　　　　　　　　　B. 逆向迁移
   C. 负迁移　　　　　　　　　D. 正迁移

3. 小军由于"锐角三角形"知识掌握不好而影响了"钝角三角形"知识的掌握，这种现象属于（　　）。(2017 上)
   A. 纵向迁移　　　　　　　　B. 横向迁移
   C. 顺应迁移　　　　　　　　D. 重组迁移

4. 学生小辉由于会打羽毛球，很快就学会了打网球，这种现象为（　　）。(2015 上)
   A. 顺向正迁移　　　　　　　B. 逆向正迁移
   C. 顺向负迁移　　　　　　　D. 逆向负迁移

5. "闻一知十""触类旁通"指的是学习中的（　　）。(2008 上)
   A. 定势现象　　　　　　　　B. 迁移现象
   C. 记忆现象　　　　　　　　D. 创造性

6. 学习原有知识对新学习的影响属于（　　）。(2007)
   A. 逆向迁移　　　　　　　　B. 负迁移
   C. 顺向迁移　　　　　　　　D. 正迁移

二、辨析题

1. 定势对知识迁移起促进作用。(2023 下)

2. 后继学习对先前学习产生负迁移作用。(2021 上)

3. 顺向迁移就是正迁移。(2020 下)

4. 学习材料的难度越大，越难以产生迁移。（2018下）
5. 两种学习材料的相似度越高越容易产生正迁移。（2015下）

三、材料分析题

1. 王老师是初中语文老师，根据教学进度安排，最近她开始讲授古代诗歌单元。在教学时，她先是引导学生探索五言绝句的平仄规律，刚开始学生总结不准确，经过多次讲解和引导，学生掌握了五言绝句的平仄规律，随后，王老师发现，当学生又学习五言律诗时，他们很快就能总结出五言律诗的平仄规律，再后来，当学生学习七言律诗时，也很快总结出了其平仄规律。

本单元结束后，王老师进行教学反思：学生之所以能够很容易地总结出七言律诗的平仄规律，是因为学生已经掌握了五言绝句、五言律诗的平仄规律，他们利用已掌握的方法进行分析，很快就能总结出七言律诗的平仄规律。

（1）请用迁移相关理论分析上述学习现象。
（2）该迁移理论对教学有何启示？（2021下）

2. 贾德在1908年所做的"水下击靶"实验，是经验类化说的经典实验。他以五年级和六年级学生作被试，把他们分为两组，要求他们练习用标枪投中水下的靶子。主试给第一组学生充分解释光的折射原理；而不对第二组学生说明光的折射原理，他们只能从尝试中获得一些经验。

在开始投掷练习时，靶子在水下1.2英寸处，两组学生的成绩相同。接着，条件变化了，水下1.2英寸处的靶子被移到水下4英寸处。这时两组学生的成绩便表现了明显的差异：没有了解折射原理的学生，他们投掷水下1.2英寸靶子时的练习不能帮助改进投掷水下4英寸靶子的练习，错误持续发生；而学过折射原理的学生则迅速适应了水下4英寸的条件。

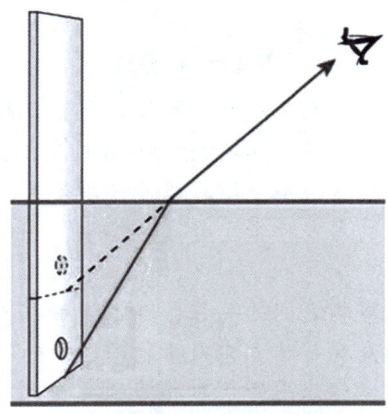

（1）贾德在该实验基础上，提出何种学习迁移理论？
（2）该理论的基本观点是什么？
（3）依据该理论，产生学习迁移的关键是什么？
（4）该理论对教学的主要启示是什么？（2017下）

第五章
真题参考答案

习题自测：练习题

一、单项选择题

1. 下面的四个成语或俗语中哪个是典型的正迁移现象？（　　）
   A. 举一反三　　　　　　　　　　B. 聪明过人
   C. 思维敏捷　　　　　　　　　　D. 物以类聚

2. 从迁移的观点来看，"温故而知新"属于（　　）。
   A. 顺向负迁移　　　　　　　　　B. 逆向负迁移
   C. 逆向正迁移　　　　　　　　　D. 顺向正迁移

3. 美国心理学家桑代克反对形式训练说，提出了迁移的（　　）。
   A. 共同要素说　　　　　　　　　B. 概括化理论
   C. 关系转换说　　　　　　　　　D. 学习定势说

4. 强调概括化经验在迁移中的作用的理论是（　　）。
   A. 形式训练说　　　　　　　　　B. 共同要素说
   C. 经验类化说　　　　　　　　　D. 关系转换说

5. 重视对情境关系的理解的迁移理论是（　　）。
   A. 形式训练说　　　　　　　　　B. 共同要素说
   C. 概括原理说　　　　　　　　　D. 关系转换说

6. 学生在学习数运算的法则 $m(a+b) = ma+mb$ 后，错误地认为 $\lg(a+b) = \lg a + \lg b$，这是（　　）。
   A. 正迁移　　　　　　　　　　　B. 负迁移
   C. 一般迁移　　　　　　　　　　D. 具体迁移

二、材料分析题

小鸡啄米实验

苛勒先让小鸡学会辨别一种深灰色纸和一种浅灰色纸，即对深灰色纸产生食物条件反射，对浅灰色纸不发生食物条件反射。小鸡需400~600次练习。然后，用一张比原来的两张纸颜色都深的黑灰色纸代替那张浅灰色纸，以此来观察小鸡是到过去总放着食物的那张深灰色纸上觅食，还是到新放的黑灰色纸上觅食。结果，小鸡对新纸的反应为70%，对原来深灰色纸的反应为30%。

苛勒认为，个体越能发现事物之间的关系，则越能加以概括和推广，迁移的产生也就越普遍。而对事物间的关系的发现是建立在对事物理解后的顿悟的基础上的。对事物的理解力越强，概括的可能性越大，越容易顿悟事物间的关系。

（1）苛勒在该实验基础上，提出何种学习迁移理论？
（2）该理论的基本观点是什么？
（3）依据该理论，产生学习迁移的关键是什么？
（4）该理论对教学的主要启示是什么？

第六章

学习策略

知识框架

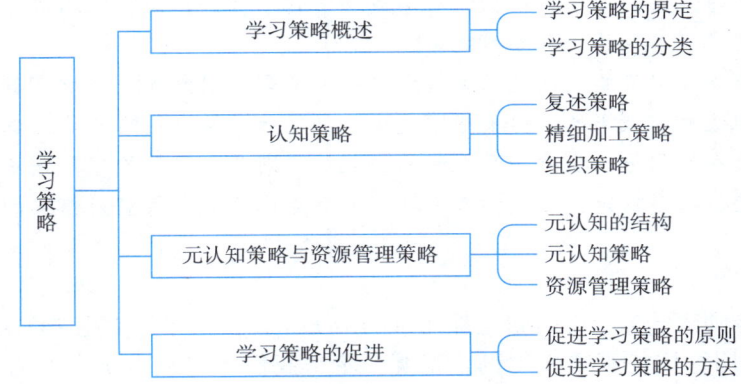

学习目标

1. 说出学习策略的概念，理解学习策略的种类。
2. 理解认知策略，掌握复述策略、精细加工策略和组织策略。
3. 理解元认知策略，理解元认知策略的具体内容。
4. 理解影响学习策略使用的因素和运用学习策略的教学原则。

案例导学

学生小张从小就成绩优异，但上了高中后发现自己在学习数学时遇到了一些困难，所以在学习中改变了自己原有的学习方法，制订了以下的学习计划：

1. 课前预习：小张在每次数学课前，都会花时间预习下一节课的内容。他会阅读教材，标记出自己不理解的地方，并尝试做一些简单的练习题。通过预习，他能够在课堂上更有针对性地听讲，提高了学习效率。

2. 认真听讲：在课堂上，小张会认真聆听老师的讲解，积极参与课堂讨论。他会特别关注老师对重点概念和难题的分析，并且做好笔记。同时，他也会注意老师的解题思路

和方法，以便在自己做题时能够借鉴。

3. 记笔记：小张的笔记不仅仅是对老师讲课内容的简单记录，他还会在笔记中加入自己的思考和总结。对于老师讲的例题，他会在抄题后自己独立做一遍，然后将自己的解题过程与老师的进行对比，找出自己的不足之处。

4. 课后复习：每天放学后，小张会先复习当天所学的数学内容，然后再做作业。他会通过做练习题来巩固所学的知识，并且会对错题进行认真分析，找出自己的错误原因，及时进行纠正。

5. 总结归纳：每周末，小张会对本周所学的数学知识进行总结归纳。他会将重点概念、公式和定理整理出来，形成一个知识体系。同时，他也会总结自己在学习过程中遇到的问题和解决方法，以便在以后的学习中能够避免类似的问题。

6. 寻求帮助：如果小张在学习过程中遇到了自己无法解决的问题，他会及时向老师或同学寻求帮助。他会主动与老师和同学交流，分享自己的学习心得，并且从他们那里获得一些新的思路和方法。

通过以上学习策略的应用，小张的数学成绩得到了显著提高。他不仅能够更好地掌握数学知识，还提高了解题能力和学习效率。

目前关于有效学习策略的研究结果最乐观地说是令人困惑的。很少有放之四海而皆准的学习策略，永远都有效果的学习策略则更少。很显然，学习策略的价值取决于它们自身的具体特性以及人的用途。有效学习策略的一般性原则是，有效的学习方法能够使学习者对知识进行重塑，而不仅是重复阅读或者在并未有意识地选出最重要信息的情况下进行盲目的标记。

有位历史老师教学生记忆明朝迁都北京的历史年代，指导学生把1421记成"一事二益"，为什么使用这样的策略来帮助记忆呢？希望我们可以从本章学习的内容中找寻答案……

第一节　学习策略概述

一、学习策略的界定

学习是学生的主要任务，而且从社会发展来看，学习活动正成为一项伴随人类终身的行动。在学习活动中，面对不同的环境、不同的内容，学生常常会采取不同的方法去完成学习任务，结果不尽相同，有的事半功倍，有的却事倍功半。因而，面对知识的更新加速，"学会学习"在某种程度上说，就是学会生存，而在学习活动中能善于运用各种学习策略又是"学会学习"的核心。

（一）学习策略的概念

在有关学习策略的研究中，学习策略的界定始终是一个基本的问题。对于什么是学习策略，人们从不同的研究角度提出了各自的看法，至今仍然没有达成一个统一的认识。有的被用来指具体的学习技能，诸如复述、想象和列提纲等；有的被用来指一般性的自我管理活动，诸如计划、领会、监控等；有的被用来指组合几种具体技术的复杂计划；甚至有的与元认知、认知策略、自我调节的学习等术语的含义相互重叠。

对学习策略的界定，大致可以分为三种：

（1）把学习策略视作学习活动或步骤。它不是简单的事件，而是用于提高学习效率，对信息进行编码、分析和提取的智力活动，是选择、整合应用学习技巧的一套操作过程。

（2）把学习策略视作学习的规则、能力或技能。

（3）把学习策略视作学习计划，是学习者为了完成学习目标而制订的复杂计划。

综合这些不同的看法，我们认为：所谓学习策略，是指学习者为了提高学习的效果和效率，有目的、有意识地制定的有关学习过程的复杂方案。

（二）学习策略特点

学习方法是学习者在完成学习任务过程中相对固定的行为模式，如记笔记、不断重复口述、分类和比较等，它是外显的可操作的过程。学习方法与学习任务有关，但与学习者的人格特质等无关，其更多的是学习者对环境的适应。学习策略是学习者对学习方法选择和综合运用的意识和倾向，是学习方法正确发挥作用的必要条件。可见，学习方法是学习策略的基础，没有学习方法或者学习方法缺乏就不可能形成较高水平的学习策略。

学习策略是伴随着学习者的学习过程而发生的一种心理活动，这种心理活动是一种对学习过程的安排，这种安排不是僵死的固定的程序，而是根据影响学习过程的各种因素即时生成的一种不稳定的认知图式，这种图式可以被学习者接受而成为经验，也可以因学习者的忽略而消失。因此，学习策略是指学习者在完成特定学习任务时选择、使用和调控学习程序、规则、方法、技巧、资源等的思维模式，这种模式是影响学习进程的各种因素间相对稳定的联系，其与学习者的特质、学习任务的性质以及学习发生的时空均密切相关，是一个有特定指向的认知场函数。学习策略的特点见表6-1。

表6-1 学习策略的特点

特征	解释
主动性	一般学习者采用学习策略都是有意识的心理过程。学习时，学习者先要分析学习任务和自己的特点，然后根据这些条件，制订适当的学习计划。对于较新的学习任务，学习者总是在有意识、有目的地思考着学习过程的计划。只有对于反复使用的策略才能达到自动化的水平
有效性	所谓策略，实际上是相对效果和效率而言的。一个人在做某件事时，使用最原始的方法，最终也可能达到目的，但效果不好，效率也不会高。比如，记忆一列英语单词表，如果一遍又一遍地朗读，只要有足够的时间，最终也会记住，但是，保持时间不会长，记得也不是很牢固；如果采用分散复习或尝试背诵的方法，记忆的效果和效率一下子会有很大的提高
过程性	学习策略是有关学习过程的策略，它规定学习时做什么不做什么、先做什么后做什么、用什么方式做、做到什么程度等诸多方面的问题
程序性	学习策略是学习者制订的学习计划，由规则和技能构成。每一次学习都有相应的计划，每一次学习的学习策略也不同。但是，相对同一种类型的学习，存在着基本相同的计划，这些基本相同的计划就是我们常见的一些学习策略，如PQ4R阅读法

二、学习策略的分类

按照不同的分类依据可以对学习策略有不同的分类，主要有以下几种：

（一）丹瑟路的分类

根据学习策略所起的作用，丹瑟路（Dansereau）把学习策略分为基本策略和辅助性策略两类。

基本策略是指直接操作材料的各种学习策略，主要包括信息的获得、存储、检索和应用的策略。辅助性策略主要指帮助学习者维持适当的学习心理状态，以保证基础策略有效操作的策略，如集中注意策略。

（二）迈克卡尔的分类

根据学习策略覆盖的成分，迈克卡尔（Mckeachie）等人将学习策略概括为认知策略、元认知策略、资源管理策略。

1. 认知策略

认知策略是信息加工的策略，主要包括加工信息的一些方法和技术，有助于有效地从记忆中提取信息。

2. 元认知策略

元认知策略是对信息加工过程进行调控的策略，即学习者对自己认知过程的策略，包括对自己认知过程的了解和控制策略，有助于学习者有效地安排和调节学习过程。计划策略、控制策略和自我调节策略都属于元认知策略。

3. 资源管理策略

资源管理策略是辅助学习者管理可用环境和资源的策略，对学习者的动机具有重要的作用，有助于学习者适应环境并调节环境以适应自己的需要。

资源管理策略包括：学习时间的管理、学习环境的管理、学习努力和心境的管理、学习工具的利用、社会性人力资源的利用等。

第二节　认知策略

一般而言，认知策略因所学知识的类型而有所不同，复述、精细加工和组织策略主要是针对陈述性知识，针对程序性知识则有模式再认识策略和动作系列学习策略等。其基本功能有两个方面：一是对信息进行有效的加工与整理，二是对信息进行分门别类的系统存储。

一、复述策略

复述策略是在工作记忆中为了保持信息，运用内部语言在大脑中重现学习材料或刺激，以便将注意力维持在学习材料上的方法。它是短时记忆的信息进入长时记忆的关键。常用的复述策略有：在复述的时间上，采用及时复习、分散复习；在复述的次数上，强调过度学习；在复述的方法上，包括排除相互干扰、运用多种感官协同记忆、复习形式多样化、画线等。

（一）利用无意识记和有意识记

无意识记是指没有预定目的、不需经过努力的识记。这种识记也是有条件的，凡是对个体有重大意义的、与个体的需要和兴趣密切相关的，给人以强烈情绪反应的或形象生动鲜明的人或事，就容易产生无意识记。在学习中，要尽量地运用这些条件，如培养学生对某门学科的兴趣，来加强无意识记。

有意识记是指有目的、有意识的识记。要想记住某一信息，就需要有意识地、用心地去记它，尝试着自己复述一遍，看看自己能否把它重复出来。

（二）排除相互干扰

一般来说，前后所学的信息之间存在相互干扰。先前所学的信息对后面所学信息的干扰称为前摄抑制；后面所学的信息对前面所学信息的干扰称为倒摄抑制。在安排复习时，要尽量预防前摄抑制和倒摄抑制的影响，要尽量错开学习两种容易混淆的内容。如学完一系列词汇后，马上进行测验，开始和结尾的几个词一般要比中间的词记得牢。

（三）整体识记和分段识记

对于篇幅短小或者内在联系密切的材料，适于采用整体识记，即整篇阅读，直到记牢为止。对于篇幅较长或者较难，或者内在联系不强的材料，适于采用分段识记，即将整篇材料分成若干段，先一段一段地记牢，然后合成整篇识记。

（四）多种感官参与

在进行识记时，要学会同时运用多种感官，如用眼睛看、用耳朵听、用嘴巴练、用手写等。心理学家证明，人的学习83%通过视觉，11%通过听觉，3.5%通过嗅觉，1.5%通过触觉，1%通过味觉。而且，人一般可记住自己阅读的10%，自己听到的20%，自己看到的30%，自己看到和听到的50%，交谈时自己所说的70%。这一结果说明，多种感官的参与能有效地增强记忆。

（五）复习形式多样化

要采用多种形式进行复习有利于理解和记忆学习内容。如将所学的知识用实验证明、写成报告、作出总结、与人讨论以及向别人讲解等。在实践中应用所学知识是对知识的最好复习。

（六）画线

画线是阅读时常用的一种复述策略。在教学生画线时，首先，要解释在一个段落中什么是重要的；其次，教会学生谨慎地画线，也许只画一到两个句子；最后，教会学生复习和用自己的话解释这段画线部分。

此外还可以教学生一些圈点批注的方法，与画线策略一起使用。圈点批注的方法有：圈出不知道的词；标明定义和例子；列出观点原因或事件序号；在重要的段落前面加上星号；在混乱的章节前面加上星号给自己做注释；标出可能的测验项目，画箭头表明关系；注上评论，记下不同点和相似点；标出总结性的陈述。

二、精细加工策略

精细加工策略是一种将新学材料与头脑中已有知识联系起来从而增加新信息的意义的

深层加工策略。例如，学习"医生讨厌律师"这一句话时，我们附加一句"律师对医生起诉了"，如此一来，以后回忆就相对容易一些。精细加工的策略有许多种，其中有好多被人们称为记忆术。比较流行的记忆术有位置记忆法、首字联词法、视觉联想法和关键词法。

精细加工策略常被描述成一种理解记忆的策略，其要旨在于建立信息间的联系。联系越多，能回忆出信息原貌的途径就越多，即提取的线索就越多。精细加工越深入越细致，回忆就越容易。对于比较复杂的课文学习，精细加工策略有说出大意、总结、建立类比、用自己的话做笔记、解释、提问以及回答问题等。

（一）记忆术

记忆术即通过把那些枯燥无味但又必须记住的信息"牵强附会"地赋予意义，使记忆过程变得生动有趣，从而提高学习记忆的效果的方法。常用的记忆术主要有：

1. 位置记忆法

这是一种传统的记忆术，最早被古希腊演讲家使用。它是通过与熟悉的地点顺序相联系起来记忆一些名称或者客体顺序的方法。位置记忆法特别适合记忆有顺序的系列项目，其具体做法就是将所记项目与熟悉的某种位置顺序联系起来。

> **知识拓展 6-1**
>
> **位置记忆法**
>
> 以下列举一个如何运用位置记忆法的例子：
>
> 1. 创建位置
>
> 在心里想着一条你很熟悉的路线，例如穿越你家不同房间的路线。10 个会依序出现的位置可能是：房间里的床、房间里的衣橱、浴室、走廊、另一间房间、楼梯、客厅、餐厅、厨房、前廊。这 10 个位置是你的第一个记忆位置。你在想象中总是依序走完这条路线。
>
> 下面是大脑与记忆的示意图。
>
>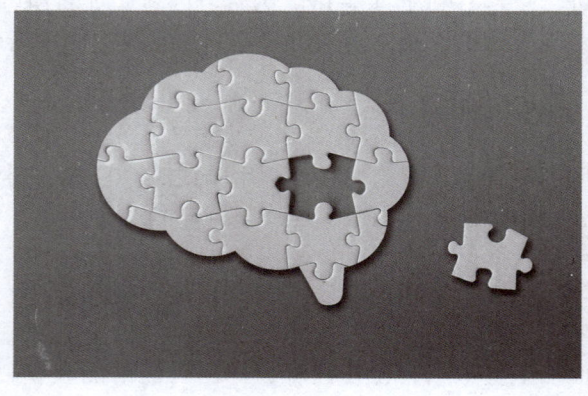
>
> 2. 记忆物品
>
> 列出你要记忆的 10 个物品，接着想象你在走这条路线的过程中依序把每个物品放在每个位置上。举例来说，你可能要记住含有 10 个物品的购物清单：玉米、牛奶、鸡肉、大蒜、豆子、红萝卜、美乃滋、辣椒酱、肥皂、洗碗精。

想象你依序把上述 10 个物品放在 10 个位置上。比如说，把玉米放在房间里的床上，把牛奶放在房间里的衣橱里，把鸡肉放在浴室里……以此类推。为了方便记忆，你可以在心中把玉米棒放大，大到足以躺在整张床上。

3. 回忆这些物品

当你要回想这些物品时，你可以在心中走一遍这条路线，每当你走到一个位置，你应该就会想到这个位置放了什么物品。

如果你想把这些物品记得久一点，你可以每天想几次，在心中重复走过这条路线，直到你牢牢记住为止。

如果你要记忆的物品很多，你可以增加这条路线中的位置，例如把 10 个位置增加至 20 个位置，或是把每个位置放的物品从 1 个增加至 2 个。

（资料来源：https://www.epochtimes.com/gb/24/1/12/n14156580.htm）

2. 缩减和编歌诀

缩减就是将实际材料的每条内容简化成一个关键性的字，然后变成自己所熟悉的事物，从而将材料与过去经验联系起来。也可以将材料缩减成歌诀。在缩减材料编成歌诀时，最好要自己动脑筋，因为自己创造的东西印象深刻。歌诀力求简练准确，富有韵律。

知识拓展 6-2

编歌诀

将缩写的材料融入韵律化的文字材料当中。如《二十四节气歌》：春雨惊春清谷天，夏满芒夏暑相连，秋处露秋寒霜降，冬雪雪冬小大寒。

3. 谐音联想法

这种方法是通过谐音线索，运用视觉表象、假借意义进行人为联想。例如，把圆周率"3.1415926535"编成顺口溜"山巅一寺一壶酒，尔乐苦煞吾"等。

知识拓展 6-3

谐音联想法

据说有一个私塾先生，每天让学生们背诵圆周率（π＝3.14159265358979323 84626）自己却到山上的寺庙里与一和尚饮酒。学生们总背不会。一天，有个一学生编了一句顺口溜，学生们很快就背会了，结果使先生大吃一惊。这个顺口溜是："山巅一寺一壶酒，尔乐苦煞吾，把酒吃，酒杀尔，杀不死，乐尔乐。"在这里，学生将无意义的数字系列赋以意义，并且化作视觉表象，把有意义的信息或视觉表象当作"衣钩"来"挂住"所要记住的数字。

学习一种新材料时运用联想，假借意义，对记忆也很有帮助。早年威廉·詹姆斯曾用比喻来说明，联想有助于学习记忆。他将联想比成钓鱼的钩子，可以将像在水中的鱼一样的新知识用钩子钓起来挂在一起，保留在学生的记忆系统中，确实很有道理。

4. 关键词法

关键词法是选择一个熟悉的有意义的词作为关键词,该词在发音上与要学习的新单词类似,即新单词的谐音词。然后利用生动形象的表象或句子将关键词与要学习的单词联系起来。回忆时首先想起关键词,以此作为线索,引起对所学新单词的回忆。

5. 形象联想法

这种方法是通过人为联想,使无意义的难记的材料和头脑中的鲜明奇特的形象相结合,从而提高记忆效果的方法。想象的形象越鲜明越具体越好,形象越夸张、奇特越好,形象之间的逻辑联系越紧密越好。

6. 首字连词法

这种方法是利用每个词语的第一个字形成缩写,或者用一系列词描述某个过程的每个步骤,然后将这一系列词提取首字作为记忆的支撑点。

7. 借助外援词法

借助外援词法是借助生活中常见的词语帮助记忆的方法。在使用借助外援词联想记忆法时需注意:第一,"外援"词句的个数要与所需记忆的条款数目相等。第二,所选择的词句之间必须是紧密相关的。可选成语、俗语、歇后语、诗词等相互间存在紧密联系的词句。第三,借助的词句要选用自己所熟悉的。如唐诗宋词、成语、歇后语、熟悉的歌词、歌曲名等是最佳选择。第四,选择"外援"词句时,可选些与题意较近的词句。有时可用提出问题的题干作为"外援"的词句。如商鞅变法一题,也可选用"商鞅变法"。第五,联想前要先画出所记内容中的关键词,即先行画出关键、能起到"提纲挈领"作用的重要词。第六,联想时要使联想内容围绕一个主题。

> **知识拓展 6-4**
>
> **外援词法**
>
> 借助外援词法记忆宋太祖为了巩固统治,加强中央集权所采取的措施:
> (1) 用"杯酒释兵权"的手段,削夺了朝中大将和地力节度使的兵权。(关键字:杯酒释兵权)
> (2) 加强中央禁军控制,由皇帝直接控制。(关键字:中央禁军)
> (3) 派文官做知州取代原节度使,掌握地方行政权。(文官、地方行政权)
> (4) 派转运使到各地管理财政,规定各地方收的租税,除一部分留归地方使用外,由转运使运送中央。(关键字:转运使、管理财政)
> 我们用"老谋深算"四个字与四个答案要点中的关键字进行联想。
> "老"想成"年老",宋太祖向年老的老臣每人敬杯酒是(释)想要他们的兵权。(杯酒释兵权)
> "谋"想成"谋害",宋太祖做了皇帝后,害怕被谋害,就组建了中央禁军来保护自己。(中央禁军)
> "深"想成"深知",宋太祖深知"文能安邦,武能治国",于是派文官掌握地方行政权(文官、地方行政权),做好基层工作。
> "算"想成"算计",宋太祖很会算计,怕地方官贪污,于是派专人运回财税,使(转运使)管理财政的权利掌握在国家手里。(转运使、管理财政)

（二）做笔记

做笔记策略是使用较为普遍的精加工策略。俗话说："好记性不如烂笔头。"对于复杂的知识，教师可以指导学生做笔记。做笔记不仅可以有效地控制学生的认知加工过程，还有助于概括新的知识和建立新旧知识之间的联系。做笔记有利于保持学生的注意和兴趣，以及有效地组织材料。

西方学者麦克沃特提出一种做笔记的方法，并且还进行了研究。他认为，做笔记的过程包括以下三个步骤：

（1）在笔记的每一页的左边扉页上留出1~2寸的空白；
（2）做笔记的保持者扉页是空白的；
（3）做完笔记后，在扉页上用词和句子简要总结笔记。

克耶拉提出，教师可以通过下列方法促进学生做知识的复习笔记：

（1）讲话慢一点；
（2）重复复杂的主题材料；
（3）呈现做笔记的线索；
（4）在黑板上写出重要的信息；
（5）给学生提供一套完整的笔记，让他们观看；
（6）给学生提供结构式的辅助手段，如提纲或双向表等。

（三）提问

无论阅读还是听讲，学生要经常评估自己的理解状态，思考这样一些问题：这些新信息意味着什么，与课文中的其他信息以及以前所学的信息有什么联系。或许他还可以用例子来说明这种新知识。如果教师在阅读时教学生提一些"谁""什么""哪儿"和"如何"的问题，他们可能领会得更好。

（四）生成性学习

生成性学习就是要训练学生对所阅读的东西产生一个类比或表象，如图形、图像、表格和图解等，以加强其深层理解。这种方法最重要的一点，就是需要积极的加工，不是简单的记录和记忆信息，也不是从书中寻章摘句或稍加改动，而是要改变对这些信息的知觉。在教学中，教师要指导学生拟写课文中没有的、与课文中某些重要信息相关的或用自己的话组成的句子，从而把所学的信息和自身的知识经验联系起来。

（五）运用背景知识，联系客观实际

对于意义性较强的学习材料则可以通过新旧知识之间的连接，用头脑中已有的图式使新信息合理化。要充分利用背景知识，应注意在对新材料理解的基础上进行学习，而不是机械记忆式地学习，适时建立类比。也可以利用先行组织者策略，在新材料学习之前，温习与新材料有关的已有的背景知识，以理解和记忆新知识。

三、组织策略

组织策略是整合所学新旧知识之间的内在联系，形成新的知识结构的一种策略。组织策略对认知结构的改变主要体现在对知识的简化、系统化和概括化上。

组织是学习和记忆新信息的重要手段，其方法是将学习材料分成一些小的单元，并把这些小的单元置于适当的类别之中，从而使每项信息和其他信息联系在一起。有人认为，记忆能力的增进，是组织的结果，因为学生可以用各类别的标题作为提取的线索，从而减少回忆时的负担。因此，在教学中，教师要教会学生对信息进行分类，以提高他们的记忆能力。在教复杂概念时，教师不仅要有序地组织材料，而且重要的是，要使学生清楚这个组织性的框架。

常用的组织策略有：

（一）列提纲

列提纲时，先对材料进行系统的分析、归纳和总结；然后，用简要的词句，按材料中的逻辑关系写下主要和次要观点。列提纲的方法有两种：让学生每读完一段材料后用一句话做概括；让学生准备一个提要来帮助别人学习材料。

（二）利用图形

利用图形可以把学习内容进行梳理和整理，是一种有效的组织策略。常用的图形有系统结构图、流程图、模型图和网络关系图等。

（三）利用表格

1. 一览表

利用一览表首先对材料进行全面的综合分析，然后抽取主要信息，并从某一角度出发，将这些信息全部罗列出来，力求反映材料的整体面貌。例如，学习中国历史时，可以以时间为轴，将朝代、主要历史人物、历史事件全部展现出来，制成一幅中国历史发展一览图。

2. 双向表

双向表是从纵横两个维度罗列材料中的主要信息。上面提到的系统结构图和流程图都可以衍变成双向表。

（四）归类策略

归类是把材料分成小单元，再把这些单元归到适当的类别里。归类策略的应用能使人厘清头绪，各知识点与概念之间不致混淆，方便知识的理解、记忆以及提取。

> **知识拓展 6-5**
>
> #### 思维导图
>
> 思维导图，又叫心智图，是表达放射性思维的有效的图形思维工具，是一种革命性的思维工具，简单却又极其有效。思维导图运用图文并重的技巧，把各级主题的关系用相互隶属与相关的层级图表现出来，把主题关键词与图像、颜色等建立记忆链接；思维导图充分运用左右脑的机能，利用记忆、阅读、思维的规律，协助人们在科学与艺术、逻辑与想象之间平衡发展，从而开启人类大脑的无限潜能。思维导图因此具有人类思维的强大功能。
>
> 无论是目标设定、时间管理、资源分配、创新思考、会议报告，还是人生规划，都可以运用思维导图在一张纸上把它完整、清晰地展示出来。

思维导图是将学习材料分成一些小的单元，并把这些小的单元置于适当的类别中，从而使每项信息和其他信息联系在一起。思维导图主要由叙事策略、网联策略（包括部分、类别、类比、特征、证据等联系）、聚类策略和概括策略组成。运用思维导图有助于学生对学习材料的理解和形成较为清晰的知识网络。

第三节　元认知策略与资源管理策略

元认知是对认知的认知，具体地说，是关于个体自己认知过程的知识和调节这些过程的能力。通常，将元认知分为元认知知识、元认知体验和元认知监控。元认知知识即有关认知的知识，是对任务、个人以及策略的认识。例如，对学习任务、学习目的、学习的性质和特点等的认识，对个人学习特点、兴趣、习惯、态度等的认识，对自己掌握的学习方法、技巧及有效性的决断等方面的认识。元认知体验是指个体进行认知活动过程中产生的认知体验和情感体验。元认知监控是在元认知知识和元认知体验的基础上，对自己认知活动产生的监视、调节和控制，包括在认知活动前制订计划，在认知活动中实时监控、评价和不断反馈，以及对认知活动的调节、修整等。

一、元认知的结构

根据弗拉维尔的观点，元认知就是对认知的认知，具体地说，是关于个人自己认知过程的知识和调节这些过程的能力，对思维和学习活动的知识和控制。

元认知具有两个独立但又相互联系的成分：一是对认知过程的知识和观念（存储在长时记忆中）；二是对认知行为的调节和控制（存储在工作记忆中）。弗拉维尔认为：“元认知指有关个人自己认知过程和产品或与此相关的其他事的知识，如信息或材料与学习有关的性质……，元认知还指对认知过程的积极监视以及随后的调节与组织。"由此可以看出，元认知知识是对有效完成任务所需的技能、策略及其来源的意识——知道做什么；元认知控制则是运用自我监视机制确保任务能成功地完成——知道何时、如何做什么。

（一）元认知知识

元认知知识就是有关认知的知识，即人们对于什么因素影响人的认知活动的过程与结果、这些因素是如何起作用的、它们之间又是怎样相互作用的等问题的认识。元认知知识主要包括以下三方面的内容：

（1）有关个人作为学习者的知识，即有关人（包括自己，也包括他人）作为学习者或思维者的认知加工者的一切特征的知识。这方面的知识可以再细分为以下三类：①关于个体内差异的认识（比如，正确地认识自己的兴趣、爱好、学习习惯、能力及其限度，以及如何克服自己在认知方面存在的不足等）；②关于个体间差异的认知（比如，知道人与人之间在认知方面以及其他方面存在的种种差异）；③关于主体认知水平和影响认知活动的各种主体因素的认识（比如，知道记忆、理解有不同的水平、知道注意在认知活动中的重要性，知道人的认知能力可以改变）。

（2）有关任务的知识。在有关认知材料方面，主体应当认识到，材料的性质（如图形材料与文字材料）、材料的长度（如一段短文与一篇长文）、材料的熟悉性（如熟悉的材料与不熟悉的材料）、材料的结构特点（如议论文与叙述文）、材料的呈现方式（如听觉呈现与书面呈现）、材料的逻辑性（如有组织的材料与无组织的材料）等因素都会影响自身的认知活动的进行和结果；在有关认知目标、任务方面，主体是否知道不同认知活动的目的和任务可能是不同的，有的认知活动可能有更多、更高、更难的要求。比如，要求回忆一篇文章的大意要比要求回忆该文章的准确词序的任务困难得多。

（3）有关学习策略及其使用方面的知识。这方面涉及的内容很多，比如：进行认知活动有哪些策略；各种认知策略的优点和不足是什么；它们应用的条件和情境如何；对于不同的认知活动和不同的认知任务，什么样的策略可能是有效的。

贺尔特（Holt）根据对课堂学习的观察，看到了意识对这些知识的重要性。作为一个好学生，部分原因在于他学会意识到自己的心理状态和理解程度。一个好学生可能常常说他不懂，只是因为他在不断地核查自己的理解；而差的学生不会察觉自己正在努力理解，大多数时间不知道自己是否理解。

对学习进行元认知知识（知道做什么）方面的分析，包括识别要点、复述信息、形成联想和表象、使用记忆术、组织新的材料以更好地记住材料、应用测查技术、列提纲和做笔记等。

（二）元认知控制

元认知控制是对认知行为的管理和控制，是主体在进行认知活动的全过程中，将自己正在进行的认知活动作为意识对象，不断地对其进行积极、自觉的监视、控制和调节。这种过程在工作记忆中进行操作，并通过对信息的检索、存储与加工等环节进行调节，从而优化认知效果，提高学习和问题解决的效率。

元认知控制包括检查是否理解、预测结果、评价某个尝试的有效性、计划下一步动作、测查策略、确定适当的时机和努力、修改或变换策略以克服所遇到的困难等。一般来说，元认知控制与认知目标、认知任务和情境等因素密切相关，涵盖了计划、监控和调节三个方面。

值得一提的是，有人认为元认知包括三个方面内容：一是元认知知识，即个体关于自己或他人的认识活动、过程、结果以及与之有关的知识；二是元认知体验，即伴随着认知活动而产生的认知体验或情感体验；三是元认知监控，即个体在认知活动进行的过程中，对自己的认知活动积极进行监控，并相应地对其进行调节，以达到预定的目标。在实际的认知活动中，元认知知识、元认知体验和元认知监控三者是相互联系、相互影响和相互制约的。元认知过程实际上就是指导、调节我们的认知过程，选择有效认知策略的控制执行过程，其实质是人对认知活动的自我意识和自我控制。

> **知识拓展 6-6**
>
> **元认知实验**
>
> Swanson（1990年）运用元认知问卷量表（Kreutzer, Leonard, Flavell, 1975年；Mayer, 1978年）测量元认知知识；运用认知能力测验（Thorndik, Hagen, 1978年）

和基本技能测验（CTBS，包括阅读、数学、语言、社会科学、自然科学等分测验）测量学生的一般能力倾向，然后筛选出四个组：高元认知—高一般能力组、高元认知—低一般能力组、低元认知—高一般能力组、低元认知—低一般能力组。然后让这四组被试（小学四年级和五年级学生）解决皮亚杰研究使用过的两个问题：钟摆问题和液体混合问题。研究发现，高元认知能力的两个组解决问题的表现比低元认知能力组更好。最值得注意的是，高元认知—低一般能力组的成绩优于低元认知能力—高一般能力组。这表明元认知能力有别于一般认知能力，元认知能力能弥补一般认知能力的不足。

二、元认知策略

元认知策略即监控策略，是指学习者对自己学习过程的有效的监视和控制。元认知策略是和认知策略一道起作用的。认知策略是学习过程不可缺少的工作；元认知策略则监控和指导认知策略的运用。也就是说，可以教学习者使用许多不同的策略，但如果他没有必要的元认知技能来帮助决定在某种情况下使用哪种策略或改变策略，那他就不是成功的学习者。元认知策略概括起来有三类：

（一）计划策略

元认知计划是根据认知活动的特定目标，在一项认知活动之前计划各种活动，预计结果，选择策略，想出各种解决问题的方法，并预估其有效性。元认知计划策略包括设置学习目标、浏览阅读材料、产生待回答的问题以及分析如何完成学习任务。在制订计划时应注意：必须对目标做严密的审视；将确定的总体目标分解为个个小的目标，并保持计划的伸缩性；配以一定的奖惩措施。

（二）监控策略

元认知监控是在认知活动进行的实际过程中，根据认知目标及时评价、反馈认知活动的结果与不足，正确估计自己达到认知目标的程度、水平；并且根据有效性标准评价各种认知行动、策略的效果。元认知监控策略包括阅读时对注意加以跟踪、对材料进行自我提问、考试时监视自己的速度和时间，即领会监控、策略监控与注意监控。

1. 领会监控

领会监控主要指调控学习过程的元认知策略，包括警觉自己在理解方面的问题、监视自己的速度与时间、审视目标是否达到、对材料自我提问等。

2. 策略监控

策略监控主要指调控自己对策略的使用的元认知策略，包括有意识地根据学习任务策略、审视所使用的策略的有效性等。

3. 注意监控

注意监控指调控自己的注意过程的元认知策略，包括对学习过程注意力的自我管理、有选择地对主要信息加以注意、有意识地抑制分心等。

（三）调节策略

元认知调节是对认识活动结果的检查，如发现问题，则采取相应的补救措施；根据对认知策略的效果的检查，及时修正、调整认知策略。元认知调节策略与监控策略有关。例如：当学习者意识到他不理解授课内容的某部分时，就会退回去读困难的段落、在阅读困难或不熟的材料时放慢速度、复习他们不懂的课程材料；测验时跳过某个难题，先做简单的题目。调节策略能帮助学习者矫正他们的学习行为，使他们补救理解上的不足。

元认知策略的这三种策略总是相互联系在一起而工作的。学习者学习先认识自己的当前任务；然后使用一些标准来评价自己的理解、预计学习时间、选择有效的计划来学习或解决问题；最后，监控自己的进展情况并根据监控的结果采取补救措施。

三、资源管理策略

资源管理策略是辅助学习者管理可用环境和资源的一种策略，有助于学习者适应环境并调节环境以适应自己的需要，对学习者的学习动机具有重要作用。

（一）时间管理策略

1. 统筹安排学习时间

人生犹如一张大的时间表，每个人都应当根据自己的总体目标，对时间作出总体安排。总体时间表必须通过阶段性的时间表来落实，例如，将自己的一生分成不同的时期，其中，又将中学时期的时间表转变为不同的学年时间表、学期时间表、每月时间表、每周时间表以及每天的时间表。

对每一天的活动，都要列出一张活动优先表来。每天能够自由支配的学习时间有限，而学习活动可能较多。因此，必须合理分配学习时间，尽量减少无计划、无节制、无意义的时间。在安排活动时，要分清哪些事情必须做，哪些事情可做可不做。每天都要列出一张活动优先表，要按事情的重要性程度来选择活动，确保每天都在做最重要的事情。这样，即使没有做完某些事，也不会有什么值得后悔的。

在制订学习计划时，要注意将学习计划落实在学习成果上。也就是说，制订学习计划时，要明确确定学习结束时有什么看得见的结果，而不只是规定"读完第二章"；相反，可以规定"读完第二章，标出重要部分，生成一张框架结构图"。

在执行学习计划时，要有效防止拖拉作风。做事拖拉的人总是习惯性地把（不愉快或成为负担的）事情推迟到将来做，他们一般花许多时间思考要做的事，担心这个，担心那个，给自己找借口推迟行动，又为没有完成任务而悔恨，其实他们本来能完成任务，而且应转入下一项学习活动了。为了有效克服拖拉作风，一定要首先确定一项任务是否非做不可，然后作出决策，避免过分追求完美无缺，要有意识地养成好习惯。

2. 高效利用最佳时间

在不同的时间里，人的体力、情绪和智力状态是不一样的，也就是说，学习时间的质可能是不一样的。因此，要在不同质的时间里安排不同的学习活动，例如，要在人生理功能旺盛、精力充沛的时候，从事最重要、最紧张的学习活动，以便最有效地利用学习时间。

（1）要根据自己的生物钟安排学习活动。科学家已证实，人体内存有体力、情绪和智力三种周期。每个周期控制着各自的机能水平，如智力周期控制着人的学习能力、记忆能力和逻辑思维能力，以 33 天为一周期。人的体力大约 23 天为一个周期，人的情绪大约 28

天为一个周期。每个周期中，又区分为高潮期、低潮期和临界期（高潮期和低潮期两段起始的0线）。高潮期也就是最佳时间。人在智力周期的高潮期，脑子清楚，逻辑思维能力强，工作效率高；低潮期反应较迟缓，临界期就更差。

（2）要根据一周内学习效率的变化安排学习活动。一周之中，由于长期的双休制，也形成了智力周期。星期一和星期五临近休息日，智力机能有下降趋势。

（3）要根据一天内学习效率的变化来安排学习活动。在一天中，人的智力也是存在周期的。由于每个人在一天当中的体内新陈代谢状况和大脑机能状况不同，最佳时间也就因人而异了。有的人是白天型的，早睡早起，一觉醒来，精力充沛，大脑活跃。而有的人则是晚上型的，一般早上状态不佳，到了下午逐渐精神起来，夜幕降临时，脑细胞随之转入兴奋状态，精力专注，尤其到了夜深人静时，大脑异常活跃，学习效率很高。还有的人是混合型的，容易适应生活环境和作息制度，不管任何时候，只要经过充分休息后，就可以达到最佳状态。当然，学生的学习主要是在白天，因此，晚上不宜睡得太迟。

（4）要根据自己的工作曲线安排学习活动。学习时，随着学习的进行，人的精神状态和注意力会发生变化。一般来说，存在三种变化模式：先高后低；中间高两头低；先低后高。每个人要根据自己的模式，安排学习内容，确保状态最佳时学习最重要的内容。

3. 灵活利用零碎时间

零碎时间大多是学习的低效时间，如课余、饭前饭后、等人等车、乘车乘船等，这些时间也可以加以灵活利用。首先，可以利用零碎时间处理学习上的杂事。学习上有些杂事不得不做，这些事不宜使用整段时间来做，而要利用零碎时间做。例如，削铅笔、收拾用具、整理学习环境、整理书包等。一定要注意，所有与学习有关的东西都必须有条理地放好，什么东西放在什么地方都要心中有数，用完东西归还原处。如果杂乱无章，任拿任放，要用时四处乱找，不仅耽误了学习时间，而且破坏了学习心境。其次，读短篇或看报纸杂志，拓宽自己的知识面，或者背诵诗词和外文单词，这实际上等于在进行分散复习，可提高记忆效率。此外，可以进行讨论和通信，与他人进行交流，在轻松的气氛里与人交流，有助于创造性思维的启发。

（二）环境管理策略

学习环境会影响学习者在学习时的心境，从而影响学习效率。因此，为学习创造适宜的环境很重要。首先，学习者要注意调节自然条件，如流通的空气、适宜的温度、明亮的光线，以及和谐的色彩等；其次，要设计好学习的空间，如设计空间范围、室内布置、用具摆放等因素。

（三）努力管理策略

为了使学习者维持自己的意志努力，需要学习者不断地进行自我激励，包括：激发内在动机；树立为了掌握而学习的信念；选择有挑战性的任务；调节成败的标准；正确认识成败的原因；自我激励。

（四）社会资源利用策略

社会资源利用策略包括两个方面：一是学习工具的利用，指学习者要善于利用参考资料、工具书、图书馆、广播电视以及电脑与网络等；二是社会性人力资源的利用，指学习者要善于利用教师的帮助，以及通过同学间的合作与讨论来加深对内容的理解。

第四节 学习策略的促进

学习策略是教学过程中的重要内容,但很多教师往往只重视知识的传授而忽略了学习策略的促进。面对学习任务时,有的学生只会用一两个主要的学习策略,甚至没有必要的策略来学习复杂的材料。因此,学习策略的促进尤为重要。

一、促进学习策略的原则

学习者在学习时往往采用各种不同的策略,但没有一种学习策略可以适用所有的情况,这就需要根据具体情况选择和使用学习策略。在策略教学时应遵循适用于具体学习方法的有效原则。

(一)主体性原则

任何学习策略的学习和使用都离不开学习者主观能动性的发挥。在被动学习的情况下,学习者目标不明动机不强,就很难在学习中掌握和运用策略。要发挥学习者的主体性地位,就应充分调动学习者的学习积极性,激发他们的学习动机。不同学习者对学习结果的期望不同,动机归因不同,他们对学习策略的掌握与使用水平也不同。若学习者认为学习结果毫无价值,就不会主动应用策略进行有效学习;若学习者认为即使经过努力也不能达到学习目标,就不可能花大量时间去尝试应用多种策略以解决问题。一般而言,动机强的学习者倾向于使用已经习得的策略,而动机弱的学习者对策略的使用不主动、不敏感。

(二)内化性原则

内化性原则指促进学习者不断实践各种学习策略,逐步将其内化成自己的学习能力,并能在新的情境中加以灵活应用。策略性知识是复杂、抽象的程序性知识,使用起来也更加灵活,学习者在掌握某些学习策略之后,必须通过大量变式练习,才能逐步了解在何时、何地、哪种情况下使用策略最为有效。因此,在策略学习中,就需要将新知识和具体学科内容相结合,将新策略与头脑中已有的有关策略整合,并熟练地加以应用,把它内化为学习者自己的东西,形成新的认识和能力。

(三)特定性原则

特定性原则包含两层含义:一是学习策略应该适用于特定的学习任务。一般的学习策略可以适用于大多数情境,在解决特定问题时则往往还需要用到具体的特定的策略。二是学习策略的使用还因人而异。例如,小学生学习时更多使用具体实物,成年人则更多使用符号或表象;场依存型的人更多使用外部线索,场独立型的人更多依赖个人内省。因此,在策略训练中要考虑特定的问题情境和不同学习者的差异,有针对性地进行策略教学。

(四)生成性原则

生成性原则是指学习者要利用学习策略对学习的材料进行高度的心理加工,生成某种新的东西,也就是让学习者在实际情境中,恰当运用策略,不断解决问题。生成性比较高的策略有给别人写内容提要、向别人提问、将笔记列成提纲、图解要点之间的关系。生成性程度低的策略有不加区别的画线、不抓要点的记录、内容肤浅的提要等,这些策略对学习的意义是不大的。

（五）有效监控

有效监控指学习者应当知道在何时、何地如何应用他们的学习策略，并能描述自己学习策略的运用过程，反思自己使用策略的有效性。学习者的学习过程是一个自我监控的过程，学习策略的运用是和学习者的具体学习活动联系在一起的，在不同的学习中使用的策略也应该是不同的。教师要引导学生对自己的策略使用情况进行反思，或者在使用的过程中把它说出来，以促进学生对策略使用过程和状况的监控。

（六）个人自我效能感

有时候，学习者即使知道了如何使用某种策略也不愿用它来解题，这可能主要是由于策略使用的效能感问题。教师要给学生一些机会使他们感觉到策略的效果以及自己使用策略的能力，要让学生意识到，只要掌握和使用了学习策略，他的学习就会有所提高。在学生学习中，教师要不断向他们提出问题和进行测查，并据此对他们的策略使用情况进行评价，使学生感受到使用策略学习就会有收获，增强学生的自我效能感。

二、促进学习策略的方法

（一）指导教学模式

指导教学模式的基本思想是，学生在教师的引领下学习有关的学习策略。它由激发、讲演、练习、反馈和迁移等环节构成。在教学中，教师先向学生解释所选定学习策略的具体步骤和条件，在具体应用中不断给以提示，让其口头叙述和明确解释所操作的每一个步骤以及报告自己应用学习策略时的思维过程；同时，教师在教学中依据每种策略选择许多恰当的实例来说明其应用的多种可能性，提供的实例应从学生的认知水平出发由简到繁。

（二）程序化训练模式

程序化训练模式的基本思想是基于心理学家加涅的学习层次理论而产生的。所谓程序化训练，就是将活动的基本过程分解成若干有条理的小步骤，在其适宜的范围内，作为固定程序，要求活动主体按此进行活动，并经过反复练习使之达到自动化程度。程序化训练的基本步骤是：①将某一活动过程，按有关原理分解成可执行、易操作的小步骤，而且使用简练的词语来标志每个步骤的含义；②通过活动实例示范各个步骤，并要求学习者按步骤活动；③要求学习者记忆各步骤，并坚持练习，直至使其达到自动化程度。

（三）完形训练模式

完形训练就是在直接讲解完策略之后，提供不同程度的完整性材料，促使学习者练习策略的某一个成分或步骤；然后逐步降低完整性程度直至完全由学习者自己完成所有成分或步骤。

完形训练的好处就在于能够使学习者有意注意每一个成分或步骤，而且每一步训练所需的心理努力都是学习者能够胜任的，更为重要的是，每一步训练都给学习者以策略应用的整体印象。

（四）交互式教学模式

交互式教学这种方法，主要用来帮助成绩差的学生领会阅读。它一般是由教师和一小

组学生（大约 6 人）一起进行的，旨在教学生这样四种策略：①总结——总结段落内容；②提问——提与要点有关的问题；③析疑——明确材料中的难点；④预测——预测下文会出现什么内容。

交互式教学模式的步骤：开始，教师做示范，朗读一段课文，并就其核心内容进行提问，直到最后概括出本段课文的中心大意。最后，教师指定学生扮演"教师"角色，彼此提问。

（五）合作学习模式

合作性已成为当今基础教育改革所倡导的基本理念，这也是合作学习模式的基本思想。在这种学习模式中，两个学生为一组，一节一节地彼此轮流向对方总结材料。当一个学生主讲时，另一个学生听着，纠正错误和遗漏。然后，两个学生彼此变换角色，直到学完所学材料为止。

要使合作能够顺利进行，教师必须注意以下几点：①要有一个有吸引力的主题；②要有可分解的任务；③要有一个有凝聚力的稳定的团队；④要有一个具有激励性、发展性的评价机制；⑤需要在课与课之间、课内与课外之间具有连续性。

在实际教学中，教师不管采用什么方法进行学习策略的教学，都要结合具体的学科知识。教师要善于不断探索优化自己的教学步骤，为学生提供可以效仿的活动程序；同时要根据学生原有的学习方式来启发学生的思路，让其有意识地内化有效的学习策略。

本章提要

学习策略是学习者为了提高学习的效果和效率，有目的有意识地拟定有关学习过程的复杂的方案，是个体调节自己的感知记忆、想象、思维等各种认知活动的高级认知技能。学习策略包括认知策略、元认知策略和资源管理策略。认知策略是加工信息的一些方法和技术。这些方法和技术能使学习、记忆及问题解决等信息加工活动有效地进行。在知识学习领域中，认知策略主要包括复述、精细加工和组织策略。元认知策略是学生对自己认知过程的认知策略，包括对自己认知过程的了解和控制策略，有助于学习者有效地安排和调节学习过程。计划策略、监控策略和自我调节策略都属于元认知策略。资源管理策略是辅助学习者管理可用环境和资源的策略，有助于学习者适应环境并调节环境以适应自己的需要，对学习者的动机具有重要的作用，包括时间管理策略、学习环境管理策略、努力管理策略和学业求助策略。

学习策略的促进，首先应该了解促进学习策略的原则，主要包括主体性原则、内化性原则、特定性原则、生成性原则，以及有效的监控、个人自我效能感。促进学习策略的方法包括指导教学模式、程序化训练模式、完形训练模式、交互式教学模式和合作学习模式。

关键术语

1. 学习策略：是指学习者为了提高学习的效果和效率，有目的有意识地制定的有关学习过程的复杂的方案。

2. 复述策略：是在工作记忆中为了保持信息，运用内部语言在大脑中重现学习材料或刺激，以便将注意力维持在学习材料上的方法。

3. 精细加工策略：是一种将新学材料与头脑中已有知识联系起来从而增加新信息的意义的深层加工策略。

4. 组织策略：是整合所学新知识之间、新旧知识之间的内在联系，形成新的知识结构。

5. 元认知：是对认知的认知，具体地说，是关于个人自己认知过程的知识和调节这些过程的能力，它具有两个独立但又相互联系的成分：对认知过程的知识和观念，对认知行为的调节和控制。

6. 主体性原则：指任何学习策略的使用都依赖于学习者主动性和能动性的充分发挥。

7. 内化性原则：指训练学习者不断实践各种学习策略，逐步将其内化成自己的学习能力，并能在新的情境中加以灵活应用。

8. 特定性原则：指学习策略一定要适于学习目标和学习者类型。

9. 生成性原则：指学习者要利用学习策略对学习材料进行重新加工，生成某种新的东西。

10. 有效的监控：指学习者应当知道何时、如何应用他们的学习策略并能反思并描述自己对学习策略的运用过程。

11. 个人自我效能感：指教师给学生一些机会使他们感觉到策略的效力以及自己使用策略的能力。

习题自测：真题

一、单项选择题

1. 刘庆复习历史科目时，按古代史、近代史、现代史的时间顺序构建了历史知识的框架图。她的学习策略主要属于（　　）。(2024 上)

　　A. 组织策略　　　　　　　　　B. 精细加工策略
　　C. 复述策略　　　　　　　　　D. 资源管理策略

2. 晓杰在阅读课文时，常常自我提问："我对课文表达的内容清楚了吗？我抓住了课文的重点了吗？"这种学习策略属于（　　）。(2021 下)

　　A. 复述策略　　　　　　　　　B. 组织策略
　　C. 计划策略　　　　　　　　　D. 监控策略

3. 教师向学生依次呈现一组单词，要求他们记住，随后进行自由回忆。结果发现，最后呈现的单词更容易被回忆起来。这种现象称为（　　）。(2021 上)

　　A. 首因效应　　　　　　　　　B. 近因效应
　　C. 前摄抑制　　　　　　　　　D. 倒摄抑制

4. 李利今天新学习了 20 个英文单词，放学后他就一遍一遍地背诵，直至背会全部单词。这种学习策略属于（　　）。(2021 上)

　　A. 监控策略　　　　　　　　　B. 组织策略
　　C. 计划策略　　　　　　　　　D. 复述策略

5. 晓春上课时把老师的讲解内容用自己的语言写在课本上,以促进对知识的理解,他采取的学习策略是(   )。(2019 下)

  A. 复述策略   B. 组织策略

  C. 计划策略   D. 精细加工策略

6. 地理老师教学生记忆"乞力马扎罗山"时,为方便学生记忆,将之戏称为"骑着马打着锣"。这种学习策略属于(   )。(2017 下)

  A. 复述策略   B. 精细加工策略

  C. 组织策略   D. 元认知策略

7. 在老师指导下,学生利用图示方式对知识进行归纳整理,以促进自己所学知识的掌握。学生采用的这种学习策略是(   )。(2016 下)

  A. 复述策略   B. 精细加工策略

  C. 监控策略   D. 组织策略

8. 小丽在学习时为了记住数字、年代等枯燥无味的知识,常对其赋予意义,使记忆过程生动有趣。小丽使用的学习策略是(   )。(2014 下)

  A. 复述策略   B. 精细加工策略

  C. 组织策略   D. 计划策略

9. 丁力有意识地对自己的学习活动进行检测与监控,他所运用的学习策略属于(   )。(2014 下)

  A. 复述策略   B. 精细加工策略

  C. 组织策略   D. 元认知策略

二、简答题

1. 简述学习策略中的资源管理策略的主要构成。(2023 下)

2. 简述元认知策略的种类。(2019 下)

三、材料分析题

1. 下面是一位学生给老师的求助信。

许老师,您好!

我在初中的学习成绩一直很好,可上高中以来学习成绩却不是很理想,尤其是近几次考试都没考好,这让我很沮丧,越来越不自信。现在一提到考试,我就浑身不自在,怀疑自己到底能不能把成绩提高。在平时学习中,我都能很好地理解知识、完成作业,老师和同学们也认为我的能力较强,常常推荐我参加一些学习竞赛,但我都推辞了,觉得自己能力不够,不能胜任。有时候我会不由自主地想:我能行吗?我还能考好吗?我是不是再也考不出好成绩了?

老师,我特别希望改变我目前的状态,在以后的考试中取得好成绩,不辜负老师和同学对我的信任,因此我希望得到您的帮助。谢谢!

学生:海波
3 月 31 日

(1) 请根据自我效能感理论分析这位学生的问题及其产生的原因。

(2) 如果你是许老师,应该如何帮助这位学生?(2020 下)

2. 晓宁平时没有复习的习惯,还有一周就要期末考试了,他开始着急起来,并暗自发誓要考出好成绩。他觉得只要自己努力,反复背诵就一定能取得好成绩。所以,只要有时间他就背外语单词,背课文,背语法,背数学、物理公式和化学方程式等,不会合理安排时间,连课间休息也不放过,从晚上背到深夜,早晨四五点钟就起床接着背,以致到了头昏脑胀的地步。他从没有哪次考试像这次考试下这么大的功夫,自以为一定能考出好成绩。然而,完全出乎他的意料,各门功课成绩都很不理想。他很失望,百思不得其解,到底什么地方出了问题?

(1)简述学生应该如何有效进行复习。
(2)请指出晓宁复习中存在的主要问题。(2019 下)

第六章
真题参考答案

习题自测:练习题

一、单项选择题

1. 某生会背九九乘法口诀并懂得"三三得九"是 3 个 3 相加之和是 9,这种学习属于( )。
   A. 信号学习　　　　　　　　B. 连锁学习
   C. 机械学习　　　　　　　　D. 有意义学习

2. 在学习策略中下列不属于精细加工策略的是( )。
   A. 记忆术　　　　　　　　　B. 提问
   C. 做笔记　　　　　　　　　D. 列提纲

3. 为了暂时记住朋友的电话号码以便拨号,最适宜的记忆策略是( )。
   A. 复述策略　　　　　　　　B. 精细加工策略
   C. 组织策略　　　　　　　　D. 生成技术

4. 让小丽先后学习两组难易相当、性质相似的材料,随后的检查发现她对前面一组材料的回忆效果不如后面一组好,这是由于受到( )。
   A. 倒摄抑制　　　　　　　　B. 前摄抑制
   C. 分化抑制　　　　　　　　D. 延缓抑制

5. 林琳在听课时,经常将学习内容要点以画线的方式在书上做标记。这种学习策略属于( )。
   A. 复述策略　　　　　　　　B. 调节策略
   C. 监控策略　　　　　　　　D. 计划策略

6. 小丽在学习时为了记住数字、年代等枯燥无味的知识,常对其赋予意义,使记忆过程生动有趣。小丽使用的学习策略是( )。
   A. 复述策略　　　　　　　　B. 精细加工策略
   C. 组织策略　　　　　　　　D. 计划策略

7. 丁力有意识地对自己的学习活动进行检查与监控,他所运用的学习策略属于( )。
   A. 复述策略　　　　　　　　B. 精细加工策略
   C. 组织策略　　　　　　　　D. 元认知策略

8. 对学习过程中制订自我学习计划,实施自我监控以及自我调控的策略,一般称为( )。

A. 组织策略 B. 精细加工策略
C. 元认知策略 D. 自我意识策略

9. 调整阅读速度、复查、使用应试技巧等应归类于（　　）。

A. 认知策略 B. 元认知策略
C. 资源管理策略 D. 精细加工策略

10. 在学习新材料时，先对材料进行系统的分析、归纳和总结，然后用简要的语词，按材料中的逻辑关系写下主要和次要观点，这属于（　　）。

A. 复述策略 B. 理解-控制策略
C. 精细加工策略 D. 组织策略

二、辨析题

1. 有效利用社会资源是人的学习策略之一。
2. 元认知是对认知的认知。
3. 反复阅读结合尝试背诵的效果优于单纯的重复阅读。
4. 画线是阅读时常用的一种资源管理策略。

三、简答题

1. 简述学习策略的类型。
2. 简述学习策略的特征。
3. 简述元认知策略的一般内容。

第七章 知识的学习

 知识框架

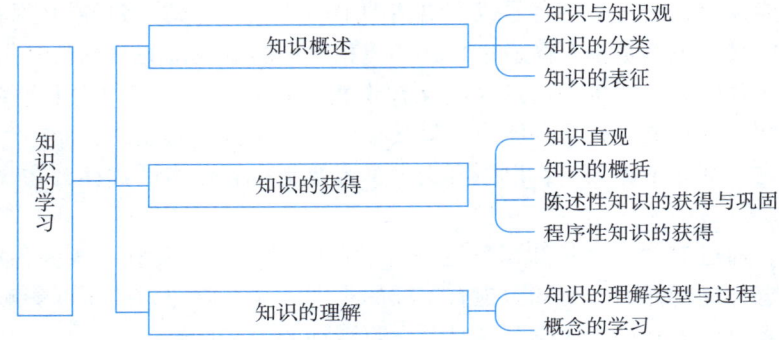

学习目标

1. 说出知识、陈述性知识、程序性知识的含义。
2. 理解知识获得的过程，以及知识直观、知识概括的主要类型。
3. 理解陈述性知识与程序性知识的获得。
4. 理解知识的理解类型与过程，以及概念的学习。

案例导学

在快速变化的世界中，知识学习的重要性越发凸显。它不仅是个体智慧与能力的体现，更是个人发展和职业成功的关键。通过学习，我们可以不断积累知识，提升技能，为未来的职业生涯奠定坚实基础。

五年级教师帮助学生学习一个熟悉的概念和实际的思维技能。教师首先说："我头脑中有一个概念，你们来猜是什么。我一次给出一个正例和一个反例，大家从中判断。"他把正例和反例两种情况在桌子上分别做了标记，接下来他把一个苹果放在正例的标记前，把一块石头放在反例的标记前。教师这时问学生："现在大家猜猜我想的这个概念是什么？"第一个假设是"是不是吃的东西"。教师把"假设"写在黑板上，在简单讨论了假设

的意义后，把"吃的东西"列在下面。接下来的假设是"生物"和"长在树上的东西"。在讨论了这两个假设后，教师又拿出一个西红柿放在正例方，把胡萝卜放在反例方，老师鼓励大家根据这些条件重新考虑列出的所有假设，并讨论了一个新的假设"红色的东西"。通过讨论更多的正例（桃子、李子、橘子）和反例（红薯、土豆），学生把他们的假设缩小为"我们吃的是这些东西的种子"，学生最后建构了一个概念"水果"——食用果实的食品。

第一节　知识概述

一、知识与知识观

从心理学的观点看，知识是个体头脑中的一种内部状态，有广义和狭义之分。狭义知识，一般仅指能存储在语言文字符号或言语活动中的信息或意义，如各门学科的事实、定理、公式等。广义知识，是指个体通过与其环境相互作用后获得的信息及其组织。它既包括个体在生活实践中获得的各种信息（狭义知识），也包括在获得和使用这些信息过程中所形成和发展而来的技能、技巧和能力。就其存储形式而言，以概念、命题、图示等形式存储于个体之内，则为个体知识；以语言文字，音像制品等媒体形式存储在个体之外，则是人类的知识。

长期以来，通过对"什么是知识"这一问题的探讨，人们形成了各种各样的知识观。知识观具体指怎样理解知识，对知识抱有怎样的态度。这种对知识的态度影响着学习和教学过程，学习者自己的知识观、学习观是其学习活动的内在背景。

知识观可以分为现代主义知识观和后现代主义知识观。现代主义知识观认为，知识具有客观性、普遍性和价值中立的特点。这种观点把知识视为对现实的一种客观反映，是封闭的、稳定的、可以从外部加以研究的意义系统。在后现代主义知识观的视野中，知识是一种动态的、开放的解释，研究者也并非完全置身于认识过程之外。也就是说，知识并不是一种绝对客观的、固定不变的终极真理，而是具有不确定性、建构性、多样性和可质疑性等特征。

理解现代与后现代知识观之间特点和取向的差别，对教师准确把握知识形态，形成符合自己教学实践的知识观有着重要的作用。

二、知识的分类

由于对知识的概念有不同的理解，人们对知识的分类角度也各不相同。从哲学角度，可将其分为感性知识和理性知识。在学校教育实践中，根据学科的不同，可把知识分为语文知识、数学知识等。心理学主要从知识学习过程的心理实质或特点等角度对知识进行分类：奥苏伯尔将知识分为表征、概念、命题、问题解决和创造；加涅将知识分为连锁、辨别、具体概念、抽象概念、规则及高级规则六类。这些心理学家力图根据知识获得过程的性质对知识进行分类，使知识的类型能反映出学习的不同心理过程。但他们对知识获得的信息加工过程缺乏深入研究，因此对知识类型的划分还带有较多的思辨色彩。

(一) 陈述性知识与程序性知识

现代认知心理学家依据知识的不同表征方式和作用，将知识划分为陈述性知识、程序性知识和策略性知识。

陈述性知识，也叫描述性知识，是关于事物及其关系的知识，主要用于区别和辨别事物。它是个人有意识地提取线索，因而能直接陈述的知识。这类知识主要用来回答世界是什么的问题。例如，"第二次世界大战的原因是什么？"它包括事实、规则、个人态度、信仰等，以命题和命题网络以及图式和表象的形式进行表征。

程序性知识，即操作性知识。是关于怎样做的知识，是一种经过学习自动化了的关于行为步骤的知识，表现为在信息转换活动中进行具体操作。它是个人没有有意识地提取线索，只能借助某种作业形式间接推测其存在的知识，实际上是传统意义上的技能。它主要用来解决怎么办的问题，例如"如何在图书馆中查找鲁迅的杂文集《朝花夕拾》"。程序性知识以产生式和产生式系统进行表征。

二者在人的长时记忆中表征的特征完全不同，但两种表征方式都旨在使知识既能在长时记忆中得到经济的表征，又能在有限的工作记忆容量中被灵活地使用。

陈述性知识与程序性知识的主要区别在：

（1）知识类型不同：陈述性知识是关于"是什么"的知识；程序性知识是关于"如何做"的知识。

（2）表征方式和功能不同：陈述性知识主要通过网络化和结构性（命题、表象、线性次序、图式）来表征观念间的联系，为人考虑或反思事物之间的联系提供方便；程序性知识主要通过目的流将一系列条件-行动组装起来（产生式），体现了人会在何种条件下采取何种行动来达到一系列中间的子目标，并最终达到总目标。

（3）静态和动态之分：陈述性知识是相对静态的知识，反映事物的状况及其联系；而程序性知识则要对信息进行某种运作从而使之发生转变。

（4）获得的速度和方式不同：陈述性知识的获得主要通过激活的传播来完成，而程序性知识的获得更多地依赖于程序化和自动化；陈述性知识的获得速度较快，图式经历的时间稍长，命题往往在几秒钟内就被掌握，而程序性知识获得速度要慢得多，有的需要几年甚至更长的时间。究其原因，是两类知识对人的生存有着完全不同的影响，程序性知识直接引发或控制人的行为，所以人在获得此类知识时不得不小心谨慎。

（5）作出改变的难易程度不同：对于陈述性知识，修改比较容易，当然对一些定型的图式进行修改也比较困难；对于程序性知识，在获取的早期修改比较容易，然而一旦他们在人的记忆中被编码且达到自动化，修改起来就会相当困难。

（6）陈述性知识和程序性知识达到的标准不同：检验陈述性知识是通过看其能否被陈述和描述，而检验程序性知识则是通过看其能否被操作和实施。

陈述性知识和程序性知识是学习过程不可分割的两个方面。任何知识的学习都要经过陈述性阶段才能进入程序性阶段。程序性知识的获得过程就是陈述性知识向技能的转化过程。练习与反馈是陈述性知识转化为程序性知识的重要条件。程序性知识的运用有助于陈述性知识的学习。在人类的绝大多数的活动中，这两类知识都是共同参与、互为条件的。

（二）感性知识与理性知识

传统知识观根据反映活动深度的不同，将知识分为感性知识和理性知识。

感性知识是对活动的外表特征和外部联系的反映，可分为感知和表象两种水平。感知是人脑对当前所从事的活动对象的反映。表象是人脑对从前感知过但当时不在眼前的活动的反映。

理性知识，反映的是活动的本质特征与内在联系，包括概念和命题两种形式。概念反映的是活动的本质属性及其各属性之间的本质联系，如"心理学是研究心理现象的科学"。命题也就是我们通常所说的规则、原理、原则，它表示的是概念之间的关系，反映的是不同对象之间的本质联系和内在规律，如"公共关系心理学是公共关系学和心理科学相结合的产物"。

（三）显性知识与隐性知识

1958年英国科学家、哲学家波兰尼提出了"显性知识"和"隐性知识"的知识形态。显性知识是指用书面文字、图表和数学表述的知识，通常是用言语等人为方式，通过表述来实现的，所以又称为言明的知识、明确的知识。

隐性知识是指尚未被言语或其他形式表述的知识，是尚未言明的、难以言传的知识。波兰尼有一个经典的比喻证明隐性知识的存在。他说："我们能够从成千上万甚至上百万张脸中认出某一个人的脸，但在通常的情况下，我们却说不出我们是怎样认出这张脸的。"这便是波兰尼的著名命题："我们知晓的比我们能说出的多。"

波兰尼一方面指出显性知识通过教育而传播，另一方面也强调了隐性知识在教育中的作用。认识和识别显性知识并不是难事，教育教学任务的基本知识和基本技能就是指显性知识，只是过去由于把显性知识当成知识的全部，所以就没有突出它的"隐性"特征。

社会化是共享个人隐性知识的过程，分享别人的经历和经验是理解别人思想和感情的最好途径。在一定意义上，隐性知识只有共享才可被交流。外化需要将隐性知识说出来并以其他人能够理解的方式表达出来。交谈过程中，个人超越自我和外部边界，交谈、倾听能给所有的谈话参与者带来好处，因而是知识外化的一种极好的途径。实践中，知识的外化一般通过暗喻和类比的方式进行。内化指将新创造的显性知识转换成个人的隐性知识。综合化涉及将显性知识转换成更复杂的显性知识。传播某一方面的知识、编辑和系统化这类知识，是这个转换模式的关键，这样在知识外化过程中能够生产出新知识。做中学、培训和练习是表达显性知识的重要途径。

隐性知识因为其尚处于"缄默的状态"而难以外显出来，所以一直没有得到足够的重视。但是从某种程度上说，隐性知识比显性知识更重要。隐性知识的开发利用方式已经成为一个重要的研究课题。例如，以往学校也开展了"学习方法谈"等活动，但是每次大家读出来的结果都大同小异，对别的学生启示不大，所以需要采取不同的方法来促进隐性知识显性化。

知识拓展 7-1

改良面包机——隐性知识显性化

野中郁次郎在20世纪80年代开始研究隐性知识问题时，曾经受到松下电器公司一位软件专家改进烤面包机过程的启示。

一位名叫田中郁子的工程师在 1985 年接受了一项任务：改进松下公司制造的烤面包机。原因是松下的烤面包机总是无法与面包师傅的面包制作诀窍抗争，生产出的面包没有特色，烤面包机因此也没有销路。于是，田中郁子开始走访大阪、东京的各大西餐点、面包房，并且拜大阪国际饭店前首席面包师为师，详细记录他们叙述的经验，分析他们的制作和烤制过程，发现他们在做面包的时候，作料有时间和数量的差别，但在面包师看来，这些都是习以为常的差别，所以讲不出来，就像教师对不同孩子教育方式的习以为常一样。后来经过一年的努力，田中郁子和她的项目工程师们终于研制出了畅销的新型面包机，有五组不同的按钮。因为人的口味是相对稳定的，用户可以根据自己的口味选择相应的面包机，制作不同味道的面包。

野中郁次郎认为，田中小姐工作的本质实际上就是：将面包师傅们自己都无法说清的隐性知识显现出来，并且以这些知识来改进面包机。

三、知识的表征

知识表征是指信息在人脑中的存储和呈现方式，它是个体知识学习的关键。人们在学习过程中，都是根据自己对知识的不同表征而选择相应的学习方法和应用方式。现代心理学研究表明，不同知识类型在头脑中具有不同的表征方式。

（一）陈述性知识的表征

心理学家普遍认为，陈述性知识主要是以命题和命题网络的形式进行表征。另外，表象和图式也是表征陈述性知识的重要形式。

1. 命题

命题是信息的基本单位，是陈述性知识的一种基本表征形式。现代认知心理学认为，人思考的对象不是词语而是命题。命题是思想和观念的单元，它比句子更为抽象，它是将句子表征为一组符号，一个命题大致相当于一个观念。有些句子如"我十三岁了"表达一个观念，仅包含一个命题。但也有些句子表达多个观念，包含有多个命题。如"一年级的女孩在唱歌"，表达的就是两个观念，包含两个命题，分别是"女孩在唱歌"和"她是一年级的"。命题一般由两个成分构成：关系和论题。论题多由名词、代词表示。命题中的关系多以动词表示，有时也用形容词和副词表示。关系对论题起限制作用，如"张三在喝水"这个命题中"喝"表示关系，显著地限制了有关"张三"的信息的范围。

2. 命题网络

命题网络是基于语义网络提出来的，它是指任何两个命题，如果它们具有共同成分，则可以通过这种共同成分而彼此联系起来。许多彼此联系的命题组成命题网络。命题网络的基本表示方法是一组由关系联结的节点所构成的有向结构。节点表示记忆中的概念，而关系就构成了节点间的联系。这种语义网络具有激活扩散的特性。

（二）程序性知识的表征

程序性知识主要以产生式和产生式系统进行表征。

1. 产生式

"产生"这个术语来自计算机科学。信息加工心理学的创始人纽厄尔和西蒙先提出用产生式表征人脑存储的技能。他们认为，人脑和计算机一样都是"物理符号系统"，其功能都是操作符号。人脑之所以能进行计算、推理和解决问题等各种复杂活动，是由于人经过学习，其头脑中存储了一系列的以"如果……那么……"形式表征的规则，同计算机程序本质一样。这种规则被称为产生式。如面对"27+15+19+30=?"这道连加题，我们在具体计算时先读27，然后将27与15相加，得到和42，记住42，再读19，将42与19相加……最后得到和91。这里的每一步就是一个产生式，从条件得出结果，这个结果被保存在短时记忆中，又成为下一步运算的条件。

2. 产生式系统

简单的产生式只能完成单一的活动。有些任务需要完成一连串的活动，因此需要许多简单的产生式。经过练习简单的产生式可以组合成复杂的产生式系统，这种产生式系统被认为是复杂技能的心理机制。当一个产生式的活动为另一个产生式的运行创造了所需要的条件时，则控制流从一个产生式流入另一个产生式。产生式系统通过许多子目标，控制产生式的流向。产生式系统并不需要一个外在的监督系统，它的监控蕴藏于运行之中。

（三）大的知识单元的表征

许多心理学家认为，一个大的知识单元中既有陈述性知识，也有程序性知识，二者相互交织在一起。许多心理学家用"图式"一词来描述这种大块的知识的表征。例如"去餐馆吃饭"就是一个图式，它包括各种信息，如到桌边就座、看菜谱、点菜、服务员上菜、就餐、付账等。教学中常见的图式有实验程序、学习和理解故事等。

图式中不仅含有命题的或概念的网络结构，也含有解决问题的方法步骤，即程序性知识。一般来说，图式能运用于范围广泛的情境，作为理解输入的信息的框架；从知识来看，在记忆中存在的图式就像是人所知道的东西；从结构来看，图式是围绕某个主题组织的；从理解来看，图式中含有许多空位，它们可以被某些具体的信息填补。

> **知识拓展 7-2**
>
> **思维与知识**
>
> 三国时，曹操和杨修一起去曹娥庙祭拜。曹操看到碑文"黄绢幼妇，外孙齑白"八个字感到很奇怪，不解其意，最后还是杨修破译了这个谜语，说答案便是"绝妙好词"。他给曹操解释说：黄绢是有颜色的丝绸，那便是"绝"字；"幼妇"是少女，即"妙"字；外孙是女之子，那是"好"字；"齑"是捣碎的姜蒜，而"齑白"就是捣烂姜蒜的容器，用当时的话说就是"受辛之器"，"受"旁加"辛"就是"辞"的异体字。所以"黄绢幼妇，外孙齑白"，谜底便是"绝妙好词"。

第二节 知识的获得

知识的获得是知识学习的第一个阶段。在这个阶段，新信息进入短时记忆，与来自长时记忆系统的原有知识建立一定的联系，并纳入原有的认知结构，从而获得对新信息意义的理解。也就是说，知识的获得是有条件的，首先必须获得充分的感性经验，其次必须对所获得的感性经验进行充分的思维加工。知识的获得从总体来说，主要是通过知识的直观和知识的概括两个环节来实现的。

一、知识直观

人们通过感知获得外部世界的信息，这些信息经过大脑的加工，产生了对事物的认识。直观是主体通过对直接感知到的教学材料的表层意义、表面特征进行加工从而形成对有关事物的具体的、特殊的、感性的、认识的加工过程。直观是理解科学知识的起点，是学生由不知到知的开端，是知识获得的首要环节。在实际的教学过程中有多种不同的教材直观方式，就直观的对象而言，可以把直观分为实物直观、模象直观和言语直观。

（一）实物直观

实物直观即通过直接感知要学习的实际事物而进行的一种直观方式。例如，观察各种实物，演示各种实验，进行实地参观、访问等都属于实物直观。

由于实物直观是在接触实际事物时进行的，它所得到的感性知识与实际事物间的联系比较密切、一致，因此它在实际生活中能很快地发挥作用。同时，实物直观给人以真实感、亲切感，因此它有利于激发学生的学习兴趣，调动学生学习的积极性。

然而，在实际事物中往往由于受主客观事物本身状态以及时间、空间、感官特性等多种因素限制，实物的特征难以操作，甚至是不能操作，致使难以突出其本质要素，不能"透过现象看本质"，学生难以通过实物直观获得清晰的感性知识。例如，在观察实际的杠杆时，杠杆的外在特征很容易觉察，而支点、动力及动力作用线与动力臂、阻力及阻力作用线与阻力臂等有关杠杆的本质属性却难以凸显。再如，过于缓慢的动植物生长和过于迅捷的化学反应也难以直接觉察；宏观的宇宙天体和微观的基本粒子由于过大或过小更不便直接感知。由于实物直观有这些缺点，所以它不是唯一的直观方式，还必须有其他种类的直观方式。

（二）模象直观

模象即事物的模拟性形象。模象直观即通过对事物的模象的直接感知而进行的一种直观方式。例如，对各种图片、图表、模型幻灯片和教学电影、电视等的观察和演示，均属于模象直观。

由于模象直观的对象可以人为制作，因而模象直观在很大程度上可以克服实物直观的的局限，扩大直观的范围，提高直观的效果。首先，它可以人为地排除一些无关因素，突出本质要素。其次，它可以根据观察需要，通过大小变化、动静结合、虚实互换、色彩对比等方式扩大直观范围。正因为模象直观具有这些独特的优点，因此它已成为现代化教学的重要手段，是现代教育技术学研究的重要内容。

但是，由于模象只是事物的模拟形象，而非实际事物本身，所以模象与实际事物之间有一定的距离。为了使通过模象直观而获得的知识在学生的生活实践中发挥更好的定向作用，同时弥补模象直观的欠缺，应注意将模象与学生熟悉的事物相比较，在可能的情况下，还应使模象直观与实物直观相结合。

（三）言语直观

言语直观是在形象化的语言作用下，通过学生对语言的物质形式（语音字形）的感知及对语义的理解而进行的一种直观形式。例如，在语文教学中，文艺作品的阅读、有关情景与人物形象的领会；在历史教学中，有关历史生活、历史事件、历史人物的领会；在地理教学中，有关地形、地貌、地理位置的领会，均少不了言语直观。

言语直观的优点主要体现在两方面：第一，不受时间、地点和设备条件的限制，可广泛使用；第二，能运用语调和生动的形象去激发学生的感情，唤起学生的想象。然而，言语直观的效果依赖于教师的情景渲染，即教师的语言质量。在应用言语直观时教师必须做到语言精练，语调抑扬顿挫，语音富有情感，并配合形象的身段，表情要绘声绘色，这样才能较好地发挥言语直观的功能。然而，言语直观所引起的表象并非学生亲身感知的形象，所以往往不如实物直观和模象直观鲜明、完整、稳定，因此，在可能的情况下，应尽量配合实物直观和模象直观。

二、知识的概括

思维是以已有知识为中介，对客观事物本质属性和内部规律的间接的、概括的反映。人之所以能预见未来、推断过去，是因为思维会借助已有的知识经验对外界输入的信息进行分析、综合、比较、抽象、概括而得出新知识。这是思维的过程，也是知识的概括过程。

概括指主体通过对感性材料的分析、综合、比较、抽象、概括等深度加工改造，从而获得对一类事物的本质特征与内在联系的抽象的、一般的、理性的认识的活动过程。在教学过程中，学生对于知识的概括存在着抽象程度不同的两种类型，即感性概括和理性概括。

（一）感性概括

感性概括即直觉概括，它是在直观的基础上自发进行的一种低级的概括形式。例如，有的学生由于经常看到主语在句子的开端部位，因而就认为主语就是句子开端部位的那个词；有的学生看到锐角、直角、钝角等图形中都有两条交叉的线，就认为角是由两条交叉的线组成。由于这种概括是根据事物的外部特征而形成的，它没有反映事物的本质特征和外部联系，所以只是直觉水平的概括。

感性概括是一种直觉概括，是在直观的基础上，通过反复感知而自发实现的。虽然从形式看，它是通过一定的概括得来的，是抽象的；从外延上看，它也涉及一类事物而非个别事物；但是从内容上看，依靠的是事物外表特征的强弱对比而自发实现的。因此，这类概括又叫直觉概括，主要是从日常经验中得来的。

感性的、直觉的概括在中小学生日常经验的学习中很常见，但由于这种概括不能反映事物的本质特征与内在联系，所以在科学知识的获得过程中不能仅仅依靠这种概括来完成学习任务，必须使学生掌握高级的理性概括的方式。

（二）理性概括

理性概括是在前人认识的指导下，通过对感性知识经验进行自觉的加工改造，来揭示事物的一般的本质的特征与联系的过程。

理性概括是一种高级的概括形式，它所揭示的是事物的一般因素与本质因素，是思维水平的概括。一般因素，指的是一类事物所共有的，不是个别或某些事物所特有的；本质因素，即内在地而非表面地决定事物性质的因素。通过这种思维水平的概括，学生的认识就不再停留在事物表面的感性阶段,而是深入到事物的内在、本质方面,上升到了理性认识阶段。

理性概括不是自发进行的,而是在主体对感性材料自觉地进行一系列分析、综合、比较、抽象、概括的基础上实现的,是通过思维过程完成的。因此,在实际的教育过程中,教师不仅要重视理性概括,而且更应注意使学生掌握理性概括的技能。

总之,从感性概括中,只能获得不充分的日常概念和命题,只有通过理性概括,才能获得揭示事物本质的科学概念和命题。因此,在教学中,我们需要关注的是如何有效地进行理性概括的问题。

> **知识拓展 7-3**
>
> *知识的掌握*
>
> 在教《曹冲称象》这篇课文时,首先,指导学生多读,再抓住课文中的重点词"先……再……然后……"理解曹冲称象的几个步骤。然后,指导学生根据课文的介绍做试验:用水盆模拟河面,用塑料盒做小船,用学具代替石头,用橡皮或卷笔刀代替大象。在实验中,让学生自己动手试一试。通过亲自体验,学生才能形象地理解曹冲称象的原理。

三、陈述性知识的获得与巩固

(一) 陈述性知识的获得

陈述性知识的获得是指新的命题与命题网络中的有关命题联系起来进行存储的过程,也就是奥苏伯尔所说的新概念与认知结构中的有关观念相互作用,将新概念纳入认知结构中去的过程。

在人的头脑中以命题网络的形式存储着大量的命题,这些命题的活动水平是不等的。在某一特定的时刻,绝大多数命题处于静止状态,只有被选择性注意到的外界信息和从长时记忆中提取出来的少量信息才能进入工作记忆,处于被激活的状态,成为那些正在被我们思考的观念。一个命题被激活进入工作记忆后,可以激活命题网络中与它相关联的邻近命题也进入工作记忆,从而使人思考的内容一步步进行,这一过程叫作激活的扩展。由于工作记忆的容量十分有限,每项命题能保留在工作记忆中的时间很短,因而处于激活状态的命题通过激活的扩展只能使少量相关命题与它同时处于工作记忆之中。两个具有共同论题或关系的命题只有同时处于工作记忆中时,才能相互联系,通过其共同成分构成命题网络。

在陈述性知识的获得过程中,新的陈述性知识以句子的形式被学习者感知,作为外部刺激进入工作记忆,并激活长时记忆中与新命题关联的有关命题也同时进入工作记忆,通过共同的论题或关系与之形成命题网络,从而获得对新命题的理解。同时,新学会的命题能够保留在命题网络中的适当位置上,甚至与旧命题联系在一起,从而产生另外的新命题,这些都一起进入命题网络中存储起来,这就是陈述性知识获得的基本过程。

进入工作记忆中的信息要想保持激活状态,或者新旧命题想在工作记忆中联系在一起构成命题网络,必须通过复述才能实现。复述是指在工作记忆中重现命题。它有两种形式：一种是维持性复述，一种是精加工（精制性）复述。

陈述性知识被精加工的同时，还有一个加工过程也在进行，就是组织。组织是指将一组信息分成子集并表述子集间关系的过程。例如识记一组图片，可以按照这些图片分属于动物、工具或家具等进行分类，然后根据每类包含哪些具体事物建构出一个简明有序的空间结构以便于存储和提取，这就是组织。由于组织把有关的内容联系在一起，即进行了"组块"，同一组块可以成为工作记忆中的一个信息单位，这就扩大了工作记忆的容量。而且组织提供了信息的检索源，即成为用于激活能在命题网络中进行扩展的内部检索线索，这就促进了陈述性知识的再现。

（二）陈述性知识的巩固

陈述性知识获得并存储在长时记忆中的命题网络中之后，如果长时间不再被激活和运用，则有可能被遗忘。遗忘是指记忆信息的消失或不能提取。实际上，它不仅发生在长时记忆中，而且感觉记忆和工作记忆中也存在这一现象。

对于遗忘发生的原因，有各自不同的看法。主要的论点有下面几种：一是干扰说，即学习前或后所学习的别的东西分散了对当前学习的注意力，从而造成了信息丧失。第二观点认为，遗忘是和提取失败有关，也就是说由于存储新命题时没有对其进行充分的精加工或组织，因而找不到适当的提取线索，从而导致了遗忘的现象，而信息并非真的"失去"了。还有一种观点把遗忘看成"痕迹消退"，即由于时间的力量，而使命题网络中各命题间或各命题中论题间的关系和联系慢慢减弱直至消失。尽管目前没有独特的例证来说明痕迹消退确实存在，但也没有任何一个实例来表明它不存在。

除了遗忘的原因，许多人还致力于研究遗忘的规律及影响因素，其中最具代表性和最早的是德国心理学家艾宾浩斯的研究。除了时间因素，影响遗忘进程的因素还有以下几个方面：

（1）学习材料的性质。一般认为，形象材料比抽象材料遗忘得慢，有意义材料比无意义材料遗忘得慢。

（2）学习材料的数量。在学习程度相等的情况下，一次学习的材料越多，遗忘越快；材料少，则遗忘慢。

（3）学习程度。对学习材料达到恰能背诵后，还继续学习一段时间，称之为过度学习。心理学实验证明：在达到100%的学习程度之后，再继续多学几遍并不是浪费，而是很有必要。过度学习无论从保持量还是防止遗忘的数量来看，都要好于恰能背诵的学习。当然过多的过度学习也是不必要的，实验证明，150%的过度学习最适宜。

（4）加工程度。维持性复述所形成的长时记忆信息，保持效果较差，遗忘较多；而经过学习者精加工复述和组织的材料遗忘较慢。

克服遗忘的基本途径是主动复习。当知识获得时的外部刺激再次被选择性注意到时（如复习课文、反复听录音等），或在因对其他知识进行精加工而被激活时，都能起到复习和巩固作用。

（三）陈述性知识的提取和建构

陈述性知识的提取和建构都是通过激活的扩展来实现的。当我们需要搜索相应的陈述性知识来回答某一问题时，首先要把问题转化为命题表征并进入工作记忆。这一命题成为激活相关知识的线索，通过激活的扩展，不仅相关命题被激活，而且与之相关的已存储的能够直接回答问题命题的命题也能被找到。如果回答问题的命题的确存在，那么直接提取该命题回答问题即可，这就是陈述性知识的提取过程；如果这样的命题不存在，即经过搜索原有命题网络没有发现能直接回答问题的命题，或由于时间不够来不及查找，则根据现有的已激活的命题建构一个合理的新命题来作为答案，这就是陈述性知识的建构。

（四）促进陈述性知识学习的一般条件

由于大部分陈述性知识的学习属于奥苏伯尔所提出的有意义学习，因此他同时提出的有意义学习的主客观前提条件，也就成了陈述性知识学习必不可少的前提条件。除此之外，陈述性知识学习还需以下几个必要条件：

1. 学习者对新知识能积极关注

新知识在学习之初总是作为一个外部刺激出现在学习者面前，这一外部刺激如果不能得到学习者的选择性注意，就不可能进入工作记忆；同样，被注意到的呈现新知识的刺激（言语或符号）如果不能被学习者积极地进行表征转化，并主动复述，它也不可能久留在工作记忆中，而这又都是陈述性知识能否被理解的前提条件。因此教师在陈述知识的教学中，第一步就是唤起学生对新的陈述性知识的注意，唤起注意的方法是通过变换各种刺激来完成的。

2. 学习者对相关旧命题（知识）能主动、有效地提取

学习者在学习新知识前应该对相关旧知识做好清晰、准确地提取的准备。新命题如果不能顺利地激活相应的旧命题，则新知识是不可能与旧命题互相作用、发生联系并通过精加工获得与旧有的命题网络之间广泛的新的共同联系的。因此，在呈现新知识之前，教师应该帮助学生回想起有关的前提性知识或技能，在了解学生对原有知识掌握情况的同时，又为新知识的讲授做好了准备。另一种有效的教学策略就是呈现先行组织者。

3. 学习者能合理使用工作记忆的有限容量

联结、精加工、组织等的发生，均要求被加工处理的命题同时处于激活状态，因此必须充分合理地利用工作记忆有限的容量。如果激活的速度过慢，能同时取用的信息量会太少，必然限制了同时加工的命题的数量和质量；但若同一时间内激活的命题多而杂，激活的是相去甚远的千头万绪，也不利于信息加工的顺利进行。这就要求教师对新知识的呈现有一定的合理安排，新呈现的信息要结构清晰、层次鲜明，可运用板书或各种图示来突出新知识的组织结构，并展现出它与相应旧知识的明显关系。

4. 学习者要进行充分的精加工

除了少数机械性较大的知识，绝大多数有意义的陈述性知识都需要进行充分的精加工处理才能获得好的理解和掌握。开始时教师可以为学生提供精加工的示范和手段，最后要让学生自己形成自发自觉的精加工学习。

教师可以使用的精加工手段有使用表象、使用类比、使用典型例题等。除此之外，还可使用向学生提出分析和思考所学材料的问题、让学生用自己的话解释学习材料、围绕对例子的分析和应用进行教学、让学生动手实践等手段，帮助他们积极参与学习活动，促进他们对知识的精加工。

5. 学习者要把新知识及时组织和系统化

建构合理、结构清晰、组织优化的知识结构，不仅是学习新知识的良好工具，也是知识能够顺利高效地提取和运用的有力保障。因此教学过程中，要使学生把系列的知识组织起来，构成相互联系的命题网络。

另外，为了保证对知识的组织和系统化能充分发挥作用，教师在呈现新信息时，相关的信息应相继出现，使之同时进入工作记忆，从而形成命题网络。这提示我们，相互联系的信息会组织在一起形成命题网络存储，而分别呈现的信息联结的可能性不高。因此教师在教学过程中应注意将有关的观念归纳到一起，在讲授某个新内容时应与已学过的内容结合起来。

6. 必要的复习

习得的知识需要牢固地保持在长时记忆中，以便以后随时拿来运用。必要的复习是促进知识保持的有效途径。

四、程序性知识的获得

程序性知识的获得过程就是陈述性知识向技能的转化过程，练习与信息反馈是陈述性知识转化为程序性知识的重要条件。因此，安德森和加涅等人认为，程序性知识的获得通常需要包括陈述性阶段、联合阶段、自动化阶段。

这种从陈述性知识转换成程序性知识的过程也被称为程序化，是程序性知识获得的一般过程。但由于程序性知识可以划分为模式识别程序和动作步骤程序两个不同的类型，所以其学习过程还有各自不同的特点。

（一）模式识别学习

模式是由若干元素按照一定关系组成的一种结构。在实际生活中，各种物体、字母、图形、声音等都可以是模式。而模式识别学习就是指学会对特定内部或外部刺激模式进行辨认和判断。

模式识别与陈述性知识的运用不同。比如对"什么是圆"这一问题，只能用陈述性知识来回答：圆是到定点距离等于定长的点的集合；而对于"这是不是一个圆""下列图形中哪一个是圆"等问题，只能用程序性知识来解答，即运用产生式或产生式系统：如果各点到圆心距离相等，且各点在同一平面上，那么判断它是圆。

> **知识拓展 7-4**
>
> **模式识别程序举例**
>
> 回答下列问题就需要运用模式识别：
>
> 1. 动物中哪一个是青蛙？
>
> A.（水蛇图片）　　　　　　　B.（蟾蜍图片）
>
> C.（青蛙图片）　　　　　　　D.（蚰蜒图片）
>
> 2. 下列概念中哪些相反？
>
> A. 小李矮　小李胖　　　　　　B. 小李矮　小王高
>
> C. 小李爱钓鱼　小李爱散步　　D. 小王去学校　小王去商店

3. $y=3x+5$ 表现的是：
A. 圆　　　　　　　　　　　B. 直线
C. 双曲线　　　　　　　　　D. 抛物线

上述三个模式识别问题应用的产生式分别为：
1. 如果　动物有四腿
　　　　且为绿色
　　　　且身体上有分泌物
　　　　且拳头大小
   那么　将其分类为青蛙
2. 如果　有两个概念
　　　　且二者不同
　　　　且二者在同一角度
   那么　判断这两个概念相反
3. 如果　等式为 $y=mx+b$ 的形式
   那么　判断这一等式所表现的是直线

　　模式识别的主要任务是学会把握产生式的条件项，这一任务一般通过概括化和分化来完成。概括化是指对同类刺激模式中的不同个体做出相同的反应。例如，幼儿对他以前并未看过的年轻女性都叫"阿姨"就是在以往事例之上的概括。而分化与概括化相反，它是指对不同类刺激做出不同反应的过程。如幼儿在经验基础上逐渐区分出年轻女性是"阿姨"，年纪大了、有皱纹的该称"奶奶"。

　　概括化需要在同类刺激中抽取出共同的特征。安德森等人把概括化看成产生式的变化。当具有相同动作的两个产生式同时在工作记忆中被激活时，就会自动发生概括化，即将两个产生式的条件项中的不同部分舍去，而保留共同部分作为概括化之后的条件项，并以两个产生式共同的动作项作为新的动作项，以形成一个减少了条件项的新的产生式。概括化之后的新产生式适应面变得更广，因为它要求对凡是符合同类刺激模式的共同特征的所有刺激（变式）做出同样的反应，而个别刺激所具有的非共同特征不再是作出识别和判断的必要条件。不论何种学科的概念都是通过概括化来完成的，教学中提出的"提供概念的若干正例（变式）以促进概念学习"的策略也正是以概括化原理为基础的：变式越充分、越典型，学习者通过概括化得到的概念的本质特征越准确；产生式的条件项越精练、数量越少，进行判断和识别时越少受到概念的无关特征的影响。

　　分化需要找出的是两个以上刺激间的差异。根据安德森等人的看法，分化也是产生式的变化，但概括化是使某个程序的适用范围更大，而分化却使某个程序的适用范围缩小，其结果为产生式的条件增加。分化出现在某一产生式不适用时，因为经由概括化而形成的模式识别产生式中，虽然所有的条件项都是必不可少的，但并不能保证所有的必不可少的条件项全部包括在内了。有时候，由于所举正例均没有违反某一必要条件，该必要条件的重要性就有可能未被意识到从而使其未被列入产生式的条件项中。如教师在讲"圆"的概念，学生在判断画在黑板上的圆形时只注意了"是否各点到圆心距离相等"这一条件，直到教师拿来一个球，许多学生才意识到"所有的点在同一平面上"也是必要条件之一。可见，分化通常是用反例来帮助实现的，特别是那些只在某一本质特征上与概念正例不相符的反例，它有助于提高模式识别中辨别和区分的准确度。

综上所述，正例和反例的运用在模式识别学习中是必不可少的，前者促进概括化，后者促进分化。通常情况下，一项模式识别的学习过程要依赖于概括化和分化的反复进行，才能最后达到判断的迅速准确。

（二）动作步骤学习

动作步骤的学习是指学会顺利执行完成一项活动的一系列操作步骤。它与模式识别过程密不可分，模式识别是完成动作步骤的前提条件，即只有首先能对需要执行某一动作步骤的情境条件的模式作出准确判别，动作步骤的执行才能有效解决问题。如要完成"作$y=3x+5$的坐标图"的动作步骤，就要先完成"如果等式为$y=mx+b$的形式，那么它表现的是直线"这一模式识别过程。而动作步骤学习的也是产生式，如：

如果　等式是$y=mx+b$
　　　目标是据此等式在坐标上作直线
那么　先画坐标
　　　然后在y轴上取b点
　　　然后从b点向右进一个单位后取m点
　　　然后通过b点和m点作直线

根据安德森的理论，动作步骤首先以陈述性知识的形式来习得，然后在实际操作过程中转变成程序性知识，而这一过程经历了两个阶段：程序化和程序合成。

程序化过程分两步来实现：第一步，建立规则和步骤的命题表征。学生通过阅读、听讲或观察他人获得行为的步骤，并以命题的方式存储起来，以供学习执行这些动作步骤时依顺序激活、提取作为指导和提示。第二步，将动作步骤的陈述性命题表征转化为程序性产生式表征，并在执行动作步骤的过程中逐渐脱离陈述性命题的检索、提取和监控。如教师在例题示范中带领学生对照步骤，复述一步、计算一步；在学习之初，学生还常常需要在进行每一步之前认真对照一下前一步完成了没有、下一步该做什么，稍一疏忽，就可能漏了一步，此时产生式表征尚不稳定；经过反复练习，学生就可以不再依靠教师或自己的逐步提示，顺利地依次自动执行每个操作步骤，熟练地完成分数加法。

第二个阶段程序合成，是指把若干个产生式合成一个产生式，把简单的产生式合成为复杂的产生式。它要求两个有关联的产生式同时进入工作记忆，并且一个产生式的行为项是另一个产生式的条件项。此时保留前一产生式的条件项，将两个条件项的动作项按顺序合并为一个复杂的动作项，并通过大量练习使之成为一个巩固的技能组块。程序合成一方面减少了产生式数量，因而缩短了激活时间；另一方面也减轻了工作记忆的负担，使复杂动作步骤更为流畅。但这并不是说我们应该把所有能组合的产生式都合并在一起。因为程序合成可能导致操作定势，使人固守一套解决问题的模式而缺少灵活性。因此，在学校教育中，只有最基础的、变化较少的、以后会大量成块使用的动作步骤，才考虑使其达到组合的程度，如基本的读、写、算技能等，便于以后学习复杂的知识；而那些只在解决特殊问题时才需要组合在一起的动作步骤，使它们保持一定的独立性，更有利于灵活的拆分和组合，增加运用这些技能的变通性。

（三）促进程序性知识学习的一般条件

由于程序性知识学习的第一阶段是对陈述性知识的学习，因此，促进陈述性知识学习的一般条件也会适用于程序性知识的学习。除此之外，程序性知识的学习还需要以下一些条件：

1. 例证和比较

正例和反例的提供是学习模式识别的必要条件，没有对大量合适的正、反例的分析和比较，概括化和分化的过程就无法完成，也就很难达到对同类和不同类刺激模式的准确判别和区分。而模式识别如果无法完成，动作步骤也不可能被正确运用到该用的问题情境中来。有人把动作步骤所必需的模式识别程序叫作条件性知识，如果没有形成有关的模式识别程序，即使知道了动作步骤，也可能不知道在何种场合使用。如儿童的四则运算能达到快且准的程度，并不意味着他能解文字应用题。坦尼森（Tennyson）曾以高一学生为被试，教他们学习语法规则，他发现给学生提供多种运用规则的实例能有效提高学习效果，这表明例证通过影响模式识别学习而影响了动作步骤的掌握。

2. 练习和反馈

无论是模式识别还是动作步骤，无论是程序化还是程序组合，都需要大量的练习和反馈。提供练习要注意以下几点：

第一，练习的内容。不同的程序性知识的学习中，练习时所需问题的类型不同。学习模式识别程序时要给学生提供练习分类的问题，促进概括化要提供包含正例的问题，促进分化要提供包含反例的问题；而在学习动作步骤程序时，要注意给学生提供这一动作步骤在什么条件下使用的问题，先让学生练习简单的问题，再让他们练习需要先行知识的复杂问题。

第二，练习的速度。在学习的初级阶段要慢一些，这时的问题要精、具有典型性，以后练习速度逐步加快。

第三，练习时间的分配。一般来讲，分散练习优于集中练习。在学习的初期，每次练习的时间不宜太长，但两次练习的间隔也不宜太长。

第四，练习的形式。应该尽可能多样化，包括问题形式的多样化与利用多种感官进行活动。

有练习就必须有反馈，练习的效果很大程度上取决于反馈的提供。与练习一样，反馈也应取决于不同的程序性知识而不同。比如，对于模式识别练习，在反馈时，要注意讲清哪些地方是正确的，哪些地方是错误的；而对于动作步骤学习，在反馈时，促进程序化的重点在于正确性，促进程序组合的重点在于速度。

第三节　知识的理解

一、知识的理解类型与过程

由于人们对知识作出不同的分类，因此知识的理解也可以按照相应的知识分类而分类。例如，知识的理解可以分为陈述性知识理解和程序性知识理解。知识的学习也可以按照学习方式分为知识的接受学习、知识的发现学习与知识的支架式学习。

我们是怎样理解知识的？比如读一段文字，似乎它所表达的意义就在字里行间，它

"射入"我们的感官，进而进入我们的头脑中，我们就可以很自然地明白它在说什么。但其实，理解过程并不是这样"简捷"。请阅读下面的文字，看它说的是什么意思。

这个程序实际上很简单。首先，你把总件数分成几组。当然，如果件数不多的话，一次就行。很重要的是，一次件数不能太多。就是说，每次太多不如少些好。这在短时间内似乎无所谓，但经常不注意这一点，就很容易造成麻烦，而且，一旦带来麻烦，其代价可能是很昂贵的。一开始，整个程序可能看上去比较复杂，但要不了多久，它就会成为你生活中的一个部分。

这段话你理解了吗？现在，如果有人告诉你这段文字的标题："洗衣机使用说明书"，请再看一遍上面这段话。

在这段文字中，每个字我们都认识，每句话似乎都能懂，但整段文字会让人不知所云。而一旦给了标题，我们却又恍然大悟。一个简单的标题，实际上唤醒了我们头脑中的相关经验，有了这个经验背景，我们就可以解释、组织这段文字。而离开了经验背景，这段话就成了一些杂乱无章的文字符号。可见，理解并不简单的是信息通过感官"射进"我们的头脑中，学习者已有的知识经验也在"投射"到当前的情境中，意义的理解正是通过外界信息与已有知识经验的相互作用而实现的。

二、概念的学习

（一）概念的定义

概念是事物的一般特征、共同特征和关键特征的反映。它可以使个体识别某一类别的实例和非实例。概念是抽象的，现实世界里只存在概念的具体例子，并不存在概念。概念是用词来标识的。如"水"就是一个概念，因为这个词表示许多具有一些共同特性的物质——所有分子式为 H_2O 的化学物质，从而和其他物质区别开来。

每个概念都有其内涵和外延，两者的关系成反比，即概念成员拥有的共同属性越少，概念所包含的成员就越多。例如，"水""纯净水""娃哈哈纯净水"，这三个概念的内涵依次增大，外延逐渐减少。

此外，不同概念在头脑中是互相联系的，又具有一定的层次关系，因此它们就构成了概念层次网络。在这个层次网络中，概念的特征进行分级表征。例如，"生物"这一概念包括动物、植物和微生物等，而动物本身又包括脊椎动物和无脊椎动物等。不同层次的概念包含不同的信息容量，每一级概念只存储该级概念所独有的特征，而同一级的各概念所具有的共同特征则存储在上一级概念的水平上。

概念具有社会历史性，因此，随着社会的发展会产生一些新的概念。例如，"原子""电磁""原子能"等概念，只有在人类思想、科学、社会关系发展到一定水平时才能产生。

某些概念内容会随着社会的发展得到补充，变得更丰富和充实。例如，"电器""通信工具"等概念随着社会的发展有了更加丰富的内涵。

（二）概念的种类

根据不同的维度，可以把概念划分成不同的种类。常见的概念分类有以下几种：

1. 根据概念所反映事物属性的抽象和概括程度分类

根据概念所反映事物属性的抽象和概括程度,可分为具体概念与定义概念。加涅提出,具体概念是指可以通过观察直接获得的概念定义,例如,"上下"的概念。定义概念指按事物内部的、本质的特征形成的概念,即通过概念定义获得的概念,例如,物理中力的概念。学生的大部分定义概念是由教师在教学中讲授的。

2. 根据概念形成的途径分类

根据概念形成的途径,可分为前科学概念和科学概念。维果斯基提出,前科学概念又称日常概念,它是人们在日常生活中通过人际交往和个人在积累经验的过程中形成的。日常概念受个人生活范围和知识经验的限制,概念的内涵中常常包含着事物的非本质属性,往往存在片面性,甚至有错误。例如,认为鸡不属于鸟,或蘑菇不属于植物就是如此。科学概念指在教学过程中通过揭示概念的内涵而形成的概念。例如"鸟是有羽毛的动物"是关于鸟的科学概念。

3. 根据概念的抽象程度分类

根据概念的抽象程度,可分为初级概念和二级概念,这是奥苏伯尔1968年提出的分类。

儿童特别是前运算阶段的儿童,是通过对亲身经历的、直接的具体经验进行抽象的,这种抽象被称为一级抽象,由此得到的概念被称为一级概念;二级概念则是通过掌握概念的定义获得的。小学生在校学习期间,从课本上学习的概念就是这样获得的。二级概念的抽象水平高于一级概念。

4. 根据概念的内涵分类

根据概念的内涵,可分为实物概念和抽象概念。实物概念指关于事物的整体的概念。它反映完整的客体的本质属性,如"汽车""桌子"等。抽象概念不是关于事物的整体,而是关于事物的某个属性、状态与其他事物联系的概念,如"运动""价值""民主"等。

5. 根据概念的人为性分类

根据概念的人为性,可分为自然概念和人工概念。自然概念指现实事物的概念,其内涵和外延是由事物自身的特征决定的。人工概念指对某些自然概念的模拟,它是由实验者人为地将事物的几个属性结合起来而创造的一种概念。

(三) 概念的结构

概念的结构主要包括概念名称、概念定义、概念属性、概念例证。

1. 概念名称

概念名称指人们用某个符号或词汇来代表某些具有共同属性的事物。例如"狗"一词代表了各种各样的狗,它是这一类别范畴的概念名称。一个词可以作为不同的概念名称,如"网"既可以指实际的网,如渔网等,也可以指虚拟网络。而不同的词也可以代表同一概念,如"船"和"舟"都可以指同一种事物。

2. 概念定义

概念定义是指对同类事物共同的本质特性的概括。在概念定义的描述中,要明确界定该概念的范畴与特征。当然，并不是所有概念都有明确定义，如心理学中许多概念都难以下定义，对这些概念的界定只能借助于具体的情境。

3. 概念属性

概念属性是指概念的具体例子所具有的共同属性，即通常所指的概念的内涵。正是由于这些属性，人们才能区分各种不同的概念。一些概念可能还有别的属性，但如果是非本质的属性，那就与概念的界定无关。

4. 概念例证

概念例证是指概念所包括的一些具体例子。凡符合某个概念的定义特征的例子，无论其他特征如何，都属于该概念的实例。例如，菊花、蜡梅、杜鹃都属于"花"这一类别。

（四）概念的获得

学生概念的学习主要通过概念形成和概念同化两种形式获得。

1. 概念的形成

获得概念实质上就是要理解一类事物的共同的关键属性。学生概念的学习一般是由具体概念的学习到定义性概念的学习。

学生在日常生活中获得的概念都是从具体概念入手的。比如，父母叫孩子拿"碗"来，若拿对了，受到肯定；若拿了"杯子"或"盆子"来，父母会说"不对，这不是碗"。学生通过拿大碗、小碗、陶瓷碗、塑料碗、用碗吃饭、盛菜等经历，最后终于发现了"碗"这个概念，即掌握了各种碗的共同关键属性。但他不定能给碗下定义，这时获得的是一个具体概念。从此例也可看出概念形成中的认知过程必须符合两个条件：①内部条件（学生自身的条件），即学生必须辨别概念的正反例证；②外部条件，即教师必须对学生所提出的概念的关键特征的假设做出肯定或否定的反应，使学生从外界条件中获得反馈信息。

概念的形成不仅是具体概念的学习，而且是定义性概念（即科学概念）的学习。圆周率（π）是一个定义性概念。在教 π 这个概念时，让学生测量圆的直径分别为 1、2、3 和 4 厘米的周长，然后让学生计算各圆的周长与直径之比，结果发现它们的值大致相同。最后告诉学生，这个值的精确数为 3.14159……，它就是圆周率。为了加深学生对 π 的认识，还可以让学生取直径为任意长度的圆，测量其周长，并计算周长与直径之比，结果都是 3.14159……，从而证实圆周率的确定性。

完全不同于人们在自然条件下形成概念或科学家发明与创造概念，也不同于在人工条件下形成概念，学生要在教学条件下接受系统的教学，他们获得概念的主要形式是概念的同化。

2. 概念的同化

概念的同化是利用学生认知结构中原有的概念，以定义的方式直接向学生提示概念的关键特征，从而使学生获得概念的方式。比如学生要学习"鲸"，如果学生认知结构中已经具有清晰的"哺乳动物"的概念，尽管学生未见过鲸，但通过查字典或教师讲解就知道鲸是"哺乳动物、种类很多、生活在海洋中、胎生、形状像鱼，俗称鲸鱼"，便能获得"鲸"这个概念。

概念的同化还有另一种形式。原有认知结构中有关概念与新学习的概念只有相关关系，不能从原有概念中派生出来，新概念纳入原有概念之后，原有概念的本质属性要发生扩大、限制或深化等变化。比如，学生在认知结构中已具有挂国旗是"爱国行为"的观念，现在指出保护能源、计划生育、反击外国侵略等都是爱国行为时，则爱国行为的概念便不断深入。

概念同化不仅是让学生去掌握概念知识，而且要指引学生将已获得的概念组成体系，使学生的知识条理化，这不仅有利于存储与检索，而且有利于理解与吸收新的知识。

本章提要

从心理学的观点看，知识是个体头脑中的一种内部状态，有广义和狭义之分。狭义知识，一般仅指能存储在语言文字符号或言语活动中的信息或意义。广义知识，是指个体通过与其环境相互作用后获得的一切信息及其组织，它既包括个体在生活实践中获得的各种信息（狭义知识），也包括在获得和使用这些信息过程中所形成和发展而来的技能、技巧和能力。

概念是事物的一般特征、共同特征和关键特征的反映。根据概念所反映事物属性的抽象和概括程度，可分为具体概念与定义概念；根据概念形成的途径，可分为前科学概念和科学概念；根据概念的抽象程度，可分为初级概念和二级概念；根据概念的内涵，可分为实物概念和抽象概念；根据概念的人为性，可分为自然概念和人工概念。概念的结构三要包括概念名称、概念定义、概念属性、概念例证。

关键术语

1. 知识：就是个体通过与环境相互作用后获得的信息及其组织。其实质是人脑对客观事物的特征与联系的反映，是客观事物的主观表征。

2. 感性知识：是对活动的外表特征和外部联系的反映，可分为感知和表象两种水平。

3. 理性知识：反映的是活动的本质特征和内在联系，包括概念和命题两种。

4. 陈述性知识：也叫描述性知识，是个人能用言语进行直接陈述的知识。这类知识主要用来回答事物是什么、为什么和怎么样的问题，可用来区别和辨别事物。

5. 程序性知识：也叫操作性知识，是个体难以清楚陈述，只能借助于某种作业形式间接推测其存在的知识。它主要用来解决做什么和怎么做的问题。

6. 实物直观：即通过直接感知要学习的实际事物而进行的一种直观方式。例如，观察各种实物，演示各种实验，到工厂或农村进行实地参观、访问等。

7. 模象直观：即通过对事物的模象的直接感知而进行的一种直观方式。例如，各种图片、模型、幻灯片和教学电影电视等的观察和演示。

8. 言语直观：是在形象化的语言作用下，通过学生对语言的物质形式的感知及对语义的理解而进行的一种直观形式。例如，在语文教学中文艺作品的阅读等。

习题自测：真题

一、单项选择题

1. 小刚利用改变物体接触面积大小或光滑程度的方法，来增强或减弱滑板的摩擦力。这主要说明小刚能够运用（　　）。（2016 下）
   A. 元认知知识　　　　　　　　　　B. 描绘性知识
   C. 情境性知识　　　　　　　　　　D. 程序性知识

2. 如果学生要学习的知识内容比较复杂，结构化程度很高，又必须在短时间内加以掌握，他们最宜采用的学习形式是（　　）。（2016 下）
   A. 发现学习　　　　　　　　　　　B. 接受学习
   C. 合作学习　　　　　　　　　　　D. 互动学习

二、辨析题

学生知识越多，说明学生能力越强。（2018 上）

三、简答题

1. 简述提高知识效果的途径。（2024 上）
2. 简述促进知识获得和保持的方法。（2018 下）

第七章
真题参考答案

习题自测：练习题

一、单项选择题

1. 波兰尼曾经说过："我们知晓的比我们能说出的多"讲的是什么知识？（　　）
   A. 陈述性知识　　　　　　　　　　B. 条件性知识
   C. 程序性知识　　　　　　　　　　D. 隐性知识

2. 程序性知识特有的表征方式是（　　）。
   A. 命题　　　　　　　　　　　　　B. 图示
   C. 产生式　　　　　　　　　　　　D. 故事脚本

3. 概念教学中为了防止学生出现概括不足，需要给学生呈现（　　）。
   A. 正例　　　　　　　　　　　　　B. 规则
   C. 反例　　　　　　　　　　　　　D. 变式

4. 学生能够回答"第二次世界大战的原因是什么"，需要的是（　　）。
   A. 程序性知识　　　　　　　　　　B. 陈述性知识
   C. 默会知识　　　　　　　　　　　D. 策略性知识

5. 下列选项属于陈述性知识的是（　　）。
   A. 学习的定义　　　　　　　　　　B. 产品的使用说明
   C. 汽车驾驶方法　　　　　　　　　D. 问题解答思考过程

6. 要使"陈述性知识"的学习变成"程序性知识"的学习，必要条件是（　　）。
   A. 直接经验的参与　　　　　　　　B. 课堂教学作用
   C. 教师的作用　　　　　　　　　　D. 教材体系的建构

7. 儿童先背诵乘法口诀，然后学习乘法计算，在计算时还边念口诀边计算。这说明（　　）。

A. 陈述性知识常常是学习程序性知识的基础

B. 程序性知识常常为执行某个实际操作程序提供必要的信息

C. 程序性知识常常是创造的基础

D. 陈述性知识的掌握也会促进程序性知识的深化

二、辨析题

1. 程序性知识是"是什么"的知识，以命题及命题网络来表征，陈述性知识是"怎样做"的知识，用产生式来表征。

2. 知识直观包括两种类型：实物直观和模象直观。

第八章

技能的学习

知识框架

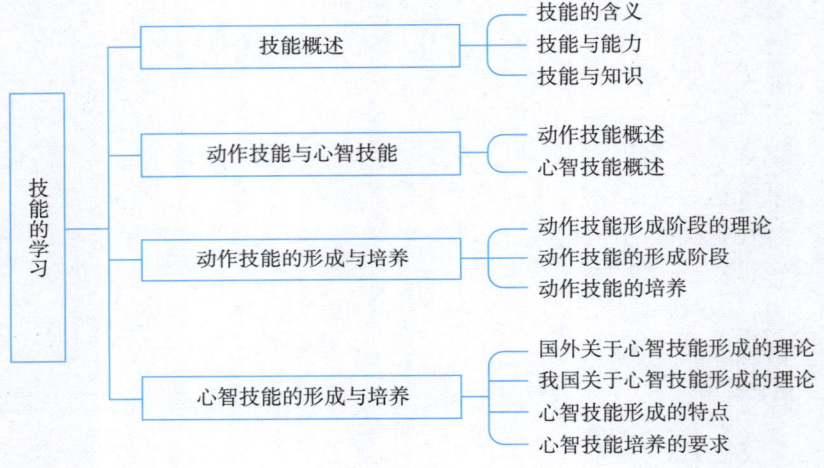

学习目标

1. 理解技能的含义、种类及特点。
2. 理解运用心智技能的相关心理学理论。
3. 说出培养学生技能形成的方法。

案例导学

在快速变化的现代社会中，技能学习已成为个人成长和职业发展不可或缺的一部分。无论是提升语言能力、增强计算思维，还是提高肢体协调能力，技能学习都扮演着举足轻重的角色。有名的厨师靠着一手可以做美味的饭菜而生活，音乐教师通过教学生如何唱歌而赚钱生活，设计师靠着自己设计的才能而生活，虽然这几位收入不同，却有着自己独特的技能。因此在学习生活中要有自己的特殊技能，不管是哪一行，无关学历，都有门道可循！充分发挥自己的天赋，应用到所做的工作之中，总有功成名就的一天。不管是一万小时定律，还是刻意练习法则，选准一种方法，坚持不懈地努力，总有一天，你会成为在你那个领域里面，世界上最优秀的20%的那一部分人之一。

第一节　技能概述

一、技能的含义

所谓技能，一般认为是通过练习而形成的合乎法则的活动方式。它具有以下几个基本特点：

第一，技能是通过学习或练习而形成的，不同于本能行为。

第二，技能是一种活动方式，是由一系列动作及其执行方式构成的；属于动作经验，不属于认知经验的知识。

第三，技能中的各动作要素及其执行顺序要体现活动本身的客观法则的要求，不是一般的习惯动作。

技能不是先天就有的，是后天经过练习获得的。技能由不会到会，由会到熟练，是一个逐渐发展的过程。促进这种发展的基本条件就是练习。练习是一种有目的的对某种动作进行多次重复以达到熟练程度的过程，旨在改进动作，使动作趋于完善，达到自动化的熟练程度。动作系统达到自动化程度，是技能形成的标准。人们通常说的技能，包括一般的技能和技巧。技巧是技能的高度发展阶段。技巧的完善程度和自动化水平比一般的技能更高。技巧是在掌握技能要领的基础上形成的，其动作系统更精确、更敏捷、更完善。比如，一个人从不会骑自行车到经过反复练习掌握了骑自行车的技能，再由进一步完善该技能达到能在舞台上表演车技的水平，就经历了由动作系统熟练为技能，又由技能发展完善到技巧的过程。

二、技能与能力

技能和能力有着密切的联系。首先，一定的能力水平是技能形成的前提条件。具有相应的能力就易于掌握相应的技能，人们技能形成的速度及所形成的技能的难度往往取决于能力的发展水平，通常在某方面能力越强越易于形成某种技能。其次，技能的形成有助于能力的发展。习得了知识并不意味拥有了能力，只有将知识运用到实践中去，经过技能这个环节，才能使能力得到发展。因而，技能是知识掌握与能力形成与发展之间的重要环节，技能的形成对能力的发展有重要作用。

三、技能与知识

技能的形成以知识的掌握为基础，但掌握了知识并不等于形成了技能。也就是说，缺乏相应的知识基础，对某种技能的学习将成为不可能。但掌握了知识，并不等于形成了技能。比如，一个人掌握了水的浮力特点、游泳的基本动作要领、呼吸要领，并不能说他就掌握了游泳技能；再如，许多足球评论员对场上球员的表现指指点点，对关于足球的知识了解得很多，但让他上场，肯定还不如他所批评的球员。

另外，已经形成的技能又是掌握新知识的基础。比如，英语听力技能的形成有助于我

们获取更多的用英文表述的知识。由此看来，听、说、读、写等基本技能的形成与发展是高效获取新知识的有力保障。

第二节 动作技能与心智技能

根据技能的性质和特点，通常把技能分为动作技能和心智技能。

一、动作技能概述

（一）概念界定

动作技能也叫运动技能，是通过学习而形成的合乎法则的程序化、自动化和完善化的动作活动方式。例如骑车、绘画、体操、跳舞等都属于动作技能。动作技能的表现多种多样，但都是借助于肌肉、骨骼的动作及相应的神经系统活动来进行的。

我国教育心理学家根据现代认知心理学的研究，将动作技能定义为：在练习的基础上形成的，按照某种规则或程序顺利完成身体协调任务的能力。

运动技能是一种有目的、有意识的活动能力。运动技能中有动作的成分，但动作并不就是运动技能。只有人们运用一组动作去完成某一项具体任务或解决某一具体问题时，这种活动能力才能称为动作技能。也就是说，眨眼这类不随意动作不能称为动作技能，只有当人们用身体的一系列动作去完成一项任务或达到某种目的时，才会体现出动作技能。比如，用舞蹈表达思想。个体越是能经济、合理、有效地利用身体动作完成任务，其动作技能水平就越高。

（二）动作技能的构成

哈罗（A. J. Harrow）在《教育目标分类学（第三分册）：动作技能领域》一书中对动作技能的构成成分做了分析，认为动作技能一般包括三个成分，代表了人们对动作技能构成成分的一般看法。

1. 动作或动作组

从难易程度的角度来分，动作有三种类型：反射动作、基本-基础动作、技巧动作。

从发展角度来看，反射动作主要受遗传的影响，是随个体成熟发展起来的；基本-基础动作，如跑、跳等，主要是随个体的成熟发展起来的，但训练能增强其精确性和熟练程度；技巧动作则主要是习得的，具有明显的专业性，如打网球与打乒乓球，其技巧动作是不同的。

从上述三种类型动作之间的关系来看，基本-基础动作是由一系列的反射动作组成的。因而，每一基本-基础动作都是一组反射动作的组合，或称一个反射动作组；而技巧动作又是由一系列的基本-基础动作组合而成的，是一个个基本-基础动作组。第一专业或行业的技巧动作群组又构成了该专业或行业的动作语汇。

动作和动作组是运动技能中易于被观察到的成分。

2. 体能

体能主要包括耐力、力量、韧性、敏捷性等。体能是运动技能的重要组成成分，是完成动作技能的前提和保障。每一动作任务的完成都需要相应体能的支持，离开体能，动作任务就不可能高质量完成，动作技能就会大打折扣。比如，一名排球运动员已熟练掌握了排球的专业动作语汇，但在长时间的对抗赛中，若耐力较差，可能就会发生动作变形、出现发球失误等问题。可见，体能是优质完成动作任务的重要保证。

3. 认知能力

动作任务的完成，必须有认知过程的参与。因而认知能力，如知觉、记忆、想象、思维等是动作技能的重要构成成分。

知觉是完成动作任务的基础，知觉主要包括视觉、痛觉、触觉、动觉等。对于动作完成情况的观察，对于环境因素的利用都离不开知觉的作用。另外，某些特殊行业的专业动作语汇还有特殊的知觉要求，如对司机的手眼协调、手脚协调等能力要求较高。

其他认知能力，如记忆、想象、思维等对于动作技能的形成也很重要。人们对动作或动作组的熟练过程离不开它们的参与。

（三）动作技能的特点

（1）就动作的对象而言，动作技能的活动对象是物质性客体或肌肉，具有客观性。

（2）就动作的进行而言，动作技能的执行是通过肢体运动实现的，具有外显性。

（3）就动作的结构而言，动作活动的每个动作必须切实执行，不能合并、省略，在结构上具有展开性。

（四）动作技能的分类

动作技能种类繁多，根据不同的维度可把动作技能分为不同的种类。

（1）根据动作是否连贯，可把动作技能分为连续性动作技能和非连续性动作技能。连续性动作技能指一系列的动作一个接着一个、不间断地进行的动作技能。非连续性动作技能是指开始和结束都十分明显，且持续时间相对短暂的动作技能。

（2）根据完成动作技能时参与的肌肉群的性质不同，可把动作技能分为精细的动作技能和粗大的动作技能。精细的动作技能是用小肌肉群所完成的动作技能。粗大的动作技能是用大肌肉群所完成的动作技能。

（3）根据完成动作技能对环境条件的依赖程度，可把动作技能分为开放性动作技能与封闭性动作技能。开放性动作技能的主要信息来自外部环境刺激，它的完成与外界刺激密切联系。封闭性动作技能的主要信息来自个人的动觉反馈信息。

（4）根据完成动作技能时是否使用一定的工具，可把动作技能分为工具性动作技能与非工具性动作技能。工具性动作技能是指完成技能时必须使用一定的装置或工具。非工具性动作技能就是不使用工具或某种装置的动作技能。

二、心智技能概述

（一）概念界定

心智技能也叫智力技能、认知技能，它是一种借助于内部力量调节、控制心智活动的经验，是通过学习而形成的合乎法则的心智活动方式。例如，默读、心算、写作、观察和分析等技能。学生在观察、记忆和解决问题时所采用的策略也是心智技能的不同形式。

（二）心智技能的特点

与动作技能相比，心智技能具有以下三个特点：

（1）对象具有观念性。心智技能的活动对象是客观事物在人脑中的主观映像，是客观事物的主观表征，是知识和信息。客观事物的主观表征，属于主观观念的范畴。因此，心智活动的对象具有观念性。

（2）执行具有内潜性。由于心智活动是对观念性对象进行的加工改造、是借助内部语言进行的，只能通过其对象的变化而判断活动的存在。因此，心智技能是在头脑内部进行的，具有内隐性。

（3）结构具有简缩性。心智活动不像动作活动那样必须将每一个动作实际做出，也不像外部言语那样必须把每一个字词一一说出。鉴于内部语言的不完全性和片段性，心智动作的成分是可以进行合并、简略及简化的。因此，心智技能具有简缩性。

（三）心智技能的分类

（1）加涅根据学生学习的结果，将心智技能分为智慧技能与认知策略。

智慧技能指运用规则对外办事的能力。认知策略指学生内部组织起来的，用以支配自己心智加工过程的技能。

（2）根据适用范围不同，又可分为专门心智技能和一般心智技能。

专门心智技能是某种专门的认知活动所必需的，也是在相应的专门智力活动中形成、发展和体现出来的，如默读、心算等。

一般心智技能是指可以广泛应用于许多领域的心智技能，它是在多种专门心智技能的基础上经过概括化而形成发展起来的，如观察技能、分析技能等。

（四）动作技能和心智技能的关系

动作技能与心智技能既有区别又有联系。

动作技能主要表现为外显的骨骼肌肉的动作活动，而心智技能主要为内隐的思维动作活动；心智技能是动作技能的调节者和必要的组成部分，动作技能又是心智技能形成的最初依据和外部体现的标志。在学生的学习活动中，不仅需要心智技能的参与，也需要动作技能的参与，常常是这两种技能的有机统一。因此，在确定某种技能到底是属于心智技能还是动作技能时，关键取决于其活动的主导成分。

第三节 动作技能的形成与培养

一、动作技能形成阶段的理论

动作技能的形成是分阶段进行的，随着不断的练习，在适当的条件下学习者的动作将发生某些变化，而这些变化又可以通过各种指标反映出来。

（一）菲茨与波斯纳的三阶段模型

菲茨与波斯纳提出了经典的动作技能形成三阶段模型。

1. 认知阶段

学习者尝试理解动作技能的任务及这一任务提出的要求,了解需要做哪些动作、各动作的顺序怎样,从何处可以得到反馈等。此时,学习者要选出原来已经掌握的部分技能,并按规定的程序将它们组合起来。这一阶段的主要结果是获得程序性知识。

2. 联结阶段

在这一阶段,动作技能主要发生两类变化:

一是先前流畅性和节奏感较差的部分技能逐渐变得富有节奏和流畅。

二是一些个别的子技能被整合为互相协调一致的、稳定的总技能。

此时的练习策略也有两种变化:当总技能中各部分技能相对独立时,部分技能的学习可先于总技能的练习;当总技能需要对各部分技能加以协调才能获得时,总技能的学习可先于部分技能的练习。

3. 自动化阶段

此时,技能的执行变得日趋自动化,动作极其流畅、准确和稳定。

(二) 亚当斯的两阶段模型

亚当斯的两阶段模型认为,动作技能形成的第一阶段是言语—动作阶段,该阶段相当于菲茨与波斯纳的认知和联结阶段;第二阶段是动作阶段,其中包含了菲茨与波斯纳的自动化阶段。

两阶段模型试图表明技能形成的第一阶段并非完全是认知的,也包含着实际的动作学习。但这又产生了另外一个问题,即第二阶段的动作学习也包含着认知成分,尽管反应有时达到了自动化的水平。

(三) 金泰尔的两阶段模型

1. 获得运动观念的阶段

运动观念即为达到某一目标而必须做的动作的一般概念、知识。在这一阶段,学习者必须做两件事:

一是要确定与技能学习有关的和无关的刺激。有关刺激即那些能够调整动作执行的环境信息,个体必须注意它们;无关刺激即那些容易引起个体分心的信息,这些刺激妨碍学习者完成技能。

二是确定有效地获得技能所需的最恰当的动作方式。通过第一阶段的学习,个体可以集中注意于确立基本的动作模式。

2. 固定化—多样化阶段

在这一阶段,学习者同样也要完成两件事:

一是不管条件如何变化,学习者要能够根据要求完成技能。

二是完成技能时提高其连贯性。

固定化主要针对闭合性技能而言,而多样化主要针对开放性技能而言。

二、动作技能的形成阶段

动作技能是在练习的基础上形成的,不是生而有之的,故而动作技能的形成过程,实质上是一种学习过程。也可以说，动作技能是人类要生存、要发展就必须具备的能力，是人类学习的重要领域之一。

（一）动作技能学习的层级

一般来说，复杂学习是以简单的学习为先决条件的，动作技能的学习从简单到复杂可为三个层级：

1. 辨别与连锁

这一学习层次相对看来比较简单，连锁主要是指基本-基础动作与反射动作的连接；辨别需要知觉的参与，将不同的动作区别开来，以使动作技能达到准确、精确的水平。对于从事某一行业的人来说，这一层次的学习主要是明确基本-基础动作的作用以及适用的条件。

2. 动作语汇的获得

这一学习层次相当于智力技能中的"概念的获得"。与每一门学科都是一系列概念体系相似，每一专业或行业都有其一整套技巧动作群，也就是动作语汇。每一个技巧动作又都是一连串的基本-基础动作组成的，技巧动作是习得，是在练习中逐渐形成的。

3. 问题解决

这一学习层次相对来说比较繁杂，是指用一定的策略、技巧动作、知觉能力、体能去解决一个动作问题。动作任务的解决往往是以各种简单学习为前提的。学习者是否具有相当的策略水平、他的动作语汇是否足够丰富、是否能正确辨别线索、是否有完成任务的敏捷性和力量等，这些都将影响其解决问题的合理性、可行性和经济性。

（二）动作技能形成的阶段

动作技能的形成，是通过练习从而逐步地掌握某种动作方式的过程。一般来说，由初步学会到熟练掌握，需要经历相互联系的四个主要阶段：

1. 认知阶段

认知阶段也称知觉阶段，这一阶段主要是理解学习任务，形成目标意向和目标期望。目标意向主要指学习者对自己解决问题的目标模式反应和动作形式，在头脑中形成一个表象，即明确解决问题的目标模式；而目标期望则是对自己的作业水平的估价，即明确自己能做得如何。这两种期望对动作技能的学习起着定向作用。

学习者在技能学习的起始阶段，首先要通过对示范动作的观察、对刺激情景的知觉，来形成一个内部的动作意象，以作为实际执行动作时的参照。而要形成这样一个意象，则需要对线索和有关信息进行适当的编码。线索和信息的编码，可以是形象的，也可以是抽象的；可以是视觉的，也可以是语词的；可以是有意义的，也可能是孤立的。为了形成有利于动作技能学习的目标意象，学习者通常用自己擅长的方式来对线索进行编码。也就是说，不同的学习者编码的策略与方式是不同的。儿童通常利用视觉表象进行编码，而成人则能够将视觉表象和语词联系起来共同编码。在形成目标意象过程中，学习者不仅借助于对现有任务的知觉和有关线索来编码，也可借助于先前的有关经验。这就是说，学习者通常还从长时记忆中激活有关信息，并有效地检索、提取出来以帮助编码。

在认知阶段，学习者不仅形成目标意象，而且依据自己以往成功和失败的经验，依据自己的能力和目前任务的难易，形成对自己作业水平的期望。这一期望既表现在质的方面，即动作质量的好或坏，也表现在量和范围上，即能完成动作的多寡。一般来说，有明确目标期望的学习，较之于目标期望模糊的学习更有效。

认知阶段的主要特点是学习者忙于领会技能的基本要求、掌握技能的局部动作，因而注意范围比较狭窄，精神和全身肌肉紧张，动作忙乱、呆板而不协调，出现很多多余的动作，不能察觉自己动作的全部情况，难以发现错误和缺点。

2. 分解阶段

在这一阶段，传授者将整套动作分成若干分解动作，学习者则初步尝试，逐个学习。即把组成新运动技能的动作构成的整体逐一分解，并试图发现它们是如何构成的，最后尝试性地完成所学新技能中的各个动作。在这个时期，学习者的注意只能集中于个别动作上，不能统观全局和控制动作的细节。这是由于对被分解的动作生疏，动作程序之间还未形成有机的联系，初看起来既不连贯又顾此失彼。同时，新动作和日常生活中形成的习惯动作不相符合而发生矛盾，对新动作有干扰作用。以骑自行车为例，整个骑车动作可先分解为脚蹬动作和手握把动作，学习者初学时只能逐个去练习。但这两个分解动作是连不起来的，不是忘了脚蹬，就是忘了扭把，动作不协调，不能掌握平衡，而且精神紧张，双眼总是盯着前轮，不敢远视，控制不了自己的动作。

3. 联系定位阶段

在这一阶段，重点是使适当的刺激与反应形成联系并固定下来，整套动作联为整体，变成固定程序式的反应系统。即使是一个简单的动作，所包含的刺激与反应也非常复杂，所以联系定位比想象的还要复杂得多。例如，用英文打字机打出 human 这个词，学习者必须知道并打出每个字母，而且打第一个字母的反应又必须成为打第二个字母的刺激。用加涅的话来说，就是必须建立动作连锁。

在这一阶段，练习者已经逐步掌握了一系列局部动作，并开始将这些动作联系起来，但是各个动作还结合得不紧密。在从一个环节过渡到另一个环节，即转换动作的时候，常出现短暂的停顿。练习者的协同动作是交替进行的，即先集中注意一个动作，然后再注意做出另一个动作，反复地交替，进行不同的动作。这种交替慢慢加快，技能结构的层次不断提高，然后逐渐形成整体的协同动作。

在这一阶段，必须排除过去经验中的习惯的干扰。例如，已经学会开汽车的人在学习开飞机时，因为飞机的转弯是用脚操纵的，所以他必须排除用手转动控制盘的习惯的干扰；学会了打简化太极拳的人在学习打杨氏太极拳时，常常把简化太极拳中后坐的蹩脚的动作带到杨氏太极拳里来，而在杨氏太极拳中是没有这个动作的，因此他必须努力纠正这个习惯性动作。动作技能相互干扰是负迁移的表现，对新的动作技能的掌握有阻碍作用。

这一阶段的主要特点是技能的局部动作被综合成更大的单位，最后形成一个连贯的动作技能的整体。练习者视觉控制作用逐渐减弱，而肌肉感觉的自控作用逐步提高，动作间的相互干扰减少，紧张程度有所减弱，多余动作趋于消失。

4. 自动化阶段

动作技能形成的最后阶段是一长串的动作系列已联合成为一个有机的整体并已巩固下来。各个动作相互协调似乎是自动流出来的，无需特殊的注意和纠正。技能逐步由脑的低级中枢控制。这时，练习者的多余动作和紧张状态已经消失，练习者就能根据情况的变化、灵活、迅速而准确地完成动作，能够自动地完成一个接一个的动作，几乎不需要有意识控制。熟练动作特征就是动作技能进入自动化阶段的特征。如有经验的司机在正常开车时，可以顺利地与别人交谈，而不用紧张地盯着前方。

研究表明，对任何动作技能掌握的熟练程度都是相对的。例如，有人对工业生产中的动作技能进行了长期的研究，发现雪茄生产工人的动作技能在四年多的时间内都在进步。这些工人要掌握一定水平的技能，必须经过大量的实践。例如，第一年工人生产一支雪茄需用12分钟，第二年降至10分钟，第三年又降到9分钟，在第四年以后，工人的技能仍有缓慢的改进。许多体育技能的训练表明，一个运动员，要达到自己的最高水平，需要多年的练习，要保持这一最高水平，同样需要大量的练习。诱因的大小也对技能的改进有很大的影响。国外对明星运动员给以重金或高报酬，就是为了促使他们不断研究新技术，不断创造新的运动纪录。

总之，动作技能的学习需要从领会动作要点和掌握局部动作开始，到建立动作连锁，最后达到自动化。

三、动作技能的培养

学生技能的形成，除了要具有一定生理基础和成熟水平，还要有一定的心理前提（如练习的积极性与自觉性、良好的情绪与意志品质、注意集中稳定、已有的知识经验、能力的发展水平），而这些因素需要教师在教学过程中不断地培养。此外，对于学生动作技能的形成，更重要的是教师在教学过程中，必须给学生提供良好的、正确的示范和练习的有效条件，及时地做好反馈。为了提高练习的效果，使练习既有助于技能的形成，又有利于知识的掌握，必须注意以下几点：

（一）准确的示范与讲解

示范、讲解是技能训练的第一步，准确的示范与讲解有利于学习者在头脑中形成准确的定向映象，进而在实际动作活动中调节动作的执行。一般来说，教师的示范要注意整体示范与分解示范的结合，并且注意示范时速度的控制。

（二）必要而适当的练习

练习是形成各种动作技能所不可缺少的关键环节，是动作技能形成的基本条件和途径，对技能进步有促进作用。

在练习过程中，进步情况可以用练习曲线来表示。练习曲线呈现以下几种共同趋势：

1. 练习成绩逐步提高

练习成绩的逐步提高，主要表现在动作速度的加快和准确性的提高上。动作速度加快的标志是在单位时间内所完成的工作量增加，或每次练习所需要的时间减少。动作准确性提高的标志是每次练习的成功率增多，错误率减少。

2. 练习中的高原现象

在动作技能的形成过程中，在新的动作组织体系还没有建立之前，往往会出现一个进步暂时停顿的时期，这就是高原期。

高原现象的出现，表现为练习曲线保持在一定高度的水平线上而不上升，有时还有下降的趋势。当动作改组成功后，曲线则开始上升。

高原现象产生的原因包括：

（1）心理因素。人的心理受其思维、注意力、情绪、意志等心理过程的制约，其变化会对技能的形成产生直接的影响。

（2）生理因素。长期训练可能导致身体疲劳，在疲劳状态下，人的身体素质下降，视力减弱，力量达不到动作要求的标准。这种生理疲劳现象，必然会引起心理上的疲劳，表现出注意力分散、情绪烦躁、思维迟缓、记忆减退等现象。

（3）知识因素。已有知识与技能的限制以及新知识、技能的复杂程度的影响。

3. 练习中的起伏现象

动作技能的形成不是一帆风顺、直线上升的。在其形成的过程中，练习的成绩时而上升，时而下降，有峰有谷，呈现明显的波浪，这就是练习成绩的起伏现象。

动作技能在教学组织中的练习原则：

（1）明确练习的目的和要求，增强学习动机。
（2）帮助学生掌握正确的练习方法。
（3）正确掌握练习的次数、时间，保证练习的质量。
（4）注意练习方式的多样化，集中练习与分散练习相结合，合理应用整体练习与分散练习。

（三）充分而有效地反馈

反馈是指在学生知道自己的学习结果后，据此对其学习方法、计划和目标作出相应的调整。反馈对技能的顺利掌握有着重要的意义，研究表明，从结果中获得的反馈越多，练习的进步就越快。

（四）建立稳定清晰的动觉

动觉是由运动感觉和运动知觉构成的，是复杂的内部运动知觉，它反映的主要是身体运动时的各种肌肉活动的特性，如紧张、放松等，而不是外界事物的特性。动觉是运动知识获得的前提，是运动技能形成的心理基础。

第四节　心智技能的形成与培养

一、国外关于心智技能形成的理论

（一）加里培林的心智动作按阶段形成理论

对心智技能最早进行系统研究的是苏联心理学家加里培林，他于1959年提出了心智动作按阶段形成理论。

加里培林将心智动作的形成分为以下五个阶段：

（1）活动的定向阶段（准备阶段）。主要任务：使学生预先熟悉活动任务，了解活动对象，知道将做什么和怎么做，构建关于认知活动本身和活动结果的表象，以便完成对它们的定向。

（2）物质活动或物质化活动阶段。物质活动是借助实物进行活动；物质化活动是指借助实物的模型、图片、样本等代替物进行活动。主要任务：引导学生通过从事物质活动或物质化活动，掌握活动的真实内容。

（3）出声的外部言语活动阶段。特点：心智活动不直接依赖物质或物质化的客体，而是借助出声言语的形式来完成的。

（4）无声的外部言语活动阶段。特点：从出声的外部言语向内部言语转化，增加了更多的思维成分。

（5）内部言语活动阶段。特点：心智活动完全借助内部言语完成，高度简要、自动化，是很少发生错误的熟练阶段。在这一阶段，心智活动以抽象思维为其主要成分。

（二）安德森的心智技能形成三阶段论

认知心理学家安德森认为，心智技能的形成需经过三个阶段，即认知阶段、联结阶段、自动化阶段。

1. 认知阶段

在认知阶段，要了解问题的结构，即起始状态、要达到的目标状态，以及从起始状态到目标状态所需要的步骤。对于复杂的问题而言，要了解问题的各个子目标及达到子目标所需要的步骤。

2. 联结阶段

在联结阶段，学生应用具体的方法来解决问题，主要表现在把某一领域的描述性知识转化为程序性知识，这种转化即程序化的过程。随着对某一技能的不断练习，学生对解决问题的法则的言语复述逐渐减少，而能够直接识别出某一法则的可适用性。在该阶段，个体逐渐产生了一些新的产生式法则，以解决具体的问题。

3. 自动化阶段

在自动化阶段，个体获得了大量的法则并完善这些法则，使动作某一技能所需的认知投入减小，且不易受到干扰。安德森认为，复杂技能的学习可以分解为对一些个别成分的法则的学习。但这些个别成分并不是分散、孤立的，而是可以组织成一个大的技能的学习过程。

二、我国关于心智技能形成的理论

我国教育心理学家冯忠良通过教学实验，在加里培林和安德森等学者研究的基础上，提出了原型定向、原型动作、原型内化的心智技能形成三阶段论。

（一）原型定向

原型定向就是了解心智活动的实践模式，了解"外化"或"物质化"了的心智活动方式或动作活动程序，了解原型的活动结构（动作构成要素、动作执行次序、动作执行要求），从而使主体知道该做哪些动作和如何去完成这些动作，明确活动的方向。

原型定向的阶段也就是使主体掌握动作性知识（即程序性知识）的阶段。这一阶段相当于加里培林的"活动的定向阶段"。

（二）原型动作

原型动作就是依据智力技能的实践模式，把学生在头脑中建立起来的活动程序计划，以外显的动作方式付诸实施。这在加里培林理论中称为"物质活动或物质化活动阶段"。

（三）原型内化

所谓原型内化，是指心智活动的实践模式（实践方式）向头脑内部转化，由物质的、外显的、展开的形式变成观念的、内在的、简缩形式的过程。原型内化阶段是心智技能形成的高级阶段。

原型内化过程包含了加里培林理论的三个小阶段，即出声的外部言语活动阶段、不出声的外部言语活动阶段和内部言语活动阶段。

（四）产生式系统的理论

认知心理学家根据知识的不同表征和作用，将知识分为陈述性知识和程序性知识。智力技能实质上是个体习得的一套程序性知识并按这套程序去解决问题的能力。智力技能的学习本质上是掌握一套程序，即在长时记忆中形成一个解决问题的产生式系统。所谓产生式系统，即由一系列以"如果……那么……"的形式表示的规则。

皮连生采用加涅的智力技能学习的层级论和信息加工心理学的产生式理论来解释智力技能习得的过程和条件，他认为智力技能的学习一般分为三个阶段：第一阶段，新信息进入短时记忆，与长时记忆中被激活的相关知识建立联系，从而出现新的意义建构；第二阶段，通过应用规则的变式练习，使规则的陈述性知识向程序性知识转化；第三阶段，程序性知识发展至最高阶段，规则完全支配人的行为，智力技能达到相对自动化。

三、心智技能形成的特点

心智技能的形成需要经历一个较长过程，而其一旦形成便具备一些相应的特点，我们可以依据这些特点去考察个体的心智技能是否已经形成。心智技能形成后一般具有下列特点：

（1）心智技能的对象脱离了支持物。心智技能形成后，内部言语成为心智技能活动的工具，不再需要借助直观和明显的支持物如图示等进行动作，而是依靠内部言语进行动作。

（2）心智技能的进程压缩。心智技能形成的初期，智力活动的展开是全面、完整和详尽的，最后则高度压缩、简化，已达到自动化。

（3）心智技能应用的高效率。心智技能一旦形成，学生就能运用它快速高效地解决问题。

四、心智技能的培养要求

由于心智技能是按一定的阶段逐步形成的，因此在培养方面必须分阶段进行，才能获得良好的教学成效。为提高分阶段训练的成效，必须充分依据心智技能的形成规律，采取有效措施。为此，应注意以下方面：

（一）激发学习的积极性与主动性

在培养学生心智技能的过程中，教师应采取适当措施，激发主体的学习动机，调动其积极性。

（二）注意原型的完备性、独立性与概括性

所谓独立性，是指教师引导学生从原有经验出发，独立地来确定或理解活动的结构及其操作方式，而不是教师单向授予学生现成的模式。

所谓完备性，是指培养学生对活动结构（动作的构成要素、执行顺序和执行要求）有

一个清晰而全面的了解，不能模糊或缺失。

（三）适应培养的阶段特征，正确使用语言

在原型定向与原型操作阶段，言语作用主要在于标识动作，并对活动的进行起组织作用。因此，这两阶段的培养重点在于使学生了解动作本身，并利用语言来标识动作，巩固对动作的认识。言语在原型内化阶段，主要作用在于巩固形成中的动作表象，并使动作表象得以进一步概括，从而向概念性动作映像转化。这时言语已转化成为动作的体现者，成为加工动作对象的工具。原型内化阶段培养的重点应放在考察言语的动作效应上，即检查动作的结果是否使观念性对象发生了应有的变化。

（四）注意学生的个体差异

由于学生所面临的主观条件及客观条件不同，因而在学习过程中会出现个体差异，教师在集体教学中应注意学生的这种个体差异，并针对学生存在的具体问题采取相应的教学辅助措施，以更好地培养学生心智技能的形成。

本章提要

技能，一般认为是通过练习而形成的合乎法则的活动方式。技能是通过学习或练习而形成的，不同于本能行为。技能是一种活动方式，是由一系列动作及其执行方式构成的；属于动作经验，不属于认知经验的知识。技能中的各动作要素及其执行顺序要体现活动本身的客观法则的要求，不是一般的习惯动作。技能是知识掌握与能力形成与发展之间的重要环节，技能的形成对能力的发展有重要作用。技能的形成以知识的掌握为基础，已经形成的技能又是掌握新知识的基础。

根据技能的性质和特点，通常把技能分为动作技能和心智技能。动作技能也叫运动技能，是通过学习而形成的合乎法则的程序化、自动化和完善化的动作活动方式。心智技能也叫智力技能、认知技能，它是一种借助于内部力量调节、控制心智活动的经验，是通过学习而形成的合乎法则的心智活动方式。如默读、心算、写作、观察和分析等技能。

培养学生的动作技能要做到：明确练习的目的与要求；掌握练习的方法和有关的基本知识；练习必须有计划、有步骤地进行；练习次数与练习时间的适当分配；让学生知道自己练习的结果。

加里培林将心智动作的形成分为以下五个阶段：活动的定向阶段（准备阶段）；物质活动或物质化活动阶段；出声的外部言语活动阶段；无声的外部言语活动阶段；内部言语活动阶段。认知心理学家安德森认为，心智技能的形成需经过三个阶段，即认知阶段、联结阶段、自动化阶段。我国教育心理学家冯忠良通过教学实验，在加里培林和安德森等学者研究的基础上，提出了原型定向、原型动作、原型内化的心智技能形成三阶段论。

关键术语

1. 技能：一般认为是通过练习而形成的合乎法则的活动方式。
2. 动作技能：也叫运动技能，是通过学习而形成的合乎法则的程序化、自动化和完

善化的动作活动方式。

3. 连续性动作技能：指一系列的动作一个接着一个、不间断地进行的动作技能。

4. 非连续性动作技能：是指开始和结束都十分明显，且持续时间相对短暂的动作技能。

5. 心智技能：也叫智力技能、认知技能，它是一种借助于内部力量调节、控制心智活动的经验，是通过学习而形成的合乎法则的心智活动方式。

6. 原型定向：了解心智活动的实践模式，了解"外化"或"物质化"了的心智活动方式或动作活动程序，了解原型的活动结构（动作构成要素、动作执行次序、动作执行要求），从而使主体知道该做哪些动作和如何去完成这些动作，明确活动的方向。

7. 原型动作：依据智力技能的实践模式，把学生在头脑中建立起来的活动程序计划，以外显的动作方式付诸实施。

8. 原型内化：心智活动的实践模式（实践方式）向头脑内部转化，由物质的、外显的、展开的形式变成观念的、内在的、简缩形式的过程。

习题自测：真题

一、简答题

简述动作技能培养的途径。（2016 下）

习题自测：练习题

一、单项选择题

1. 把习得的动作固定下来，并使各动作成分相互结合，成为定型的一体化的动作，称为（　　）。
   A. 动作定向　　　　　　　B. 动作模仿
   C. 动作整合　　　　　　　D. 动作熟练

2. 高原现象通常出现在动作技能练习过程中的（　　）。
   A. 初始阶段　　　　　　　B. 中间阶段
   C. 结束阶段　　　　　　　D. 全过程

3. 通过学习而形成的合乎法则的心智活动方式即是（　　）。
   A. 智力技能　　　　　　　B. 知识迁移
   C. 智力　　　　　　　　　D. 思维程序

二、简答题

智力技能形成主要经历阶段。

第九章

品德的形成与发展

知识框架

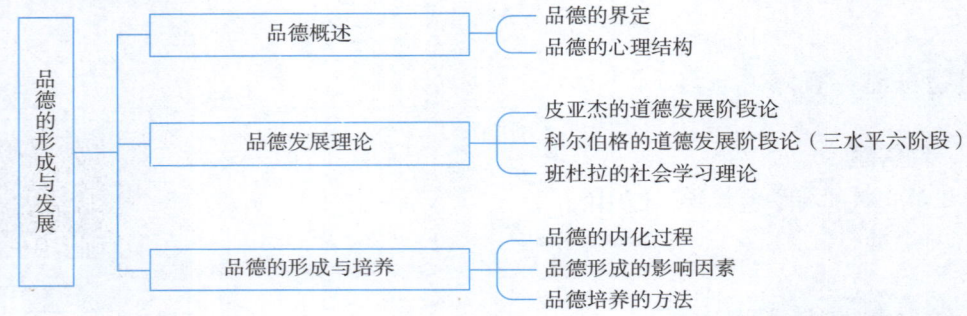

学习目标

1. 说出品德的实质以及品德与道德的关系，理解品德的心理结构。
2. 说出皮亚杰、科尔伯格、班杜拉的道德发展理论。
3. 理解影响品德形成的内外因素。
4. 说出培养良好品德的方法。

案例导学

小红从小就是一名正直善良的好孩子，她平时非常尊重师长、团结同学，乐于助人。有一天，她在放学的路上看到一位老人摔倒了，旁边围了一圈人，但是没有人上前去帮忙，怕承担自己不该承担的责任。但小红看到后毫不犹豫地走过去，扶起老人，并询问他是否需要帮助。老人感激地说："谢谢你，小朋友，你真是一个好孩子。"小红笑着说："不用谢，这是我应该做的。"

第一节 品德概述

一、品德的界定

（一）品德的实质

品德是道德品质的简称，是社会道德在个人身上的体现，是个体依据一定的社会道德行为规范行动时表现出来的比较稳定的心理特征和倾向。

（二）品德与道德的关系

道德与品德是两个不同的概念。

道德是由舆论力量和内心驱使来支持的人的行为规范的总和。道德是一种社会现象，在社会集体生活中，人们为了维护共同的利益，协调彼此间的关系，便产生了调节行为的各种准则或规范。人们不仅根据这些准则来评价一个人的行动，而且也依据这些准则来支配自己的行动。道德对人的行为的调节和支配作用是依靠舆论的力量和内心驱使来实现的。当一个人的行为符合行为规范的要求时，就会受到社会舆论的赞许，自己也会感到心安理得；当一个人的行为违反行为规范的要求时，就会受到舆论的谴责，自己也会感到愧疚和不安。道德与法律不同，法律虽然也是人的一种行为规范，但法律是依靠强制的手段使人遵守的规范。道德是社会关系的反映，它随社会的发展而发展，随社会关系的改变而改变，各个阶级都有自己的道德标准，即道德具有阶级性。道德又存在于一切社会生活中，即道德还具有社会共同性。

品德是一种个体心理现象，是人的个性中的一部分，是个性心理特征中具有道德评价意义的部分。品德是一个人的道德意识（道德认识、道德情感和道德意志等）与道德行为的统一体；品德表现在道德行为之中，离开了道德行为就无所谓品德；然而，并非所有的道德行为都是品德的表现，品德具有稳定的倾向或特征，偶尔的道德行为还不能称作品德。品德体现在一个人的一系列行为中，甚至体现在一生之中。

可见，道德与品德既有区别，又有联系。

二者的区别是：第一，道德的产生发展和变化服从于整个社会发展规律，不以个别人的存在或个人行为的好坏为转移；品德的形成和发展除了受社会发展规律制约，还受个体心理发展规律的制约，它有赖于某一个体的存在，是一种个体的现象。第二，道德是一种社会现象，是伦理学、社会学研究的对象；品德是心理现象，是心理学、教育学研究的对象。

二者的联系是：第一，品德的内容来源于社会道德。当一个人把一定的社会道德规范内化成他个人的道德信念和道德意向并体现在自己的言行中时，就形成了品德，因此，离开了道德，就没有品德可言。第二，社会道德又是通过个体的品德而存在的。许多个人的品德就构成或影响着社会道德面貌或风气，品德是社会道德现象的组成单位。

二、品德的心理结构

品德的心理结构包括四种基本心理成分：道德认识、道德情感、道德意志和道德行为。

1. 道德认识

道德认识，亦称为道德观念，是指对道德行为准则及其执行意义的认识。道德认识是个体品德中的核心部分，包括判断自己或他人行为的是非、善恶和好坏，以及道德评价。

2. 道德情感

道德情感是根据道德观念来评价他人或自己行为时产生的内心体验。道德情感主要包括爱国主义情感、集体主义情感、义务感、责任感、事业感、自尊感和羞耻感，其中，义务感、责任感和羞耻感对于儿童和青少年尤为重要。道德情感是道德行为的直接动因。

3. 道德意志

道德意志是个体自觉地调节道德行为，克服困难，以实现道德目标的心理过程。道德意志表现为人利用意识的能动作用，通过理智的权衡去解决道德生活中的动机冲突并采取相应的行动。对符合道德规范的动机，自觉地、坚决果断地付诸行动；对不符合规范的动机，则自觉地、果断地抑制，表现为坚强的自制力。

可见，道德意志在道德动机转化为道德行为的过程中，起着十分重要的作用。而且，道德信念的形成也离不开道德意志。当人们的道德认识建立在牢固坚实的基础上，并具备了炽热的道德情感、顽强的道德意志时，就形成了坚定的道德信念。道德信念是道德认识的最高表现形式，是道德认识、道德情感和道德意志三者的"结晶"，是品德内化的标志。一个人形成道德信念后，就可以从自己的社会义务和社会责任出发，有效地实行道德的自我控制，独立地给自己规定职责，要求履行这些职责，并对自己的行为作出自我评价。

> **知识拓展 9—1**
>
> **关于品德心理成分的几种观点**
>
> 品德由哪些心理成分组成，是探明品德心理结构首先要回答的问题。我国学者提出的观点主要有：
>
> （1）二要素说。认为品德由道德认识与道德意向组成，或者认为品德由道德需要与道德能力组成，或者认为品德是由道德认识与道德行为组成。简称品德由"知与行"二要素组成。
>
> （2）三因素说。认为品德由道德认识、道德情感、道德行为组成。简称品德由"知、情、行"三要素组成。
>
> （3）四要素说。认为品德由道德认识、道德情感、道德意志、道德行为组成。简称品德由"知、情、意、行"四要素组成。
>
> （4）五要素说。认为品德由道德认识、道德情感、道德信念、道德意志、道德行为组成简称品德由"知、情、信、意、行"五要素组成。
>
> （5）六要素说。认为品德由道德认识、道德情感、道德动机、道德意志、道德行动、道德自我评价组成。简称品德由"知、情、动、意、行、评"六种心理成分组成。
>
> （摘自：曾欣然. 教育心理学［M］. 北京：警官教育出版社，1998）

4. 道德行为

道德行为是实现道德动机的行为意向及外部表现。道德行为是衡量品德的重要标志。看一个学生的品德，主要不是看他认识到什么，而是看他是否言行一致。道德行为主要包括道德行为方式和道德行为习惯。道德行为方式是通过练习或实践而掌握的道德行为技能，而道德行为习惯则是一种自动化的道德行为。

品德结构中知、情、意、行四种心理成分是彼此联系互相促进的。其中，道德认识是基础，是道德情感和道德意识产生的依据，并对道德行为具有定向调节的作用；道德情感与道德意志是构成道德动机和道德信念的重要组成部分，是道德认识向道德行为过渡的中间环节；道德行为是品德的最重要标志，道德行为既是道德认识、道德情感和道德行为的外在具体表现，又可以通过道德行为巩固、发展道德认识，加深、丰富道德情感，促进道德意志的锻炼。可见，知、情、意、行四种成分在品德结构中的地位和作用是各不相同的。各种成分在彼此联系中不断发展和变化，使得个体的品德结构由表层向深层，由不稳定状态向稳定状态逐渐发展和过渡。

> **知识拓展 9-2**
>
> **道德行为产生过程的一个综合模型**
>
> 人的道德行为是极其复杂的，既包括外显的行为，又包括引起行为的内部过程；既包括道德认识方面，又包括道德情感和道德意志方面。20世纪80年代，美国心理学家杰姆斯·雷斯特（James Rest）详细地分析了特定道德行为产生过程中的构成因素，并在此基础上发展出一个综合的儿童道德发展研究模型，将人的道德行为产生过程概括为以下四个阶段：
>
> 1. 解释情境
>
> 当一个人面临着一个具体的道德情境时，首先要对这一情境作出解释，即弄清当前发生了什么以及估计个体可能采取的各种行动。这时，个体还会激起一定程度的道德敏感性，感受到自己的行为对别人会产生什么影响。研究表明，一个人对道德情境的理解能力越差，对情境的道德敏感性越是缺乏，他产生道德行为的可能性就越少。
>
> 2. 作出判断
>
> 当一个人对所面临的道德情境有所理解后，就会进一步作出道德判断，考虑在这样一个道德情境中应该做什么，怎样做才是道德的。
>
> 3. 道德抉择
>
> 当一个人对道德情境作出道德判断后，还要对是否做出道德行动作出抉择，进而决定道德行动计划。这是一个道德决策过程，在这个过程中，一个人据以作出判断的道德价值取向有时并不是强有力的，而一些非道德的价值观念却极富诱惑力，因而个体内部的道德动机斗争就会被激发，有时这种道德动机斗争是很激烈的。
>
> 4. 履行道德行为计划
>
> 在道德抉择的基础上，一个人就将把道德意向转化为道德行为，执行道德行动计划。在执行道德行动计划的过程中，个体不但要明确行动的具体步骤，而且还要设想执行过程中可能会遇到的各种困难和障碍，从而用坚定的道德意志去克服挫折，抗拒诱惑，完成道德行动。

可见，个体的道德行为是一种自觉的行为，它受一个人的道德认识和道德情感所支配，并由一个人的道德意向所决定。忽视了行为的道德意向和动机，就不可能真正理解一个人的道德行为。

(摘自：李伯黍，燕国材. 教育心理学 [M]. 3版. 上海：华东师范大学出版社，1997)

第二节　品德发展理论

一、皮亚杰的道德发展阶段论

皮亚杰采用对偶故事法研究儿童道德判断发展的水平。通过大量的研究，他发现并总结出了儿童道德认知发展的总规律，即儿童道德的发展经历了一个从他律到自律的发展过程。

所谓他律，是指早期儿童的道德判断只注意行为的客观效果，不关心主观动机，是受自身以外的价值标准所支配的道德判断，具有客体性。所谓自律，则是指儿童自己的主观价值主观标准所支配的道德判断，具有主体性。

在此基础上皮亚杰还提出了儿童道德发展的年龄阶段。他认为，10岁是儿童从他律道德向自律道德转化的分水岭。即10岁前，儿童对道德行为的思维判断主要依据他人设定的外在标准，也就是他律道德；10岁以后，儿童对道德行为的思维判断大多依据自己的内在标准，也就是自律道德。

儿童的道德发展具体表现为以下几个阶段：

第一阶段，前道德阶段（1~2岁）：儿童处于感觉运动时期，行为多与生理本能的满足有关，无任何规则意识，因而谈不上任何道德观念发展。

第二阶段，他律道德阶段（2~8岁）：儿童主要表现为以服从成人为主要特征的他律道德，故又称为服从的阶段。

这一时期又可分两个阶段：

（1）自我中心阶段（2~5岁）。这一阶段儿童处于前运算思维阶段，其特点是单向、不可逆的自我中心主义，片面强调个人存在及个人的意见和要求。

（2）权威阶段（5~8岁）。思维正由前运算思维向具体运算思维过渡，以表象思维为主，但仍不具备可逆性和守恒性。因此，这一时期儿童的道德判断是以他律的、绝对的规则及对权威的绝对服从和崇拜为特征。他们了解规则对行为的作用，但不了解其意义。他们常以表面的、实际的结果来判断行为的好坏；认为服从成人就是最好的道德观念，服从成人的意志就是公正；如果违背成人的法则，不管动机如何都应该受抵罪的惩罚。

第三阶段，自律或合作道德阶段（8~11岁或8~12岁）：这一时期儿童的道德判断有了自律的萌芽，公正感不再是以"服从"为特征，而是以"平等的观念"为主要特征。他们认为，道德行为的准则只不过是同伴之间共同约定的用来保障共同利益的一种社会产物。因此，规则已经具有了一种保证相互行动和相互给予的可逆特征，规则面前、同伴之间是一种可逆关系，我要你遵守，我也得遵守。判断好坏的标准不是"权威"而是"是否公平",认为公平的行为就是好的,反之就是坏的。

第四阶段,公正道德阶段(11岁或12岁以后):这一阶段儿童开始出现利他主义,倾向于主持公正、平等,体验到公正、平等应该符合每个人的特殊情况。

> **知识拓展9-3**
>
> 皮亚杰对偶故事法
>
> 皮亚杰通过对儿童游戏中规则的运用和欺骗等行为的观察形成了有关儿童如何理解道德问题的假设。随后,他运用对偶故事法检验了他的假设。下面就是其中的一个对偶故事:
>
> A. 有一个小男孩叫朱利安。他的父亲出去了,朱利安觉得玩他爸爸的墨水瓶很有意思。开始时他拿着钢笔玩。后来,他在桌布上弄上了一小块墨水渍。
>
> B. 一次,一个叫奥古斯塔斯的小男孩发现他父亲的墨水瓶空了。在他父亲外出的那一天,他想把墨水瓶灌满以帮助他父亲。这样,在他父亲回家的时候,他将墨水瓶灌满了。但在打开墨水瓶时,他在桌布上弄上了一大块墨水渍。
>
> 皮亚杰对每一个对偶故事都提出了两个问题:
>
> 这两个孩子的过失是否相同?
>
> 这两个孩子中,哪一个更坏一些,为什么?
>
> 通过大量的实证研究,皮亚杰发现儿童道德判断能力的发展与其认识能力的发展存在着互相对应、平衡发展的关系,这种认识能力是在与他人和社会的关系之中得到发展的。

二、科尔伯格的道德发展阶段论(三水平六阶段)

科尔伯格1958年在芝加哥大学拿到了博士学位,1959年去耶鲁大学任助教,1962—1968年任教于芝加哥大学;从1968起转任哈佛大学教授、哈佛大学道德发展与教育研究中心主任。他是认知结构主义学派代表人物,他提出:学校道德教育的目的是促进学生道德判断能力的发展。他根据儿童道德认知发展的阶段性提出了道德两难故事法,在儿童思想道德教育中产生了很大影响。道德两难法即道德两难故事问答讨论法,就是在道德两难故事讨论中,启发儿童积极思考道德问题,从道德冲突中寻找正确的答案,以有效地发展儿童的道德判断力。

科尔伯格利用道德两难故事法,让儿童对道德价值上相互冲突的两难情境故事作出判断,并解释作出这种判断的理由,然后确定被试道德认识发展的水平。

根据被试的回答,科尔伯格把道德认识划分为前习俗道德水平、习俗道德水平、后习俗道德水平三个不同的发展水平。每一水平又有两个不同的阶段,共有六个阶段。

> **知识拓展9-4**
>
> 道德两难故事举例
>
> 科尔伯格将皮亚杰的"对偶故事法"改进为"道德两难故事法"。他编制了一系列的道德两难故事。"海因兹偷药"的故事就是其中之一。

在欧洲，一名妇女得了一种特殊的癌症，快要死了。医生说只有一种药或许能挽救她的生命，这种药就是本城药剂师最近刚发现的一种镭。每一剂药的成本是400美元，药剂师要价4 000美元。患病妇女的丈夫名叫海因兹，他找到他所认识的每一个人去借钱并尝试了每一种合法的手段，但他最终也只能筹到总共2 000美元，仅够药价的一半。他告诉药剂师说他的妻子快死了，求药剂师将药便宜些卖给他或者让他以后再付钱，但是药剂师说："不行，我发明这种药就是要用它赚钱。"所以，在走投无路的情况下，海因兹感到绝望并考虑砸开药店为他妻子偷药。

当这样一个道德两难故事呈现给孩子们之后，让他们接着回答与故事有关的下述问题：

(1) 海因兹应该偷药吗？为什么？
(2) 海因兹偷药是对的还是错的？为什么？
(3) 海因兹有责任或义务去偷药吗？为什么？
(4) 人们竭尽所能去挽救另一个人的生命是不是很重要？为什么？
(5) 海因兹偷药是违法的，他偷药在道义上是否错误？为什么？
(6) 仔细回想故事中的困境，你认为海因兹最负责任的行为应该是做什么？为什么？

(摘自：MCCORMICK J. Occupational stress of teachers: Biographical differences in a large school system [J]. Journal of Educational Ad-ministration, 1997 (35): 18-38)

知识拓展9-5

儿童对"海因兹偷药"的反应

在儿童对海因兹偷药的反应中，海因兹该不该偷药并不重要，重要的是他们给出的理由。科尔伯格正是根据这些不同的理由将儿童的道德判断划分为不同的水平和阶段。

阶段	对海因兹行为的态度	理由
一	赞成	如果你让你的妻子死掉，你将会有很大的麻烦，你将会因不花钱挽救她的生命而受到谴责，而且你与药剂师将为你妻子的死而接受调查。
一	反对	你不该偷，因为如果你这样做，你将被抓住并被送进监狱。即使你跑掉了，你也将不得安宁，每时每刻都担心被警察抓到。
二	赞成	如果你被抓到，你可以把药还回去，这样就不会受到过多的刑罚。如果你从监狱出来后还能拥有妻子，那么短期服刑对你不算什么。
二	反对	如果他偷了药可能也不会被判刑很长时间，但他的妻子可能在他出狱之前就死掉了，所以偷药对他没什么好处。如果他的妻子死了，他也用不着责备自己，因为她自己得了绝症，而不是他的过错。

续表

阶段	对海因兹行为的态度	理由
三	赞成	如果你偷药,没人会认为你不好,但是如果你不偷,你的家人将会认为你是一个没有人性的丈夫。如果你让你的妻子死掉,你将永远没脸再见任何人
三	反对	不仅仅是药剂师会认为你是个罪犯,任何人都会这样想。你偷药后,会给你和你的家庭都带来耻辱,这将使你没有脸再见人
四	赞成	如果你有点责任感的话,你就不会因为害怕而不敢做能够挽救你妻子性命的事(偷药),从而不会让你妻子白白死掉。如果你不能履行对她的责任而导致她的死亡,你将永远有一种犯罪感
四	反对	你处于绝望之中,因此,当你偷药时,你可能没有意识到自己做错了。但是,当你被惩罚并被送进监狱之后,你就会知道自己做错了。你将会因为自己不诚实和破坏法律而感到罪恶
五	赞成	法律没有考虑到这种情况。在这种情况下把药拿走并不是很正确,但这样做应该得辩护
五	反对	不能因为一个人感到绝望就允许他去偷。动机是好的,但好的动机不能说明手段是正当的
六	赞成	海因兹应该偷药,因为人类生命的尊严必须无条件地优先得到考虑

第六阶段的人能够理性地作出决定而不考虑个人利益。科尔伯格将这种在理性基础上作出的正义决定看作道德的最高理想。

(摘自:MCCORMICK J. Occupational stress of teachers:Biographical differences in a large school system [J]. Journal of Educational Ad-ministration,1997(35):18-38)

此理论的要义是将儿童至青少年的道德发展,按其道德推理思维的不同分为三个水平六个阶段:

(一) 前习俗道德水平

前习俗道德水平被试的道德心理特征是,只考虑自己需求满足,不考虑是否符合社会习俗。此水平内又按道德发展水平的高低分为两个阶段:

第一阶段:避罚服从取向。道德发展至此阶段者,对行为对错的判断,不从行为本身着眼,而从行为带来的后果着眼;后果带来奖励者,就是对的行为,后果带来惩罚者,就是错的行为。偷窃是要受罚的,故而认为海因兹偷药行为是错的,应该受惩罚。

第二阶段:相对功利取向。道德发展至此阶段者,对行为对错的判断持利益交换的观点,帮助别人是为了希望别人帮助自己。故而认为海因兹偷药行为是对的,因为他挽救了妻子一命,也消除了自己的痛苦。

（二）习俗道德水平

道德发展达到习俗道德水平，一般都是遵从世俗或社会规范，从事道德推理判断。此水平内又按道德水准的高低分为两个阶段：

第三阶段：乖孩子取向。道德发展至此阶段者，对行为对错的判断，多以符合家庭社会期待的"乖孩子"为标准。故而认为海因兹的偷药行为是对的，因为救了妻子一命，是个好丈夫。

第四阶段：遵守法规取向。道德发展达到此阶段者，开始认同社会规范，对学校校规和社会法律，自觉有遵守的义务与责任。故而认为海因兹的偷窃行为是错的，应受法律制裁。

（三）后习俗道德水平

道德发展至后习俗道德水平，个人面对有关道德的情境时，可本着自己良心及个人的价值观从事是非善恶的判断，未必受传统习俗所限制。此水平内又按道德水准的高低分为两个阶段：

第五阶段：社会法治取向。道德发展至此阶段者，对行为的对错判断时，多以合于社会大众权益所定的法规为基础；以个人行为符合公定法规者为对，违犯公定法规者为错。故而认为海因兹的偷药行为是对的，因为药剂师要价过高。

第六阶段：普遍伦理取向。普遍伦理取向的道德观，是个人根据他的人生观与价值观，建立了他对道德事件判断时强调真理和正义的一致性与普遍性的信念。道德发展达到此阶段者，认为海因兹偷药行为是对的，因为人类的生命价值至高无上，海因兹的行为不但救了他妻子的性命，而且也等于维护了人类的生命权（见表9-1）。

表9-1　科尔伯格三水平六阶段的道德发展阶段论

水平	阶段	道德推理的特点	不该偷的理由	该偷的理由
前习俗道德水平	一	以惩罚与服从为定向	偷东西会被警察抓起来，受到惩罚	他事先请求过，又不是偷大东西，他不会受重罚
	二	以行为的功用和相互满足需要为准则	如果妻子一直对他不好，海因兹就没有必要自寻烦恼，冒险偷药	如果妻子一向对他好，海因兹就应关心妻子，为救她的命去偷药
习俗道德水平	三	以人际和谐为准，也称为"好孩子"取向	做贼会使自己的家庭名声扫地，给自己的家人（包括妻子）带来麻烦和耻辱	不管妻子过去对他好不好，他都得对妻子负责。为救妻子去偷药，只不过做了丈夫该做的事
	四	以法律和秩序为准则	采取非常措施救妻子的命合情合理，但偷别人的东西犯法	偷东西是不对，可不这样做的话，海因兹就没有尽到丈夫的义务

续表

水平	阶段	道德推理的特点	不该偷的理由	该偷的理由
后习俗道德水平	五	以法定的社会契约为准则	丈夫没有偷药救妻子的义务，这不是正常的夫妻关系契约的组成部分。海因兹已经为救妻子的生命尽了全力，无论如何都不该采取偷的办法解决问题，但他还是去偷药了，这是一种超出职责之外的好行为	法律禁止人偷药，却没有考虑到为救人性命而偷东西这种情况。海因兹不得不偷药救命。如果有什么不对的话，需要改正的是现行的法律，稀有药品应该按照公平原则加以调控
后习俗道德水平	六	以普通的伦理原则为准则	海因兹设法救妻子的性命无可非议，但他没有考虑所有人的生命价值，别人也可能急需这种药。他这么做，对别人是不公正的	为救人性命去偷是值得的。对任何一个有道德理性的人来说，人的生命最可贵，生命的价值提供了唯一可能的无条件的道德义务的源泉

科尔伯格的道德发展三期六段论可归纳为上表所示。科尔伯格根据自己的大量研究，得出结论：0~9岁儿童属前习俗水平；10~20岁，多属习俗水平；20岁以后，一部分人向后习俗水平发展，但达到的人数很少。科尔伯格认为，这种发展的顺序是由低级阶段依次向高级阶段发展的，这种顺序既不会超越，更不会逆转。个体在某个发展阶段，主要使用某个阶段的推理，而同时使用其他几个阶段的推理。学生的道德判断可以通过道德推理的训练得以发展，道德两难问题是道德推理训练的有效方法。一个人的智慧发展与其道德认识发展是密切相关的，却不是同步的。所以他主张，必须使学生认知上的成熟达到能在原则上进行推理的水平。科尔伯格道德发展理论颇具权威性，只是因为研究对象全为男生，推论解释女生道德心理未必适用，是为美中不足之处。科尔伯格认为学校道德教育的目的是促进学生道德判断能力的发展。

科尔伯格的道德发展模式给我们勾画出：道德发展是连续的按照不变的顺序由低到高逐步展开的过程，更高层次和阶段的道德推理兼容更低层次和阶段的道德推理方式，反之，则不能；各阶段的时间长短不等，个体的道德发展水平也有较大差异，有些人可能只停留在前习俗道德水平或习俗道德水平，而永远达不到后习俗道德水平的阶段。

为了促进道德发展的提升，可以采取以下措施：首先，增强个体与不良诱因作斗争的力量，并巩固新的行为习惯；其次，正确把握青少年心理发展的年龄特征及个别差异；最后，合理运用奖励与惩罚。奖励和惩罚是矫正青少年不良行为和品德的重要手段，在使用惩罚时，必须考虑双方关系的正常性、公正性以及惩罚的实际效果。

> 知识拓展 9-6

道德两难事例

事例一

2006年,江苏南京的彭宇搀扶跌倒在公交站台旁的老人,老人却一口咬定是彭宇将他撞倒。事后法院按"推理分析",最后判决彭宇赔偿受害人损失4万多元。彭宇本来助人为乐,却因此付出了惨重的代价。2008年发生了郑州版"南京彭宇案",郑州一大学生扶起一位老太,老太当时称被撞伤腰,2009年12月28日,法院判学生赔偿老太7.9万元。淮安卖豆饼的周老太捡1 700元归还后反成被告(参见2009年11月26日《扬子晚报》);南京两小伙发现百元钞票不敢捡,冒雨等警察(参见2009年12月9日《扬子晚报》);两小伙发现一沓现金后冒雨等警察,11人自称失主(参见2009年12月24日《扬子晚报》);南京一男子捡到空钱包怕被诬告,找来4人作证(参见2010年1月4日《扬子晚报》)。

事例二

在一次全区性的广播操比赛中,我实习所在的班级成绩不错。但是一位评委随口问了参赛的一名学生:"你们都是来自同一个班级吗?""不是,有几个同学是从邻班借来的。"这个同学无意中的回答却导致了班级的落选,原来不符合比赛由同一个班学生组成的要求。事后全班同学都责怪这位同学,这位同学也十分自责,认为自己给集体抹了黑。

事例三

2011年10月,小悦悦事件中的18位路人无一伸出援助之手。我们被围观的"看客"们"见死不救""见危不助""见难不帮"的麻木和冷漠所激怒,鉴于"彭宇案"我们谴责这18位路人吗?他们该不该伸出援助之手?

事例四

1764年的一天深夜,一场大火烧毁了某大学的图书馆,很多珍贵的典籍毁于一旦。学校上下痛心疾首,一名学生的脸色尤其凝重。突发的火灾把这名普通学生推到了一个特殊位置,逼迫他作出选择。原来,在这之前,他违反图书馆规则,悄悄将一本书带出馆外,准备阅读完后归还。一场大火使这本书一夜之间成为250本书中的唯一"幸存者"。怎么办?是据为己有,还是主动归还?

事例五

早上,小明匆匆忙忙准备去上学,妈妈问他周末是否可以去看望奶奶,小明随口答应了。可是,老师又请小明在周末帮忙做事,这令他左右为难。请思考小明该怎么做?

事例六

课本中故事《你必须把这条鱼放掉!》就有一个两难情境:在距离捕捞开放时间仅仅两个小时的时候,主人翁钓上来一条从未见过的大大的漂亮的鲈鱼,该不该放掉这条鱼呢?

事例七

小洁是一个 12 岁女孩，妈妈曾许诺过，如果小洁能通过干家务和节省午餐费攒到足够的钱用于买门票，她就能在周末去看一场向往已久的演唱会。当她设法攒到了 450 元时（演唱会门票只需 400 元），妈妈却改变了主意，告诉小洁与其用这笔钱去看演唱会，不如将它作为新学校的校服费。小洁很失望，但不管怎样她还是决定去看演唱会。她买了一张票，告诉妈妈她只攒下 50 元。周末她去看演出并告诉妈妈她要花一天时间和朋友一起玩。一周过去了，妈妈还没有发现事实真相。后来小洁将这件事告诉了她的姐姐小静。是不是应该把小洁的行为告诉妈妈？小静犹豫着……

事例八

孙天帅的家在河南农村，正当他即将高中毕业时，家庭面临极大困难：父亲病重，母亲年事已高，弟弟正在求学，为了给父亲治病，圆弟弟求学之梦，他背上简单的行囊，南下珠海打工。但是，在他打工的工厂，出现了韩国女老板无视中国法律，强迫中国工人下跪的事件。在这种情况下，他该怎么办？如果他拒绝下跪，定会失去工作，难尽为人子、为人兄的责任；如果他下跪，又有损个人尊严特别是民族尊严。孙天帅必须在责任和尊严中作出抉择。

事例九

在品德与社会课讲述"保护我们的环境"时，有的学生认为，环境是我们生存的家园，保护环境就是保护我们的家；而有的学生认为我们必须发展经济，只要人民有钱了，就会有幸福的生活。"保护环境，人人有责"和"经济要发展，环境可后退"成为"两难抉择"。

事例十

小丹是我的好朋友。有一天，我们班里一位同学的 MP3 丢了，非常着急。我也帮着到处寻找，但没有找到。放学后我去小丹家里玩，却发现了一个 MP3，几经追问，小丹承认拿了同学的 MP3，并央求我为她保密，说她自己会处理的。但是三天过去了，小丹还没有把 MP3 还回去。我该怎么办？

三、班杜拉的社会学习理论

班杜拉是社会学习理论的创立者，其代表作《社会学习理论》于 1977 年出版。

（一）有关道德行为形成的实验研究

班杜拉及其同事以富有创造性的方法进行了一系列引人注目的实验研究。

1. 攻击反应的学习实验

1961 年，班杜拉等人进行了攻击反应实验，被试为 72 名 3～5 岁的儿童。每次实验者将一名儿童带入实验室。实验室内的一角放有玩具娃娃和一些修理工具，一个成人站在那里。在一种条件下，儿童看到成人拿起玩具娃娃，拳打脚踢，同时还喊着"打你的鼻子"，"打倒你"。在另一种条件下，儿童看到成人只是安静地收拾修理工具，而没有攻击玩具娃娃。然后，把儿童带到另外一个装有玩具的房间，让儿童单独玩耍玩具 20 分钟。实验者通过单向玻璃观察儿童的反应，结果发现儿童倾向于模仿成人的动作。那些观看成人攻击行为的儿童对玩具又打又踢，还说了些侵犯性的话。

该实验说明：儿童通过对榜样的行为的观察学会攻击反应。

2. 抗拒诱惑实验

该实验为沃尔斯特等人1963年所做。被试为5岁儿童，实验分为三个阶段。

第一阶段，将儿童带入放有玩具的房间，让他们参观，并告诉儿童说："这些玩具禁止玩，但可以翻字典。"

第二阶段，让儿童看一部短的影片。这时，儿童被分为三组。一组为榜样奖励组，看到的影片是：一个男孩在玩一些被告知不准玩的玩具，不久，男孩的妈妈进来了，夸奖他并和他一起玩。一组为榜样训斥组，看到的影片是：男孩在玩被禁止的玩具，男孩的妈妈进入房间后，严厉训斥孩子违反禁令，男孩显出害怕的样子。第三组为控制组，不看影片。

第三阶段，让每个孩子都在有玩具的房间单独待15分钟。

实验者通过单向玻璃观察发现：第一组儿童很快屈从于诱惑，约在80秒后便动手玩玩具；第二组儿童能克制7分钟，有的甚至坚持完15分钟而不去玩玩具；第三组即控制组儿童平均克制约5分钟。

这一实验说明：抗拒诱惑的行为也可以通过对榜样的观察进行学习和改变。而且，榜样具有替代强化的作用，儿童不必直接受到强化，只要观察榜样受到奖励或惩罚，就能受到间接的替代强化，从而做出相应的反应。

3. 言行一致实验

米斯切尔等人于1966年做过一个实验：把儿童被试分为两组，玩有规则的滚木球游戏，投中得分，得20分以上就可获奖。实际上，如果严格遵守游戏规则，得分机会很少；如果不严守规则，就可投中得分。

第一阶段，两组儿童分别和一位成人一块玩。第一组成人扮演言行一致的角色，既要求儿童遵守规则，自己也严守规则。第二组成人扮演言行不一致的角色，严格要求儿童守规则，自己则常常不守规则。这时两组得分差别不大，说明第二组被试并没有立刻按成人的低档标准行事。

第二阶段，实验者有意让两组儿童分别单独玩这种游戏，并自报成绩。结果发现：第一组儿童得分很少，表明他们还是严守规则的；第二组儿童得分高，表明他们一旦离开成人，就会仿效成人，不严格执行规则。

第三阶段，实验者让两组儿童一块玩，结果发现：第一组儿童由于受第二组儿童的影响，也降低了标准。

这个实验说明，身教重于言教。教育者只在口头上要求儿童，而做起事来言行不一，那么，儿童接受和模仿的是不良行为。而且不管是成人还是同辈的不良行为对儿童均有影响。

（二）社会学习理论的基本观点

班杜拉通过实验和理论总结后认为：人的社会行为是人借助于内部因素与环境相互作用的结果，也是儿童对榜样行为进行观察学习的结果。观察学习是社会学习理论的一个核心概念。

观察学习的过程包括四个下位过程：

(1) 注意过程：注意榜样行为的重要特征，加以正确知觉与选择。

(2) 保持过程：把榜样的示范行为象征化，以映像或言语符号的形式保存在记忆中。

(3) 动作再现过程：把象征性表象转化为行为的过程。

(4) 动机过程：通过强化激发和维持行为，增强行为的动机。强化分为外部强化、替代强化和自我强化三种。外部强化是对学习行为的一种直接强化；替代强化是一种榜样替代的强化；自我强化是依据自我评价的个人标准对自己的行为进行的自我肯定或自我批判。班杜拉特别重视替代强化和自我强化对行为控制的作用。他认为，儿童自我评价的个人标准，先是依靠榜样的示范而确立的。儿童形成了自我评价的标准后，就形成了一种自我调节系统，通过自我调节作用，改变自己的行为，形成自己的观念、能力和人格。即人的行为变化是人与环境交互作用的结果决定的。

（三）社会学习理论与道德判断

社会学习理论家强调模仿在学习中的作用。根据社会学习的原理，儿童通过对道德判断的模仿将学会作出更成熟的道德判断。

班杜拉等人在一项实验中，首先运用与皮亚杰设计的打碎杯子的故事相类似的对偶故事测量了儿童的道德判断，并将儿童分为两类，一类儿童是根据后果即打碎杯子的数量作出判断，另一类儿童是根据意图即打碎杯子的原因作出判断。然后，将这些儿童分配到三个实验条件中去。

第一个是示范与强化组，儿童看见一个榜样总是作出与自己在前测中作出的判断相反的判断，而且儿童还观察到榜样因作出这样的判断而受到强化。紧接着给儿童一些道德问题，让他们判断，当儿童作出与前测相反的判断时就会受到强化。例如，在前测中根据意图作出判断的儿童会看到一个总是根据客观后果作出判断并因而受到强化的榜样，紧跟着，这些儿童也会由于根据客观后果作出判断而得到强化。第二个是示范组，儿童观察到榜样作出与儿童在前测中相反的道德判断而受到强化，这与第一组相同。与第一组不同的是，当儿童自己再次面对道德问题作出判断时没有受到任何强化。第三个是强化控制组，儿童没有看到任何榜样，但当他们自己作出与前测中相反的道德判断时受到了强化。结果发现，两个榜样示范组比仅仅接受强化的第三组在道德判断上出现了显著的、戏剧性的改变。其他的研究也支持道德判断可通过社会学习原理而加以改变的结论。

（四）社会学习理论的道德教育含义

社会学习理论适合于人的许多社会行为的学习，道德行为的形成只是其中的一种。班杜拉的社会学习理论及有关实验研究揭示了观察学习、榜样示范及强化在儿童道德行为形成和改变中的重要作用，具体表现为以下三点：

(1) 道德行为可以通过观察学习获得和改变。

(2) 影响儿童道德行为发展的主要因素是环境（包括客观环境、文化背景、人际关系、观察到的榜样等）。

(3) 榜样示范、替代强化、自我强化在道德行为形成中发挥重要作用。

因此，在学校道德教育实践中应注重榜样的作用，注重道德行为的培养，注重教育者的言行一致。道德教育应该展示规范的榜样行为，让儿童进行观察学习，并创设一定的环境使儿童通过强化形成自我评价和自我调节系统或能力。

> **知识拓展 9-7**
>
> **运用榜样法矫正学生不良行为的案例**
>
> 　　社会学习理论揭示了榜样在儿童行为形成和改变中的重要作用,因此,我们可以运用榜样法对学生品行不良的行为进行矫正。所谓榜样法,就是教育者给学生提供和树立榜样,然后要求学生注意观察榜样的示范行为,并加以模仿和实际操作,从而改变学生原有的不良行为并建立起新的良好行为。下面以一项研究作为案例加以具体说明:
>
> 　　该项研究以六名小学生为对象。这些学生具有多种情绪骚动性的不良行为,选择其中的三种不良行为进行有针对性的矫正。这三种不良行为是吮吸手指、上课随便说话、用手指或硬物捅戳别人。此研究中所选择的榜样是遵守课堂纪律、行为表现良好的六名同年级学生,让他们与上述六名品行不良的学生配成对子坐在一起。研究者要求六名品德不良的学生注意观察自己旁边的伙伴榜样,并努力仿效,同时要求六名伙伴榜样起良好行为的表率作用,而且要学会对身旁不良行为者表现出的良好行为进行表征性奖励。所谓表征性奖励,就是运用一套表征性系统对行为者在矫正了不良行为或做出了良好的行为反应后予以肯定和奖励。奖励的表征可以是各种有价筹码或各种彩色粘贴纸卡。事先让有不良行为的学生了解表征奖励系统的各种规定及其对行为的相应要求。一是规定何种行为可以获得何种表征性奖励。如规定一节文化课没有随便说话可得一张黄纸卡,一上午没有吮吸拇指可以得一张蓝纸卡,一天没有用手指或硬物捅戳别人可以得一张红纸卡。二是规定表征性奖励与具体的强化刺激物的对应关系。例如,一张黄纸卡可得铅笔一支,一张蓝纸卡可得卷笔刀一把,一张红纸卡可增加课外活动15分钟,六张黄纸卡可换一张黄纸卡,十张黄纸卡可换一张红纸卡等。后一种规定又称"强化菜单",就像顾客可以根据手头持有的钱到餐馆按菜单点菜一样,具有不良行为的学生在表现出符合要求的行为后,可以得到伙伴榜样发放的表征性奖励,然后根据自己持有的各种表征性奖励的种类和数量,自由地选择换取自己喜爱的奖品。上述措施实行三周后,六名研究对象的不良行为大大减少,而良好行为明显增加。而且发现具有不良行为的学生与伙伴榜样结成对子后,彼此间的人际关系都有了积极的发展,作为榜样的学生本身也表现出了质量更高的良好行为。
>
> 　　(摘自:李伯黍,燕国材. 教育心理学 [M]. 3版. 上海:华东师范大学出版社,1997)

第三节　品德的形成与培养

　　品德的培养和其他知识的教育不完全相同,反对单纯的教育灌输,而提倡给学生提供形成良好品行的分析,以供教师来识别和处理这些现象。

一、品德的内化过程

正像个体品德从他律到自律的发展那样,一种品德的形成过程也经历了从外到内大转化过程,它是社会规范的接受和内化过程,这种内化大致经历了以下三个阶段:

(一) 社会规范的依从

依从即表面上接受规范,按照规范的要求来行动,但对规范的必要性或根据缺乏认识,甚至有抵触情绪。依从具有一定的盲目性和被动性,个体对规范所要求的行为缺乏足够的了解,只是迫于权威或情境的压力才遵从了规范。因此,依从水平上的规范也是最不稳定的,一旦外部监控和压力消失了,相应的规范行为就可能会动摇和改变。依从是规范内化的初级阶段,也是进一步内化的基础。

(二) 社会规范的认同

认同比依从深入了一层,简单说,它是对自己所认可、仰慕的榜样的遵从、模仿,个体在思想、情感和态度上主动地接受了规范,从而试图与之保持一致,这已不单是因为外部压力。认同具有自觉性和主动性,虽然学习者对规范的必要性的认识还有不足,但他已有明确的行为意图,团体的规范对学习者具有一定的吸引力和感染力。相应地,认同水平的规范已经具有一定的稳定性。认同是规范内化的深入阶段。

(三) 社会规范的信奉

信奉是内化的最高阶段,学习者对社会规范及其价值原则有了深刻的理解,并持有积极的情感体验,使之成为自己的一种信念,与原有的价值观念一体化。这时,学习者所做出的规范行为是由自己的价值信念所驱动的,而不是因为外界的压力或控制。当个体按照自己的价值标准做出行动时,他就会感到满意和快乐;当自己做了违背自己的价值信念的事情时,他就会感到内疚,受到良心的责问。因而形成了稳定的品德。

可见,德育要从道德行为的纪律约束和外部控制开始,但不能仅仅停留在表面化的依从的水平上。品德是学习者作为生活主体所具有的自觉的、自主的品质,而不是仅仅对规范的"亦步亦趋"或"阳奉阴违"。必须引导学习者对规范及其价值原则进行思考、分析和判断,促进规范的认同和信奉,否则,就没有真正完成品德的建构。

二、品德形成的影响因素

家庭和学校是影响学生品德发展的主要因素,此外,学生自身的个性特点与其品德的形成和发展也有密切联系。

(一) 家庭环境对学生品德发展的影响

家庭环境包括家庭的物质生活、家庭结构和主要的社会关系、家长的职业类型及文化程度、家长的品德修养、家长对孩子的养育态度和期望,以及家庭气氛和家庭作用等。研究发现,父母的职业和文化程度与其孩子的品德表现有一定的关系;父母对孩子的不同期望水平,与孩子的品德表现也有密切关系。在不同的家庭气氛中,孩子的品德发展状况也存在着显著差异,其中,在"和睦"的家庭气氛中长大的孩子品德状况较好,而在"紧张"的家庭气氛中长大的孩子品德状况较差;在家庭的人口结构方面,因父母的感情破裂而导致的分居或离婚,给孩子带来了过分紧张的生活气氛和感情冲突,家庭缺乏温暖和关

怀，致使他们失去了生活目标，在道德观念、道德情感和道德行为方面易于向不良方向发展；父母对待孩子的态度也在很大程度上影响着孩子的人格以及品德的发展。

（二）社会环境对学生品德发展的影响

首先，社会风气对学生品德的形成和发展具有重要作用。随着学生年龄的增长，他们与社会的接触也就越来越广泛。由于中小学生好奇心强，喜欢模仿，对社会信息敏感，社会风气对他们品德的影响也就越来越大。社会风气有着广泛性、复杂性等特点，学生的识别能力不强，他们往往自发地、偶然地接受社会风气的影响。他们既可能接受社会上积极因素的影响而形成良好的品德，也可能受其消极影响而变坏。

其次，电视、网络等构成的大众传媒对学生的成长产生着越来越深刻的影响。美国帕克（Parke）等人的研究表明，在其他社会条件相同的条件下，观看暴力电影的学生比其他学生表现出了更多的攻击性行为。彼得逊（Peterson）等人对美国7~11岁学生的调查表明，常看暴力电视节目的学生有更多的恐惧感，担心一个人在外面玩会被人杀害，有的甚至对社会失去了信心。

（三）学校对学生品德发展的作用

学校教育、班集体对品德发展起着重要作用。学校教育根据一定社会的思想政治观点、道德行为规范和学生的身心发展规律，通过各科教学、全校、年级、班级的团队活动以及课外和校外活动，有目的、有计划地塑造学生的心灵，培养学生良好的道德品质。

班集体是构成学校集体的基本单位。我国的有关调查发现，具有良好而稳定班风的班集体对改造学生不良道德行为习惯具有明显的效果。美国哈桑等人的研究也发现，如果班集体的主导风气不健康，将会影响到集体几乎所有的成员。

受教育程度是影响道德判断发展的一个重要因素。我国学者陈欣银研究发现，接受正规教育的程度与青少年道德判断水平和普遍大学生的判断水平一样，明显地高于同年龄的初中生的判断水平。

布莱特（M. Blatt）运用科尔伯格道德两难故事讨论模式进行的道德教育的实验研究发现，实验组的道德判断水平显著提高。

国内外的大量研究（班杜拉，麦克唐钠，1963；P. Crowley，1968；岑国桢，李伯黍，1982；陈会昌，1986；李丹，李伯黍，1988）表明，短期道德教育训练对儿童的道德判断和道德行为的发展均有重要影响。

（四）个性对学生品德发展的影响

学生的个性包括个性倾向性和个性心理特征，对品德的发展均有一定的影响。个性倾向性中的道德动机、道德理想、人生观和自我意识等因素在学生的品德发展上起动力系统的作用。其中，道德动机能唤起道德行为；道德理想制约着学生道德发展的方向和水平；人生观是社会道德要求转化为各种道德的基本思想前提，是品德发展的动力；自我意识是品德发展中的监控结构，它能提高品德发展的策略性，促使学生作出适当的道德评价。

个性心理特征包括能力、气质和性格。其中，认知能力是品德发展的基础，气质直接影响品德结构、品德过程，特别是道德行为的强度、速度、灵活性、平衡性和指向性；良好的性格赋予学生稳固的、持续的良好品德特征。

三、品德培养的方法

由上文分析可见，品德的形成是社会规范及其价值原则内化的结果，而这种内化过程会受到各种环境因素和学生自身因素的影响。怎样才能有效地促进社会规范及其价值原则的接受和内化呢？结合有关的理论和研究，下面将对品德培养的思路和方法做简要分析。

(一) 道德认知的培养方法

道德认知是品德结构中的引导性要素，德育必须使学生对基本的道德观念、道德准则形成正确的理解，并提高学生的道德分析判断能力。

1. 言语说服

教师经常要通过言语讲解和说服来使学生理解和接受一定的道德观念和道德准则（社会规范）。有效的说服技巧有：

（1）单面论据与双面论据。在讲解某种道德观念或准则时，是应该只提供正面的论点和证据，还是应该同时提供不同规定和反面的论据？社会心理学家霍夫兰德（C. L. Hovland）发现，对于受教育程度高的人来说，提供正反两方面的论据更易于使他们信服；而对于受教育程度低的人来说，只提供正面论据更好些，这可能是因为他们的理解力比较差，难以对正反论据作出恰当的分辨和判断。由此看来，对低年级的学生来说，教师可以只提供正面论据；而对于高年级学生来说，教师可以考虑同时提供正反两方面的论据。但另有研究表明，如果在教师提出自己的观点之后，学生没有产生相反的观点，则教师只提供正面的观点和材料有助于学生形成肯定的态度。如果在这种情况下再提出反面观点和材料，就会引起学生对反面材料的兴趣。从说服的任务和效果看，正面的观点和材料能在短时间见效，解决当务之急的问题；而同时提供正反两面的论据和资料，则更有利于培养学生的长期稳定的态度。

（2）以理服人与以情动人。在向学生说明某种道理时，有时教师需要以理服人，即用严密、条理的论证来说明。有时教师则需要以情动人，即在说明中带有强烈的情绪色彩，以情绪、情感的感染来打动学生。从心理学的研究来看，带感情色彩的说服更容易立竿见影，但这种影响往往不能持久。另外，对于低年级的学生来说，富有感情色彩、生动感人的说服内容更容易发生影响；而对高年级学生而言，充分说理、逻辑性强的说服内容更为有效。

2. 小组道德讨论

小组道德讨论，即让学生在小组中就某个有关道德的典型事件进行讨论，以提高他们的道德判断水平。这是基于科尔伯格道德判断理论而设计的德育模式。小组讨论的内容一般是能引起学生争议的道德两难故事，通常是根据学生家庭和学校中人与人之间或群体之间各种权利义务的矛盾冲突关系，编成一个个的道德情境故事，也可能是各种媒体报道的一些社会道德问题。小组构成最好是把道德判断、思想认识不同的学生编在一组中，使他们能面对不同的观点。在小组讨论中，教师具有重要作用，他应该了解学生的道德发展的有关理论，能启发学生积极地思考，作出判断，进行交流辩论。教师也要鼓励学生考虑其他人的意见，协调彼此之间的分歧。就像"精神助产士"那样循循善诱，帮助学生通过讨论提高他们的道德判断能力。

3. 道德概念分析

这种方法集中分析作为道德思维组成部分的一些最一般的概念或观念。一个道德概念可能是一种具体活动的名称，例如说谎或遵守诺言；也可以是一种比较一般的概念，例如

友谊、义务或者良心。这种方法的提出基于这样一种假设，人们在思考行为时会运用这些言词或概念作为决策的工具。人们越是理解这些概念的意义，越能更好地进行思考。

这种方法的过程，首先也要给概念提供一个具体的情境。就以"谎言"为例，当一个案例研究中讨论某一说谎情境时，就需要弄清楚"谎言"具体指什么。教师在开始这个讨论时问学生，一个"善意的谎言"是什么，它与普通的谎言有什么不同；然后对各种红色的、绿色的谎言的含义进行考虑和区分；要求学生举出善意谎言的例子，如"对祖母说你喜欢她的帽子"。在这个阶段虽然没有明确指出，但是学生似乎已经采纳这样的看法，某些谎言是可以接受的；而接下来对各种引入误解的陈述进行讨论。最后教师用进一步讨论使学生对概念的理解进一步精确。请看下列讨论的片段：

教师：如果你问我现在的时间，我看了一下表告诉你，现在是11点30分，可是我的手表停了，我却不知道，现在实际的时间是12点15分了，那又怎样？

学生1：那就是你在说谎。

学生2：不是。

学生3：他不知道他的表停了。

学生1：好吧，他的是错的，而且，当他说这一点时，有人也许会相信他。

学生2：他不可能说谎，而且他不知道他正在这样做。当你在说谎时你必须知道你在说谎。

教师：如果我的确相信我所说的，那么它就不是一个谎言了，对吗？

学生2：对，你必须知道你正在说的话是错的。

教师：错的？还是虚假的？

学生2：我想是虚假的。

（二）道德情感的培养方法

1. 移情能力的培养

在人际交往中，人们会在感情上彼此沟通、相互分享。移情是个体由真实或臆想的他人情绪、情感状态引起的并与之一致的情绪、情感体验，是一种替代性的情绪、情感反应，是一种无意识的、有时又是十分强烈的情绪状态的体验。移情作用是维系积极的社会关系、促进亲社会行为的重要因素，是人们内心世界相互沟通的桥梁。当看到他人处于困难、痛苦境地时，个体是否会做出帮助他人的行为，这依赖于个体是否能知觉并体验到对方的情绪体验。如果对对方的痛苦情绪毫无知觉，他就可能冷漠无情，置之不理。

李辽研究了移情训练对亲社会行为（如助人、慰抚、分享等）的促进作用，发现通过移情训练，青少年可以更为敏感地知觉到在想象的或真实的社会情境下，他人的情绪、情感状态，并唤起相应的情绪反应模式。当发现别人处在困难的不良的境地时，他们更可能设身处地去感受别人的心理反应，这便更有可能做出帮助他人的行为。

发展移情能力可以从以下方面着手：

（1）表情识别：即通过对方的表情来判断对方的态度、需求和情绪、情感体验，这可以通过照片、图片等来训练。

（2）情境理解：理解当事人的处境，从他的处境去感受他的情绪体验，考虑他需要的帮助。这可以采用故事讨论的形式，让学生分析故事中的人物的处境和体验。

（3）情绪追忆：针对一定的情境，通过言语提示唤醒学生以往与此有关的感受，并对这种情绪体验产生的情境、原因、事件进行追忆，加强情绪体验与特定情境之间的联系。这可以用自己切身的体验来理解他人的感受。

2. 羞愧感

羞愧感是"人的良心受到谴责"这一心理状态赖以产生的基础。库尔奇茨卡娅通过实验研究了产生羞愧感的条件，如儿童对自己的哪些行为感到羞愧，在哪些人面前感到羞愧，哪个年龄会受舆论的影响等。实验设计了一些可以引起儿童羞愧感的情境，比如，将儿童领进房间，让他玩一些玩具，告诉他有一个玩具是别人的，不能动，当儿童按捺不住，打开这个玩具的包装时，就将他带出房间，观察他的情绪反应。实验结果表明：

（1）儿童只有形成了个人自尊感，理解了自己的各种品质（首先是那些优良品质），才能认识到自己的过失和错误，才能从道德角度对自己作出评价，才懂得哪些行为引起了成人不好的评价，并为之羞愧。

（2）3岁儿童已出现萌芽状态的羞愧感，但这种羞愧感并不是由于认识到自己的过失而产生的，而是由于成人带有责备和生气的口吻才产生的，因此，还没有从惧怕中摆脱出来，并且其羞愧感全部表露在外。

（3）学前期儿童已不需成人的刺激，能自己认识到行为不对而感到羞愧，惧怕感与羞愧感可以分开。

（4）小班和中班儿童只能在成人面前感到羞愧，大班儿童在同伴面前，特别是本班同伴面前也会感到羞愧，表明集体舆论已越来越重要。

（5）随着年龄增长，儿童羞愧感的范围在不断扩大，而且越来越社会化，但羞愧感外部表现的范围在缩小，对羞愧感的体验在加深，儿童还会记住产生这种情绪的条件，以后遇到类似情境便会努力克制可能导致重犯错误的行为和动机，将成人的要求逐渐变为自己的要求。

库尔奇茨卡娅最后总结认为，儿童羞愧感的产生意味着儿童个性正在发生变化，当它成为个性中一种稳定的东西时，就会改变个性的结构。

（三）道德行为的培养方法

1. 群体约定

经过集体讨论决定的公约、规则会有助于成员形成积极的态度。由于各个成员参与了规则的讨论和决定，每个人都对规则负有责任，这会增强规则的约束力和权威性，使群体中意见高度一致、行为取向一致，从而形成一种强大的凝聚力。一般认为，教师引导学生集体讨论、集体决定的过程包括七个步骤：清晰而客观地介绍问题的性质；帮助班集体唤起对问题的意识，认识到改变的必要性；清楚而客观地介绍需要形成的新态度；引导全体学生讨论改变态度的具体方法；使全体学生同意把计划付诸行动，每位学生都承担执行计划的义务；学生在执行计划的过程中改变态度；引导集体对已经改变的态度作出评价，使态度进一步概括化和稳定化。如果未能达到预期的改变，不要责怪学生，只能强调计划有缺点，要鼓励学生再从第四步开始，重新制订计划。

2. 道德自律

品德培养应该使学生达到道德自律的水平，即能按照自己内在的价值标准来评判自己的行为，从而规范自己做自己认为应该做的事，避免自己做那些不应该做的事。自律行为大致包括三个主要的环节：

（1）自我观察：个人对自己的所作所为的觉察。这可以是在活动过程中的自觉，也可以是事后的反省。可以让学生自己写日记，记录自己何时何地做了何种不当行为。

（2）自我评价：在自我观察的基础上，个体根据自己的行为标准来评判自己的行为，看自己的所作所为是否符合自己的道德标准。

（3）自我强化：在对自己的行为作了自我评价之后，在心理上对自己的行为给予奖励或惩罚。对自己正确行为的自我肯定和奖励可以产生满足感和欣慰感，而对自己不当行为的自责可以引起内疚感，从而可以告诫自己以后改进。

曾子说"吾日三省吾身"，这种自省的确是通向完美人格修养的重要途径，德育应该引导学生主动地进行道德反省，培养他们的道德自律能力，把品德学习与人生观、价值观的发展联系起来，与健全人格的完善联系起来，使学生形成进取、开放、接纳、宽容、仁爱的个性。

在培养和教育道德行为时，应当看到每个儿童都有积极肯定自己、希望得到他人表扬的强烈愿望，这是儿童遵守道德规范、道德希望的条件之一；面对到儿童消极的、不符合社会道德的行为，我们不能采用简单的比较法或上纲上线的批评，而要就事论事、对事不对人，使儿童感到自己只是在某个具体行为上不符合社会要求，要调动儿童自身的积极性来克服不良行为。

本章提要

品德是道德品质的简称，是社会道德在个人身上的体现，是个体依据一定的社会道德行为规范行动时表现出来的比较稳定的心理特征和倾向。

道德与品德是两个不同的概念。道德是由舆论力量和内心驱使来支持的人的行为规范的总和。品德是一种个体心理现象，是人的个性中的一部分，是个性心理特征中具有道德评价意义的部分。

品德的心理结构包括四种基本心理成分：道德认识、道德情感、道德意志和道德行为。道德认识是个体品德中的核心部分，道德行为是衡量品德的重要标志。

皮亚杰采用对偶故事法研究儿童道德判断发展的水平。通过大量的研究，他发现并总结出了儿童道德认知发展的总规律，即儿童道德的发展经历了一个从他律到自律的发展过程。

科尔伯格用"道德两难故事法"让儿童对道德价值上相互冲突的两难情境故事作出判断，并解释作出这种判断的理由，然后确定被试道德认识发展的水平。根据被试的回答，科尔伯格把道德认识划分为前习俗道德水平，习俗道德水平，后习俗道德水平三个不同的发展水平。每一水平又有两个不同的阶段，共有六个阶段。

社会学习理论家强调模仿在学习中的作用。根据社会学习的原理，儿童通过对道德判断的模仿将学会作出更成熟的道德判断。社会学习理论适合于人的许多社会行为的学习，道德行为的形成只是其中的一种。班杜拉的社会学习理论及有关实验研究揭示了观察学习、榜样示范及强化在儿童道德行为形成和改变中的重要作用。

第九章　品德的形成与发展

关键术语

1. 品德：是道德品质的简称，是社会道德在个人身上的体现，是个体依据一定的社会道德行为规范行动时表现出来的比较稳定的心理特征和倾向。
2. 道德：是由舆论力量和内心驱使来支持的人的行为规范的总和。道德是一种社会现象，在社会集体生活中，人们为了维护共同的利益，协调彼此间的关系，便产生了调节行为的各种准则或规范。
3. 道德认识：是对道德规范及其执行意义的认识。道德认识是个体品德的核心部分。
4. 道德意志：道德意志是个体自觉地调节道德行为，克服困难，以实现道德目标的心理过程。
5. 道德行为：是个体在一定的道德认识指引和道德情感激励下所表现出来的对他人或社会具有道德意义的行为，是道德观念和道德情感的外在表现，是衡量品德的重要标志。
6. 他律：是指早期儿童的道德判断只注意行为的客观效果，不关心主观动机，是受自身以外的价值标准所支配的道德判断，具有客体性。
7. 自律：是指儿童自己的主观价值、主观标准所支配的道德判断，具有主体性。
8. 习俗道德水平：是指个体在道德发展过程中，遵循社会或群体的规范、惯例和法律规定，以维持社会秩序和获得他人认可的道德水平。
9. 后习俗道德水平：是指个体在道德发展过程中，超越了社会规范和习俗的约束，依据内在的伦理原则和个人的道德信念来作出道德判断和行为决策。
10. 普遍伦理取向：普遍伦理取向的道德观，是个人根据他的人生观与价值观，建立了他对道德事件判断时强调真理和正义的一致性与普遍性的信念。

习题自测：真题

一、单项选择题

1. 孙英因同学任丽在公交车上不给老人主动让座的行为感到气愤，属于（　　）。(2024 上)
   A. 道德认知　　　　　　　　B. 道德情感
   C. 道德意志　　　　　　　　D. 道德行为

2. 张华在思想、情感、态度和行为上主动接受他人的影响，试图使自己的态度和行为与他人保持一致，他的态度与品德的形成过程处于（　　）。(2023 下)
   A. 依从阶段　　　　　　　　B. 接受阶段
   C. 认同阶段　　　　　　　　D. 内化阶段

3. 张铭非常喜欢王老师，愿意接受王老师的教导，并在观点、行动方面与王老师的要求保持一致。这说明张铭的品德发展处于哪一个阶段？（　　）(2023 上)
   A. 认同阶段　　　　　　　　B. 服从阶段
   C. 依恋阶段　　　　　　　　D. 内化阶段

4. 孙琳认为自己应该热爱集体、团结同学、帮助同学、尊师爱幼。这反映了品德心理结构的哪一方面？（　　）（2022下）
  A. 道德情感　　　　　　　　　　B. 道德认识
  C. 道德意志　　　　　　　　　　D. 道德行为

5. 国强认为欺负弱小是不可取的、不道德的，因此他在生活中总是能自觉杜绝这样的行为，这说明其品德发展处于（　　）。（2021下）
  A. 依从阶段　　　　　　　　　　B. 内化阶段
  C. 自主阶段　　　　　　　　　　D. 外化阶段

6. 晓旭认为服从、听话的孩子就是好孩子，于是她对老师和家长绝对遵从，期望得到他们的赞许。依据科尔伯格的道德发展理论，她的道德发展处于（　　）。（2020下）
  A. 社会契约取向阶段　　　　　　B. 相对功利取向阶段
  C. 寻求认可取向阶段　　　　　　D. 遵守法规取向阶段

7. 张丽在进行道德判断时，能够超越某种规章制度，更多考虑道德的本质，而非具体的原则。根据科尔伯格的道德发展阶段论，其道德发展处于哪一阶段？（　　）（2019下）
  A. 社会契约　　　　　　　　　　B. 相对功利
  C. 遵守法规　　　　　　　　　　D. 普遍伦理

8. 上学路上，徐燕看到一个同学正艰难地推着一位坐轮椅的老人上斜坡路，她非常感动。这种道德情感属于（　　）。（2018下）
  A. 动作性道德情感　　　　　　　B. 形象性道德情感
  C. 想象性道德情感　　　　　　　D. 沦落性道德情感

9. 有同学在班上丢了30元压岁钱，如何解决这个问题呢？王老师通过讲"负荆请罪"的故事，教育拿了钱的同学像廉颇将军一样知错能改，不久犯错误的同学把钱悄悄归还了失主。王老师采用的德育方法是（　　）。（2017上）
  A. 榜样示范法　　　　　　　　　B. 品德评价法
  C. 实际锻炼法　　　　　　　　　D. 个人修养法

10. 在小组讨论中，关于什么是道德行为培养的关键，同学们有下列四种不同的看法。其中正确的是（　　）。（2017下）
  A. 形成良好的道德意志　　　　　B. 形成良好的道德环境
  C. 形成良好的道德情感　　　　　D. 形成良好的道德习惯

11. 中学生小张认为遵守交通法规是人人应尽的责任与任务。根据科尔伯格的道德发展阶段理论，小张的道德判断处于（　　）。（2016上）
  A. 惩罚服从趋向　　　　　　　　B. 相对功利趋向
  C. 寻求认可趋向　　　　　　　　D. 社会契约趋向

12. 王军写了保证书，决心遵守《中学生守则》，上课不再迟到，但是由于天气比较冷，王军冬天迟迟不肯钻出被窝，以至于再次迟到，对王军进行思想品德教育的重点在于提高其（　　）。（2015上）
  A. 道德认识水平　　　　　　　　B. 道德情感水平
  C. 道德意志水平　　　　　　　　D. 道德行为水平

13. 班主任赵老师经常运用表扬、鼓励、批评和处分等方式引导和促进学生品德积极

发展，这种方法属于（　　）。（2015 上）

A. 说服教育法　　　　　　　B. 榜样示范法
C. 情感陶冶法　　　　　　　D. 品德评价法

14. 中学生小辉因害怕被教师批评而遵守上课纪律。根据科尔伯格的道德认知发展阶段理论，小辉的道德发展处于哪个阶段？（　　）（2015 下）

A. 相对功利取向　　　　　　B. 避罚服从取向
C. 寻求认真取向　　　　　　D. 遵守法规取向

二、辨析题

1. 德育过程具有开端性。（2023 下）
2. 德育就是品德发展的过程。（2023 上）
3. 品德形成受情感的影响。（2019 上）
4. 根据科尔伯格的观点，道德发展的阶段性是固定的，相同年龄阶段的人都能达到同样的发展水平。（2017 上）
5. 有什么样的道德认识，就一定有什么样的道德行为。（2014 下）

三、简答题

1. 简述态度与品德形成的三阶段及其主要内容。（2017 下）
2. 简述班杜拉的观察学习理论。

第九章
真题参考答案

习题自测：练习题

一、单项选择题

1. 社会学习品德理论是由（　　）提出的。

A. 埃里克森　　　　　　　　B. 费斯廷格
C. 班杜拉　　　　　　　　　D. 皮亚杰

2. 受到他人或规范的压力，个体产生的符合他人或规范要求的行为称为（　　）。

A. 模仿　　　　　　　　　　B. 从众
C. 服从　　　　　　　　　　D. 认同

3. 在思想观点上与他人的思想观点一致，将自己所认同的思想和自己原有的观点、信念融为一体，构成一个完整的价值体系，称为（　　）。

A. 模仿　　　　　　　　　　B. 从众
C. 认同　　　　　　　　　　D. 内化

4. 采用道德两难故事法研究儿童道德发展的心理学家是（　　）。

A. 斯腾伯格　　　　　　　　B. 科尔伯格
C. 埃里克森　　　　　　　　D. 弗洛伊德

5. 在思想、情感、态度和行为上主动接受他人的影响，使自己的态度和行为与他人相接近，称为（　　）。

A. 模仿　　　　　　　　　　B. 从众
C. 服从　　　　　　　　　　D. 认同

6. 爱国主义情感属于（　　）的道德情感。

A. 直觉的 B. 想象的
C. 行为的 D. 伦理的

7. 品德内化是指在思想观点上与他人的思想观点一致，将自己所认同的思想和自己原有的观点、信念融为一体，构成一个完整的（　　）。

A. 新观点 B. 认知结构
C. 价值体系 D. 策略系统.

8. 从整体发展来看，小学生品德发展的关键时期大致在（　　）。

A. 一年级 B. 三年级
C. 五年级 D. 六年级

9. 与依从相比，认同更深入一层，它不受外界压力控制，行为具有一定的（　　）。

A. 自觉性、主动性和稳定性 B. 积极性
C. 适应性和社会性 D. 内化性和意志性

10. 个体对态度对象所具有的带有评价意义的观念和信念称为（　　）。

A. 态度的认知 B. 态度的评价
C. 态度的情感 D. 态度的意向

二、简答题

简述品德的内涵。

三、材料分析题

一位教师试图使学生形成利他的习惯，他采用的方法是提供榜样化，其中的强化是当场表扬。试分析：

（1）这种方法最初可能使学生形成的是什么？

（2）使用这种方法形成利他习惯的内外条件是什么？

（3）仅仅以表扬作为强化物能使学生形成持久的利他习惯吗？

（4）形成高尚的利他习惯还需要什么条件？提供自私的榜样对形成这种习惯有必要吗？

第九章
练习题参考答案

参 考 文 献

[1] GEORGE L M. Psychological Foundation of Moral Education and Character Development [M]. Lantham, MD University Press of America, 1986：Preface.
[2] ORMROD. 教育心理学精要 [M]. 雷雳，柳铭心，郭菲，等译. 北京：中国人民大学出版社，2013.
[3] 李伯黍，燕国材. 教育心理学 [M]. 3 版. 上海：华东师范大学出版社，2010.
[4] 伍尔福克. 教育心理学 [M]. 何先友，等译. 北京：中国轻工业出版社，2014.
[5] KOHLBERG L. The Philosophy of Moral Development [M]. SanFrancisco：Harper Collins，1981：136.
[6] BOHLIN L, DURWIN C C, REESE-WEBER M. 教育心理学 [M]. 连榕，缪佩君，陈坚，译. 北京：机械工业出版社，2012.
[7] GREDLER. 学习与教学：从理论到实践 [M]. 5 版. 张奇，等译. 北京：中国轻工业出版社，2007.
[8] 巴克利. 双螺旋教学策略：激发学习动机和主动性 [M]. 广州：华南理工大学出版社，2014.
[9] 布罗菲. 激发学习动机 [M]. 上海：华东师范大学出版社，2005.
[10] 车文博. 心理咨询大百科全书 [M]. 杭州：浙江科学技术出版社. 2001.
[11] 陈龙安. 创造性思维与教学 [M]. 北京：中国轻工业出版社，2000.
[12] 陈琦，刘儒德. 当代教育心理学 [M]. 北京：北京师范大学出版社，2007.
[13] 陈琦，刘儒德. 教育心理学 [M]. 北京：高等教育出版社，2005.
[14] 方展画. 罗杰斯"学生为中心"教学理论评述 [M]. 北京：教育科学出版社，1990.
[15] 冯忠良，冯姬. 心理健康教育概述 [J]. 中小学心理健康教育，2002（5）：7-8.
[16] 冯忠良，伍新春，姚梅林，等. 教育心理学 [M]. 北京：人民教育出版社，2010.
[17] 冯忠良. 教育心理学 [M]. 武汉：武汉大学出版社，2007.
[18] 付建中. 教育心理学 [M]. 北京：清华大学出版社，2010.
[19] 何克抗，等. 教学系统设计 [M]. 北京：北京师范大学出版社，2002.
[20] 胡中光. 教育心理学 [M]. 北京：教育科学出版社，2011.
[21] 胡忠光. 学习心理学 [M]. 北京：教育科学出版社，2011.
[22] 柯森. 试析科尔伯格课堂道德讨论模式的特点和作用 [J]. 华东师范大学学报，1986（2）：31-42.
[23] 科尔伯格. 道德教育的哲学 [M]. 杭州：浙江教育出版社，2000.

[24] 拉弗尼. 这样教学生才肯学：增强学习动机的 150 种策略［M］. 上海：华东师范大学出版社，2010.

[25] 李红. 教育心理学［M］. 武汉：武汉大学出版社，2007.

[26] 莫雷. 教育心理学［M］. 北京：教育科学出版社，2007.

[27] 莫雷. 教育心理学［M］. 广州：广东高等教育出版社，2005.

[28] 皮亚杰，海尔德. 儿童心理学［M］. 北京：商务印书馆，1980.

[29] 皮亚杰. 儿童的道德判断［M］. 济南：山东教育出版社，1984.

[30] 皮亚杰. 智慧心理学［M］. 北京：中国社会科学出版社，1992.

[31] 石国兴，白晋荣. 每天学点教育心理学［M］. 重庆：西南师范大学出版社，2009.

[32] 谭顶良. 高等教育心理学［M］. 南京：河海大学出版社，南京师范大学出版社，2006.

[33] 汪凤炎，燕良轼. 教育心理学新编［M］. 广州：暨南大学出版社，2006.

[34] 王林发. 学习动机的激发与培养［M］. 北京：教育科学出版社，2013.

[35] 伍新春. 儿童发展与教育心理学［M］. 北京：高等教育出版社，2013.

[36] 姚梅林. 学习心理学：学习与行为的基本规律［M］. 北京：北京师范大学出版社，2006.

[37] 张述祖. 西方心理学家文选［M］. 北京：人民教育出版社，1984.

[38] 赵丽琴. 怎样让学生爱学习：激发学习动机的 7 种策略［M］. 上海：华东师范大学出版社，2010.

[39] 周国韬. 教育心理学专论［M］. 北京：中国审计出版社，1997.